W0072885

DR. MICHAEL SCHEELE

SCHULD ODER SCHICKSAL?

DR. MICHAEL SCHEELE

SCHULD ODER SCHICKSAL?

HIRNFORSCHER, PSYCHOLOGEN UND HUMANGENETIKER ZWEIFELN AN DER ENTSCHEIDUNGSFREIHEIT DES MENSCHEN

Originalausgabe
1. Auflage 2016
Verlag Komplett-Media GmbH
2016, München/Grünwald
www.komplett-media.de
ISBN: 978-3-8312-0439-7
Auch als E-Book erhältlich

Umschlaggestaltung: X-Design, München
Satz: Daniel Förster, Belgern
Druck & Bindung: CPI books GmbH, Leck
Printed in Germany

Dieses Werk sowie alle darin enthaltenen Beiträge und Abbildungen sind urheberrechtlich geschützt. Jede Verwertung, die nicht ausdrücklich vom Urheberrecht zugelassen ist, bedarf der
vorherigen schriftlichen Zustimmung des Verlags. Das gilt insbesondere für Vervielfältigungen,
Bearbeitungen, Übersetzungen, Mikroverfilmungen und die Speicherung und Verarbeitung in
elektronischen Systemen sowie für das Recht der öffentlichen Zugänglichmachung.

INHALT

WIDMUNG

Liebe Stefanie, Angelina, Stefan, Sebastian und Maximilian,

als ich anfing, dieses Buch zu schreiben, lautete der erste Arbeitstitel »Was ich Euch immer noch erzählen wollte ...«. Ein Vermächtnis an Gedanken, Erfahrungen und Empfehlungen, die ich Euch mit auf den Lebensweg geben wollte und will. Geboren und erwachsen aus dem Bedürfnis, solche Facetten des Lebens zu beleuchten, die für Verwerfungen und Brüche im Leben kausal sein können.

Mein, alles in allem, ungewöhnlicher, teilweise spannender Lebensweg hat mir Erfahrungen und Erkenntnisse beschert, die mich beinah zwanghaft herausgefordert haben, Ursachenforschung zu betreiben.

Gleich ob es der Bruch von Freundschaften war, ob Scheidungen, die fernsehtäglich gezeigten Dramen in aller Welt, der Freitod meiner Zwillingsschwester oder die in meiner beruflichen Praxis erlebten Schicksale, all das stimulierte zunehmend mein Interesse, zu ergründen, wie viel Verantwortung wir selbst, wie viel andere am Verlauf der Lebenslinie, an Niederlagen und Enttäuschungen tragen.

Meinen Erkenntnisgewinn will ich mit Euch in der Überzeugung teilen, dass er hilft, manchen Herausforderungen souverän zu begegnen. Die finale Botschaft ist nur scheinbar banal: Wenn es Euch gelingt, zu verinnerlichen, dass die oft unterstellte »böse Absicht« meist nur das Resultat menschlicher, unverschuldeter Unzulänglichkeit ist und dass ein jeder nur bedingt für den Verlauf seiner Lebenslinie (moralisch) verantwortlich gemacht werden darf, fällt es leichter, mit den Fehlern anderer – aber auch mit eigenen Misserfolgen – gnädiger umzugehen. Eine hilfreiche Voraussetzung für ein friedliches, liebevolles Zusammenleben mit dem eigenen Partner, mit Euren Kindern, mit Freunden und natürlich auch im Arbeits- und Geschäftsleben.

Und deshalb ist Euch allen dieses Buch gewidmet.

Die anfangs als väterliches Vermächtnis zusammengetragenen Gedanken mündeten im Verlauf der Recherchen und Ausarbeitung des Skripts zu einem Plädoyer nicht nur für mehr Nachdenklichkeit und Toleranz bei Schuldzuweisungen im zwischenmenschlichen Bereich. Als passionierter Jurist musste ich das Thema Schuld natürlich auch auf den Prüfstand der strafrechtlichen Praxis stellen. Es ist nicht zuletzt dieser Fokussierung in den letzten Kapiteln geschuldet, dass auch solche Phänomene unter die Lupe genommen wurden, die den Ruf zahlreicher Kritiker nach einer Reform der Strafrechtspraxis stützen. Meine anfängliche Ambition geriet so zu einer vertieften Beleuchtung all jener Determinanten, die Einfluss auf das Verhalten aller Mitmenschen haben.

Zu guter Letzt, meine Tätigkeit als Autor und Publizist, insbesondere aber mein Beruf als Rechtsanwalt, haben viel von der Zeit absorbiert, die Euch hätte gewidmet werden müssen. Darf ich die Hoffnung haben, dass ich diese (zeitliche) Einbuße mit der Widmung dieses Buches ein wenig kompensieren kann?

Euer Papa und Dad

VORWORT

Was legitimiert ausgerechnet einen Juristen, einige Facetten des Phänomens Schuld auszuleuchten?

Wir werden fernsehtäglich mit Bildern über Kriege und Krisen, über flüchtende Asylsuchende und über brennende Asylheime konfrontiert.

Das alles löst Ängste aus und wirft Fragen auf, die reflexartig zu Schuldzuweisungen führen, auf allen Seiten. Auch im alltäglichen Zusammenleben, bei geschäftlichen Konflikten, Beziehungskrisen oder Nachbarschaftsstreitigkeiten tendiert Homo sapiens dazu, den Sachverhalt auf einfache Erklärungen zu reduzieren und die Verantwortung bei anderen zu suchen.

Für den praktizierenden Berufsjuristen ist es eine beinah tägliche Herausforderung, zu ergründen, warum Menschen streiten, warum Toleranz und Kompromissbereitschaft notleiden. Vor allen Dingen treibt uns die Frage um, welche Faktoren dafür verantwortlich sind, dass einigen Individuen sozialverträgliches Verhalten fremd ist und andere eine erfolgreiche und glückliche Lebensplanung realisieren können. Der Jurist muss, will er seine Aufgabe der Krisen- und Konfliktbewältigung ernst nehmen und effizient erfüllen, auch solche Erkenntnisse in seine Überlegungen und Strategien einbeziehen, die Schnittstellen zu den Bereichen Hirnforschung, Psychologie, Humangenetik, Evolutionstheorie, Anthropologie und Soziologie aufweisen.

In diesem Buch werden deshalb einzelne Stränge aus diesen Wissenschaftsbereichen zusammengeführt. Im Ergebnis legen diese Recherchen nahe, dass es zahlreiche Gründe gibt, mit unseren Mitmenschen gnädiger umzugehen, mehr Toleranz zu üben und gelegentlich Kompromisse einzugehen.

Vielleicht sind es die berufstypischen täglichen Herausforderungen in unterschiedlichsten Lebensbereichen, die insbesondere einen Juristen legitimieren, hierüber aufzuklären.

DIE SUCHE NACH SCHULD UND SCHULDIGEN IST UNIVERSELL

Schuldzuweisungen hatten schon immer Konjunktur. Im zwischenmenschlichen Bereich, zur Begründung von Strafurteilen, aber auch zur Rechtfertigung von Kriegen oder terroristischen Anschlägen.

Flüchtlingsströme, brennende Asylunterkünfte und marodierende junge Frauen und Männer, die in Europa aufgewachsen sind und von Salafisten radikalisiert wurden, machen die Frage nach individueller Schuld, nach den eigentlichen Ursachen drängender denn je. Psychologen und Hirnforscher halten überraschende Antworten bereit. Es sind Antworten, die insbesondere Politiker und Juristen nachdenklich stimmen müssen, und Erkenntnisgewinne, die nur schwer zu vermitteln sind, weil sie tradierten Verhaltens- und Gefühlsmustern zuwiderlaufen.

Was Adam uns eingebrockt hat, als er in den verbotenen Apfel biss, den Eva ihm gereicht hatte, glauben aufgeklärte Christen nicht unbedingt. Aber selbst der deutsche Papst Benedikt XVI., vormals Kardinal Joseph Ratzinger, formulierte es 2004 im »Katechismus der katholischen Kirche« noch so: »Die Erbsünde wird durch Fortpflanzung übertragen« (Art. 396–412). Die Erbsünde, die uns – ohne eigenes Zutun – kollektiv schuldig gemacht hat, soll angeblich auch ursächlich dafür sein, dass die Menschen zum Bösen neigen .

Nun verhält es sich zwar so, dass ein jeder von uns glaubt, Menschen zu kennen, die »zum Bösen neigen«. Eine solche Eigenschaft aber kategorisch zu unterstellen, erscheint zunächst abwegig – zumindest im Fall von Mutter Teresa, bei Nelson Mandela oder beim Dalai Lama. Zahlreiche Vertreter einschlägiger Wissenschaften, vor allem Soziologen, Psychologen und Hirnforscher, halten das ohnehin für ein Hirngespinst.

Doch selbst wenn man die christliche These von der jedermann angeborenen Schuld (die uns bereits mit der Zeugung zu Sündern macht) verwirft, so hat die im Alten Testament verbriefte Notwendigkeit, für diese Schuld zu büßen, um Erlösung zu finden, gleichwohl einen prägenden Einfluss entwickelt – bis heute. Die Suche nach dem oder den Schuldigen treibt uns um, sowohl bei zwischenstaatlichen als auch bei zwischenmenschlichen Konflikten.

Da dieses Phänomen aber nicht nur in jenen Ländern beheimatet ist, deren Lebensgewohnheiten und Umgangsformen von monotheistischen Religionen wie dem Islam, dem Christentum und dem Judentum geprägt wurden, wäre es wohl intellektuell unredlich, das menschliche Streben nach Rache, Vergeltung und Sühne allein ursächlich auf eine christliche These zu reduzieren. Stattdessen hat die Suche nach dem oder den Schuldigen sehr viel mit einem Sinn und Gefühl für Gerechtigkeit zu tun. Und das ist, so die spezialisierten Wissenschaftler, auf jeden Fall angeboren beziehungsweise wird wie eine Art Software bei der Geburt mitgeliefert, verbunden mit einem (moralischen) Gewissen. So lautet beispielsweise das Ergebnis einer Studie des Leipziger Max-Planck-Instituts für evolutionäre Anthropologie. Demnach besitzen bereits dreijährige Kinder einen ausgeprägten Gerechtigkeitssinn und verfügen über die Fähigkeit, andere zu verstehen und mit ihnen mitzufühlen. Auch Experten des einschlägigen Forschungszweigs (Theory of Mind) bestätigen diese These.

Dann, so ließe sich mutmaßen, kann ja an und für sich nichts mehr schiefgehen. Was gerecht ist, lässt sich gewöhnlich objektiv ermitteln, möchte man meinen. Schließlich gibt es hierfür Mindestnormen, gesellschaftliche, religiöse und staatliche Regelungen, die entweder oktroyiert oder vereinbart wurden, jedenfalls qua allgemeinem Konsens oder auch wegen staatlicher Entscheidungshoheit oder kirchlicher Deutungshoheit zu befolgen sind. Wir verlangen instinktiv und intuitiv nach einer wie auch immer gearteten Wiedergutmachung, wenn hiergegen verstoßen wurde. Dann erfolgt meistens eine Bestrafung, und zwar in allen Kulturkreisen. Das ist im Grunde genommen bedauernswert, denn die Fehlerquelle bei Schuldzuweisungen beginnt bereits bei der höchstpersönlichen Aufnahme und Verarbeitung von Informationen, unabhängig davon, ob sie verbal, bildlich oder schriftlich daherkommen. Denn unsere Wahrnehmung ist höchst subjektiv, recht unzuverlässig, obwohl wir das Gegenteil glauben. Vieles von dem, was wir wahrnehmen, wird unbewusst wahrgenommen und abgespeichert.

Außerdem unterstellt das Bedürfnis nach Buße, Vergeltung oder irgendeiner Wiedergutmachung dem vermeintlichen Missetäter ein schuldhaftes, ein vorwerfbares Verhalten, für das er sich (bei mehreren Wahlmöglichkeiten) freiwillig entschieden hat. Das ist wiederum ein Trugschluss – jedenfalls häufig.

Diese Welt, so möchte ich, zugegeben pathetisch, behaupten, wäre eine bessere, wenn es den in jeder Hinsicht unvollkommenen menschlichen Primaten gelänge, die Gewissheit von eigener Perfektion und die Überzeugung von einer autonomen, willensgesteuerten Wahlfreiheit zu reduzieren oder sogar ganz über Bord zu werfen. Ein solcher Gedanke ist wohl gewöhnungsbedürftig.

Der Wunsch, die Überzeugung von unserer »Beinahe-Unfehlbarkeit« abzulegen, ist illusorisch. Sowohl unser genetisches Programm als auch die im Unterbewusstsein verankerten Gefühle und Befehle lassen ihn nicht zu. Wir können – und ich hoffe, die geneigten Leser ebenfalls – zwar lernen zu verstehen, was ursächlich für unser Denken und unser Verhalten ist. Aber wir waren, sind und bleiben unfähig, die Denk- und Verhaltensmuster gänzlich zu überwinden, mit denen sich die Menschheit seit der Erlangung eines Bewusstseins eine Orientierungsmöglichkeit verschafft hat. Die Frage lautet: Haben wir überhaupt so etwas wie einen »freien Willen«, eine Entscheidungsfreiheit?

Ob wir für das, was wir tun, verantwortlich beziehungsweise gegebenenfalls schuldig sind, berührt auch den Streit zwischen Philosophen und Hirnforschern über die Frage, was gemeinhin als Deutungshoheit bezeichnet wird. Diese Frage ist für jeden von uns relevant. Als Anwalt mit nahezu vier Jahrzehnten beruflicher Erfahrung war ich Zeitzeuge von tragischen Lebensläufen, die aufgrund von Schicksalsschlägen determiniert und unausweichlich vorgezeichnet erschienen. Wer denkt in diesem Zusammenhang nicht unwillkürlich an jene Flüchtlinge, die ihre Heimat in Syrien oder Irak aus Angst vor Bomben, Folter und Mord verlassen haben? Aber ich habe auch Menschen kennengelernt, deren Lebenslinie sie eher zufallsbedingt zu ungeahnten, jedenfalls in nicht geplante, Höhen geführt hat. Vor allen Dingen aber habe ich die Fehleranfälligkeit des menschlichen Erkenntnisapparats erlebt, in privaten Angelegenheiten und im gerichtlichen Zeugenstand. Verstörend ist es da, immer wieder zu erfahren, dass die eigene Fehlerquote ignoriert und stattdessen regelmäßig die Schuld bei anderen gesucht wird.

In der Jurisprudenz gilt es (noch) als verpönt, Ergebnisse der Hirnforschung bei der Frage nach der individuellen Schuld zu berücksichtigen. Das Strafrecht beispielsweise definiert die Schuldunfähigkeit und die verminderte Schuldfähigkeit mit den – nicht nur für den Laien –kryptischen Worten »Ohne Schuld handelt, wer bei Begehung der Tat wegen einer krankhaften Störung, wegen einer tiefgreifenden Bewusstseinsstörung oder wegen Schwachsinns oder einer seelischen Abartigkeit unfähig ist, das Unrecht der Tat einzusehen oder nach dieser Einsicht zu handeln« (§20 Strafgesetzbuch). Sofern die Fähigkeit des Täters, das begangene Unrecht einzusehen oder nach dieser Einsicht zu handeln, »nur« vermindert ist, kann eine Strafe gemindert werden (§21 Strafgesetzbuch).

Darüber, was beispielsweise unter einer »krankhaften seelischen Störung« zu verstehen ist oder unter welchen Umständen die Fähigkeit, das Unrecht einzusehen, als »vermindert« gelten kann, haben sich Juristen und Sachverständige die Finger wundgeschrieben. Es wurden jedoch bislang die jüngsten Ergebnisse und Erkenntnisse der Hirnforschung soweit ersichtlich bei den Antworten auf diese Fragen bei den Strafrichtern vernachlässigt, überwiegend sogar gänzlich ignoriert. Auch wissenschaftlich fundierte Meinungen von Verhaltensforschern über die dominierende Rolle des Unterbewusstseins fanden bislang bei den Strafrichtern wenig Beachtung. Ferner hat es den Anschein, dass die Botschaften sowohl der Hirnforschung als auch die der Verhaltensforschung bei der Zivilgesellschaft noch gar nicht angekommen sind. Andernfalls wären die zwischenmenschlichen Umgangsformen zuweilen wesentlich zivilisierter, behaupte ich vorab. Denn eine bessere Kenntnis von der Fehleranfälligkeit unseres Gehirns zwingt zu größerer Demut und Toleranz.

Im Fokus der Ausführungen stehen wissenschaftliche Erkenntnisse der Hirnforschung, der Verhaltensforschung und der Humangenetik. Forschungsergebnisse, von denen einige getrost das Prädikat »neue wissenschaftliche Wahrheit« verdienen, die gleichwohl – oder vielleicht sogar deshalb – noch nicht überall die Anerkennung gefunden haben, die sie verdienen. Möglicherweise verhält es sich so, wie der Physiker und Nobelpreisträger Max Planck es formulierte:

»Eine neue wissenschaftliche Wahrheit pflegt sich
nicht in der Weise durchzusetzen, dass ihre Gegner
allmählich aussterben und sich als belehrt erklären,
sondern vielmehr dadurch, dass ihre Gegner allmählich
aussterben und dass die heranwachsende Generation
von vornherein mit der Wahrheit vertraut gemacht ist.«

(Max Planck: Wissenschaftliche Selbstbiographie. Leipzig 1948, S. 22)

Dieses Buch könnte auch für jene Zeitgenossen interessant sein, die sich ständig mit Schuldgefühlen plagen. Denn meine Recherche resultiert in der Erkenntnis, dass vieles zu »entschuldigen« ist, auch eigenes Versagen, das wir oft mit Selbstvorwürfen geißeln.

NICHT JEDES GEHIRN FUNKTIONIERT LEBENSLÄNGLICH FEHLERFREI

Der Suizid als Resultat einer tiefgreifenden Depression oder die Straftat eines hirngeschädigten oder traumatisierten Menschen sind selten das Resultat einer bewussten, »freiwilligen« Entscheidung. In zahlreichen Fällen verbieten sich Schuldzuweisungen. Oft sind es schicksalhafte Ereignisse, die zum Verlust einer Kontrollmöglichkeit geführt haben.

EIN SUIZID IST KEIN MORD

Nanni war erst 25 Jahre alt, als sie sich erhängte. Eigentlich waren wir uns immer recht ähnlich, meine Zwillingsschwester Marianne und ich. »Nanni«, so nannte ich sie, teilte sogar meine Leidenschaft für Fußball. Mal stand ich im Tor, mal sie. Als Kind war sie psychisch robuster, schützte mich im Kindergarten vor hänselnden Knirpsen, die mich damals gelegentlich wegen meines – seit der Geburt – halb geschlossenen Augenlids verspotteten. Als ich im Sommer 1960 von einer zweiwöchigen Fahrradtour nach Hause zurückkehrte, war Nanni eine andere, verschlossen, unsicher, gehemmt. Ihre ansteckende Fröhlichkeit war verflogen. Da waren wir zwölf Jahre alt. Erst vier Jahre später, als sie erstmals versuchte, sich mit einer Überdosis Tabletten das Leben zu nehmen, sollte ich erfahren, was sie so verändert hatte. Nanni war damals brutal vergewaltigt worden. Und da sie aufgrund eines zutiefst katholischen Elternhauses nicht aufgeklärt war, geriet die Vergewaltigung zu einem Martyrium. Ein Martyrium, das bei ihr unauslöschliche, traumatische Spuren hinterließ. Auch der Versuch einige Jahre später, mit ihrer lesbischen Freundin dieses Leben zu verlassen, scheiterte. Nanni schaffte es damals zu überleben, obwohl sie doch nicht wollte. Im Februar 1974 musste ich dann ihren leblosen Körper auf dem Nordfriedhof in München identifizieren. Sie hatte sich erhängt.

Es gibt Menschen, die so etwas »Freitod« nennen. Andere finden es passend, eine solche Verzweiflungstat als »Selbstmord« zu bezeichnen. Aber wie viel »Freiheit« kennt die Entscheidung, dem eigenen Leben ein Ende zu bereiten? Oder wird die Selbsttötung von Gefühlen diktiert, die keiner bewussten autonomen Kontrolle zugänglich sind? Haben Hirnforscher und Psychologen recht mit ihrer Aussage, dass furchteinflößende, insbesondere solche traumatischen Erlebnisse quasi unauslöschlich abgespeichert sind und immer wieder wie ein Blitzlicht aufflammen? Hätte ein geschulter Psychotherapeut Nanni vielleicht nachhaltig helfen können?

Es gibt Erlebnisse, die in der Psyche eines Menschen verankert bleiben und daher die Kontrollmöglichkeit des eigenen Handelns gegen null tendieren lassen. Es handelt sich dabei vor allem um Traumata, die epigenetische Spuren hinterlassen, also beispielsweise Depressionen auslösen, die auch für nachfolgende Generationen »spürbar« bleiben. Angesichts der zunehmenden Bedeutung dieses relativ jungen Forschungszweigs (Epigenetik) werde ich dieser Thematik später ein eigenes Kapitel widmen. Dieses Fachgebiet erklärt, welche Faktoren die Aktivität eines Gens beeinflussen und somit letztendlich auch Einfluss auf unser Verhalten haben.

Meine eigene traumatische Erfahrung legt die Vermutung nahe, dass Hirnforscher und Psychologen recht haben, und nicht nur Experten dieser Fachrichtungen.

Als ich sechs Jahre alt war, beschlossen meine Eltern, mein halb geschlossenes Augenlid operativ behandeln zu lassen, sodass mir der Spott der anderen Kinder erspart bleiben würde. Leider verschwieg man mir, was auf mich zukommen sollte. Auf dem Behandlungsstuhl des Augenarztes fixierte dieser mich mit so brachialer Gewalt, dass seine Assistentin keine Mühe hatte, mich mit Chloroform zu betäuben. Als ich nach der Operation erwachte, war ich an Händen und Füßen gefesselt, beide Augen waren verbunden. Meine Schreie wurden erst sehr viel später gehört. Ich war, wie gesagt, sechs Jahre alt. Nach 14 Tagen durfte ich wieder sehen, zunächst nur mit einem Auge.

Meine erste Panikattacke erlebte ich im Alter von neun Jahren in völliger Dunkelheit, in einem Zelt, in dem ich mit sechs anderen Kameraden übernachtete. Das Zelt musste nach dieser Panikattacke wieder zusammengenäht werden, weil ich es bei dem Versuch, in der Dunkelheit den Ausgang zu finden, teilweise zerrissen hatte.

Jahre später verlief es beim Interieur eines Wohnwagens nicht besser. Es war nahezu schrottreif, als ich schließlich die Tür fand und ins Freie stürmen konnte.

Das waren im eigentlichen Wortsinn »besinnungslose« Verwüstungen, die ich angerichtet hatte. Nicht eine einzige Millisekunde war ich fähig gewesen, mir mein Verhalten bewusst zu machen oder es in kontrollierte Bahnen zu lenken. Damals.

Mit einer über Jahre antrainierten Selbstbeherrschung lernte ich, eine Zeitspanne von rund einer Minute in völliger Dunkelheit konzentriert und kontrolliert zu überbrücken. Eine längere Zeit ist nicht möglich. Eine Computertomografie-Apparatur hat für mich aber auch heute noch den Charme eines Metallsargs.

Die Zerstörung fremden Eigentums ist strafbar. Die Frage ist, wo die Verantwortlichkeit für ein solches Handeln beginnt und wo sie endet. Oder, um es mit den Worten von Juristen auszudrücken: Wo beginnt und wo endet die »Schuldfähigkeit«? Stimmt es, dass unser Gehirn das alles entscheidende Kontrollzentrum ist, das Informationen aufnimmt, speichert und verarbeitet? Das uns eine Bewertung von Handlungsalternativen ermöglicht – und eine anschließende bewusste, autonome, »freiwillige« Entscheidung? Handelt es sich um das Zentrum eines »freien Willens«?

Eher nicht, lautet meine Antwort. Das Gehirn ist zwar ein Teil unseres Körpers, in dem Zellen verortet sind, die Gedanken überhaupt ermöglichen, aber über die meisten unserer Handlungen und Empfindungen haben wir keinerlei bewusste Kontrolle. Nicht wenige Hirnforscher schließen sogar gänzlich aus, dass irgendeine Verhaltensweise das Ergebnis einer bewussten, freien Entscheidung ist. Das mag wohl jedem einleuchten, wenn es um ein (scheinbar) abnormes Verhalten traumatisierter Menschen geht, wenn, wie in meinem Fall, ein klaustrophober junger Mann unvorstellbare Kräfte entfaltet, um Licht zu finden.

Und inwiefern kann ein Mensch die Selbsttötung steuern? Geht diesem nicht ein Plan voraus, wann und wie die Tat umgesetzt werden soll? Anders als bei einer Panikattacke, die keine Kontrollzeit zulässt, eine impulsive und zwanghafte Handlung zu überdenken, hat der »Selbstmörder« Zeit, seinen Plan zu ändern, zu revidieren.

Wir sind geneigt, auch ohne eine Aufklärung durch Psychologen demjenigen eine gewisse Unzurechnungsfähigkeit zu attestieren, der sich in einer Depression aus Verzweiflung selbst hinrichtet. Wir akzeptieren den Freispruch von jeglicher Schuld, jeglicher Eigenverantwortung und müssen oft genug konstatieren, dass widrige Umstände und das Verhalten anderer die Ursachen für die scheinbar zwangsläufige, unausweichliche Selbsttötung waren – wie im Fall meiner Zwillingsschwester.

Und was ist mit jenen Zeitgenossen, die mit ihrem Verhalten nicht nur sich selbst, sondern auch anderen geschadet haben? Sind wir bereit, objektive Maßstäbe anzulegen, wenn es darum geht, ihre Schuld und Verantwortlichkeit zu begutachten, insbesondere dann, wenn wir selbst oder Angehörige Opfer eines solchen Verhaltens wurden?

Im März 2015 tötete der Copilot auf dem Flug von Barcelona nach Düsseldorf nicht nur sich selbst, sondern auch 149 andere Menschen, indem er das Flugzeug gezielt abstürzen ließ. Hatte er nicht die Möglichkeit, sich während des achtminütigen Sinkflugs, also lange genug vor dem Crash, anders zu besinnen, den Plan zu revidieren und sein Leben wie das der Passagiere und der Crew zu verschonen? Der Gedanke, er könne nicht schuldig sein, nicht schuldig im sprachgebräuchlichen, auch im strafrechtlichen Sinne erscheint unerträglich, ja zynisch. Nein, das, was die (naturalistische) Hirnforschung »an reiner Lehre« zu dieser Wahnsinnstat glaubt analysieren zu dürfen, ist nicht ohne Weiteres vermittelbar. Stellvertretend für viele undifferenzierte Meinungen sei an die für Besonnenheit und Augenmaß bekannte Frankfurter Allgemeine Sonntagszeitung genannt, die den Copiloten »schuldig« sprach:

> »Nein, Selbstmord verdient kein affirmatives, irgendwie
> billigendes Mitgefühl: Jedenfalls, solange nicht, wie
> er auch eine Tat gegen andere ist [...] Ein Selbstmord
> erklärt nicht nur das eigene Leben für wertlos, es unter-
> wirft auch das Leben der anderen dieser Entscheidung
> [...]. Was auch immer als Grund dafür genannt wird,
> dass die Opfer sterben mussten: Er wird unannehmbar
> bleiben. Vielleicht war es leichter, mit so etwas fertig
> zu werden, als man noch an das Böse glauben konnte,
> den Teufel, eine eigenständige Macht, die vermag, von
> Menschen Besitz zu ergreifen [...].«
>
> (FAZ Online: Volker Zastrow (29.03.2016): http://bit.ly/faz-Germanwings)

Richtig ist, dass von niemandem ein Mitgefühl für den Copiloten erwartet werden kann. Aber es wäre wohl intellektuell redlicher gewesen, differenzierter auf diese bis dahin unvorstellbare Tat einzugehen. Wer das Verhalten des Copiloten uneingeschränkt als bewusste, autonome, freie Willensentscheidung einstuft, stellt nicht nur ihm, sondern auch der Menschheit an sich ein Zeugnis aus, das uns zu »Monstern« mit angeborenen Eigenschaften macht. Oder darf man den leidgeprüften Eltern den Vorwurf machen, dass sie ihren Sohn zu einem »Monster« erzogen haben? Wie heute bekannt ist, stand der Copilot unter massivem Einfluss von Psychopharmaka, die eine Kontrollmöglichkeit des Handelns ohnehin extrem reduziert haben dürfte.

Als Zwillingsbruder einer »Selbstmörderin« möchte ich klarstellen, dass meine Fassungslosigkeit ob dieses Wahnsinns mindestens so groß ist wie die des zitierten FAS-Autors. Aber wir schulden es uns selbst, bei der Erklärung einer solchen Tat zunächst die unmenschlichen grausamen Folgen auszublenden, um das unfassbare Unglück, das ein »Selbstmörder« angerichtet hat, mit jenen Erkenntnissen unter die Lupe zu nehmen, die uns beispielsweise die Hirnforschung, aber auch die Verhaltensforschung ermöglicht beziehungsweise vermittelt hat. Alles andere ist populistisch und dient der Befriedigung einer Sehnsucht nach Sühne. Meinungen der Hirnforscher und Psychologen zu diesem Fall, so viel sei jetzt schon verraten, gehen teilweise weit auseinander. Die einen, die eine Entscheidungsfreiheit kategorisch als Illusion einstufen, verneinen einen Schuldvorwurf, rechnen das Verhalten des Copiloten jenem »Zombiesystem« zu, das uns »unterbewusst« durchs Leben steuert. Andere, die für eine partielle Bewusstseinskontrolle plädieren, sprechen sich für eine (eingeschränkte) Verantwortlichkeit, also für ein vorwerfbar schuldhaftes Verhalten aus. Beide Meinungen räsonieren mit Forschungsergebnissen, die – und das ist das Bemerkenswerte – jeweils nicht naturwissenschaftlich widerlegt werden können. Ein deutsches Strafgericht würde zwar – Stand heute – mehrere Gutachten zur Frage der Schuldfähigkeit einholen, die Thesen der Hirnforschung aber ignorieren, jedenfalls soweit diese Thesen eine mögliche Entscheidungsfreiheit gänzlich negieren.

Warum also steuert ein Copilot sich selbst und 149 Menschen in den Tod? Und wie unterscheidet sich ein solcher Suizid von dem Selbstmordattentäter, der sich und andere mit einer Bombe tödlich zerreißt? Kann es sein, dass beide »nicht schuldig« sind, dass sie von einem unsichtbaren »Zombiesystem« willenlos gesteuert, dirigiert werden? Letztere ist eine provokante Frage, zugegeben. Aber es gibt nicht wenige, durchaus anerkannte Neurobiologen, die diese Frage uneingeschränkt mit Ja beantworten. Das sind die sogenannten Deterministen unter den Hirnforschern, die ich im Kapitel über die Hirnforschung noch mit ihren jeweiligen Thesen vorstellen werde. Auch einige Psychologen halten sich bedeckt, wenn es um die vorbehaltlose Verurteilung des Copiloten geht.

Nach allem, was bekannt wurde, litt der Copilot wie gesagt unter Depressionen. Der Direktor der Universitätsklinik für Psychiatrie und Psychotherapie in Leipzig, Professor Ulrich Hegerl, sagte in einem »Spiegel«-Interview: »Eine Depression ist auch eine organische Erkrankung wie Diabetes oder Parkinson [...] es handelt sich dabei nicht um eine vorübergehende Befindlichkeitsstörung als Reaktion auf Stress oder bittere Lebensumstände. Es sind vielmehr Hirnfunktionen gestört [...]. Der wichtigste Grund für die Erkrankung ist eine Veranlagung, die genetisch bedingt ist oder durch frühe traumatische Erfahrungen erworben sein kann. Äußere Umstände spielen oft als Auslöser eine Rolle« (Der Spiegel: 04.04.2015, siehe auch unter: Spiegel Online: http://bit.ly/spiegel-depression).

Wie gesagt sind sich Experten bei der Antwort auf die Schuldfrage uneinig. Ich bin gespannt, wie die Leser die scheinbar rhetorische Frage – schuldig? – nach der Lektüre des vorliegenden Buchs beurteilen. Ein Ergebnis steht heute schon fest: Wie »Der Spiegel« berichtete, hat sich die Einstellung der Bevölkerung gegenüber psychisch Kranken nach dem Absturz im Vergleich zu vorher verschlechtert. Sie gelten für viele Zeitgenossen als unberechenbar, unzuverlässig und gefährlich. Dabei handelt es sich um eine Meinungsänderung, die alle psychisch Erkrankten betrifft (Spiegel Online: Jana Hauschild (28.10.2015): http://bit.ly/spiegel-Germanwings).

Wer da glaubt, das alles ginge ihn nichts an, dem möchte ich mit einem Fallbeispiel verdeutlichen, wie rasch die Frage der »Zurechnungsfähigkeit« beziehungsweise Schuld jeden Tag für jeden von uns bedeutsam werden kann: Der 18-jährige Schüler Manuel, auf dem rechten Auge seit Geburt erblindet, wurde Opfer der »Reaktion« eines 23-jährigen Mannes. Beide spielten auf einer Art Bolzplatz. Der Ältere warf ein Geschoss in Manuels Richtung, vermutlich weil er sich (fälschlicherweise) provoziert fühlte. Das Wurfgeschoss traf Manuel am gesunden Auge. Er erblindete zunächst vollständig. Wie es weitergeht, bleibt abzuwarten. Die Eltern baten uns, Strafanzeige zu erstatten und Zivilklage einzureichen. Das Problem besteht darin, dass der 23-Jährige, der derzeit arbeitslos ist, den lebenslangen Folgeschaden Manuels nie wird aus eigener Tasche ersetzen können. Und was übernimmt die Haftpflichtversicherung? Der 23-Jährige berief sich auf seine »Schuldunfähigkeit«, da er drogenabhängig war (oder es noch ist), außerdem leide er an Depressionen. Dem einen Gutachter genügten die Ergebnisse der Anamnese, um eine gänzliche Unzurechnungsfähigkeit zu attestieren. Der andere kam zu dem Ergebnis, dass der junge Mann für die verheerenden Folgen »bedingt« verantwortlich sei. Jeder kann sich unschwer vorstellen, welchem Gutachter die Haftpflichtversicherung gerne Vertrauen schenken möchte, denn im Fall der gänzlichen »Schuldlosigkeit« muss die Versicherung nicht zahlen.

Für unseren Mandanten konnten wir diesen Prozess im März 2016 erfreulicherweise gewinnen. Mit dem Argument der Schuldunfähigkeit konnte der Gegner das Gericht nicht überzeugen. Es geht bei der Frage nach der Schuldfähigkeit also nicht nur um strafrechtliche Konsequenzen. Sie kann für jeden von uns jeden Tag relevant werden.

EIN VERLETZTES GEHIRN VERLIERT DIE KONTROLLE UND MACHT DEN TÄTER SCHULDUNFÄHIG

In einem amerikanischen Bundesstaat wurde der 74-jährige Cecil Clayton am 17. März 2015 mit einer Giftspritze hingerichtet. Er hatte einen IQ von 71, das entspricht dem eines Kindes. 43 Jahre zuvor war er noch normal begabt gewesen. Aufgrund eines Unfalls verlor er jedoch einen Teil des Gehirns, exakt 20 Prozent seines Stirnlappens. Clayton erschoss 1996 im Streit einen Polizisten. Nach fast 20 Jahren in der Todeszelle fand sein trostloses Leben im Land der fundamentalen Abtreibungsgegner nun ein gewaltsames und qualvolles Ende. Die Experten hatten ihm nach dem Unfall schwere soziale Defekte bescheinigt. »Er ist inkompetent, kann nicht auf sich alleine aufpassen und muss ständig unter Beobachtung stehen [...]. Er ist schizophren und schwer paranoid« (Bild.de: 18.03.2015: http://bit.ly/bild-Clayton). Der Kommentar von Richard Dieter, Direktor des Zentrums für Todesstrafen, lautete: »Unzurechnungsfähigkeit allein ist kein zwingender Grund, eine Hinrichtung auszusetzen« (ebenda). Wirklich? Wie viel von dem, was 1996 geschah, entsprach seinem freien Willen? Kann ein Mensch, dessen Kontrollzentrum schwer beschädigt wurde, überhaupt frei entscheiden? Auch jene Zeitgenossen, die noch nicht mit den jüngsten Erkenntnissen der Hirnforscher vertraut sind, dürften leise Zweifel befallen. Wie würden deutsche Strafrichter entscheiden? Richtig: Freispruch statt Hinrichtung, siehe § 20, Strafgesetzbuch. Allerdings wäre Clayton wohl zum Schutz der Allgemeinheit nicht nur vorübergehend weggesperrt worden, sondern dauerhaft.

Zweifel an einer stets möglichen, bewussten Kontrolle unseres Handelns sind nicht nur angebracht, wenn das Gehirn durch einen Unfall beschädigt wurde.

Die Makellosigkeit, die Fehlerfreiheit unseres Gehirns ist schlicht eine Illusion. Bei jedem von uns. Das geflügelte Wort »Nobody is perfect« ist zwar banal, aber inhaltlich durchaus zutreffend. Das sollte einleuchtend sein, auch ohne die Resultate der Hirnforschung zu kennen.

Das »Kontrollzentrum«, unser Gehirn, verdient diese Bezeichnung eigentlich nicht. Jedenfalls sofern sie suggeriert, dass wir mit diesem Organ alles bewusst kontrollieren können. Zur Erklärung:

Das Gehirn wiegt rund 1,5 Kilogramm. Es besteht aus mehreren Hundert Milliarden Zellen, die Neuronen und Glia heißen. Jede dieser Zellen kann es an Komplexität mit einer ganzen Großstadt aufnehmen. Sie enthält das gesamte menschliche Genom. Jede Zelle sendet elektrische Impulse an andere Zellen, oft Hunderte pro Sekunde. Wenn diese Aberbilliarden von Impulsen in dem Gehirn Photonen wären, dann würde jeder in gleißendem Licht erstrahlen. Ein gewöhnliches Neuron hat etwa 10.000 Verbindungen zu benachbarten Neuronen. Angesichts der (vermuteten) 86 Milliarden Neuronen bedeutet dies, dass es in unserem Gehirn so viele Verbindungen gibt wie Planeten im Weltall, einschließlich aller Asteroiden. Und in diesem »Weltall« von Neuronen werden Gedanken produziert. Aber was genau sind Gedanken, wie kommen sie zustande?

Naturwissenschaftler aller einschlägigen Fachbereiche sind sich einig: Gedanken haben eine physische, eine biochemische Grundlage. Man ist geneigt zu sagen, sie sind das Produkt einer physikalisch-chemischen Verschaltung von Neuronen. Und der Zustand, die Verfassung, die Qualität dieses physischen Materials ist ausschlaggebend für Gedanken, zu denen wir fähig sind. Im Fall des hirngeschädigten Clayton, dem aufgrund eines Unfalls 20 Prozent des Stirnlappens fehlten, dürfte ohne weitere Erklärung einleuchten, dass ihm ein normales (im Sinne eines normgerechten) Denken oder Verhalten nicht möglich war, zumal es sich bei ihm um eine Handlung im Affekt gehandelt hat.

Fazit: Nicht alles, was – objektiv gesehen – als ungerecht, unfair, als Verstoß gegen einen gesellschaftlichen Konsens oder gar als kriminell zu qualifizieren ist, verdient den Vorwurf eines bewusst gesteuerten, falschen Verhaltens. Die Antwort auf die Frage, ob solche Handlungen (oder ihr Unterlassen) abzulehnen und zu verurteilen ist, muss nicht immer, ja darf in einigen Fällen sogar nicht, einen persönlichen Schuldvorwurf implizieren. Auch unsere Rechtsordnung verweigert wie gesagt einen Schuldvorwurf dann, wenn die Unzurechnungsfähigkeit im Einzelfall zu bejahen ist. Das hört sich nach einer Selbstverständlichkeit an. Aber wie fortschrittlich eine solche Rechtsprechung tatsächlich ist, wird deutlich, wenn man nur ein paar Jahrhunderte zurückblickt. Damals, vom 14. bis zum 17. Jahrhundert, gab es sogar Gerichtsverfahren gegen (verwilderte) Schweine, die Kinder angegriffen haben sollen. Kein Witz, bei einer gerichtlichen Verurteilung wurden die Schweine gehenkt, verbrannt, ertränkt, erwürgt oder lebendig begraben.

So gesehen ist es kein kleiner Fortschritt, wenn es in der Rechtsprechung heute nicht nur auf Ursache und Wirkung ankommt, sondern auch auf ein individuell vorwerfbares, zu verantwortendes, von einem »freien Willen« gesteuertes Verhalten.

TRAUMATISCHE ERLEBNISSE SCHRÄNKEN DIE KONTROLLE EIN

Körperliche Behinderung, Gefängnishaft in der DDR und ein mangelhaftes emotionales Auffangnetz waren Ursachen für einen Raubüberfall, der eigentlich keiner war. Den mitleiderregenden Kriminalfall hatte ich 1983 zu verteidigen. Damals habe ich als Pflichtverteidiger zahlreiche Delinquenten vertreten, von denen sich zeitweilig ein gutes Dutzend im Münchner Gefängnis »Stadelheim« in Untersuchungshaft befand. Gerd war 17 oder 18 Jahre alt, gehbehindert, von der BRD einst »freigekauft«, nachdem sein Fluchtversuch an der DDR-Grenze gescheitert und er dort inhaftiert worden war. Er war froh, dank »Lösegeld« dort angekommen zu sein, wo er das Paradies vermutete. Und die Sozialleistungen ermöglichten ihm ein erträgliches Auskommen. Dennoch fühlte er sich in der bundesrepublikanischen Wirklichkeit einsam. Sein einziger Kontakt war die junge Verkäuferin in einem Tabakladen, die er regelmäßig aufsuchte. Eines Tages hielt er ihr eine Pistole vors Gesicht, keine mit Kugel, nach meiner Erinnerung eine Spielzeug- oder Gaspistole. Fakt war: Er wollte eigentlich nicht schießen, er wollte an und für sich nur Aufmerksamkeit. Die bekam er auch, allerdings von der Polizei, später von dem Staatsanwalt und vor Gericht.

Mir gelang es, ihm eine Unterbringung und eine Therapie zu besorgen. Ein langjähriger Gefängnisaufenthalt blieb ihm erspart. Der Strafrichter, aber auch der Gutachter hatten das Dilemma des Jugendlichen richtig diagnostiziert. Seine Lebensumstände und tief im Unterbewusstsein schlummernde traumatischen Erfahrungen hatten seine Straftat ausgelöst. Das Gericht befand: eingeschränkte Schuldfähigkeit. Der Strafrichter erkannte zu Recht, dass Gerd aufgrund seiner Biografie nur »beschränkt« fähig war, das Unrecht seiner Tat einzusehen.

Der Fall war abgeschlossen. Eigentlich. Doch rund zwei Jahre später erreichte mich ein Anruf der Polizei an meinem Urlaubsort. »Gerd hat in einer Bank in der Münchner Innenstadt Geiseln genommen. Er fordert die Freilassung einer Gefangenen – im Austausch gegen die Geiseln. Er will mit niemandem verhandeln, aber mit Ihnen will er sprechen«, so der hilflose Kriminalbeamte. Erfreulicherweise konnte ich Gerd dann am Telefon davon überzeugen, die Geiseln ohne irgendwelche Bedingungen freizulassen. Danach erlebte er den Kälteschock des Rechtsstaats. Fünf Jahre Haft, das richterliche Verständnis hatte ein Ende gefunden. Die bis dahin erfreulichen Therapieergebnisse zählten nicht mehr. Weitere Einzelheiten sind mir nicht bekannt, da ich ihn in diesem Fall nicht mehr verteidigt habe. Nur so viel habe ich in Erinnerung: Die Frau, die er freipressen wollte, kannte er gar nicht. Sie saß in Untersuchungshaft in der Frauenanstalt in Aichach. Sie war ebenfalls aus der DDR geflohen. Gerd hatte sich an sein eigenes Schicksal erinnert, als er an irgendeinem Biertresen davon erfuhr. Sein »Helfersyndrom« führte ihn von dort direkt zur Bank. Er wollte kein Geld, nur die Freiheit für eine vermeintliche Leidensgenossin.

Nach unserem Strafrecht musste er schuldig gesprochen werden. Selbst wenn man zusammen mit einigen Hirnforschern die »Entscheidungsfreiheit« des Individuums für eine Illusion hält, so verlangte diese Tat nach einer Maßnahme, die Abschreckung zu bewirken vermochte. Beides, Abschreckung, aber auch Therapie mit dem Ziel einer Resozialisierung, muss dem Prinzip eines humanen, gerechten Strafrechts folgen, um größtmöglichen Respekt für unverzichtbare Regeln eines Zusammenlebens zu bewirken. Diese Aussage möchte ich ausführlich in einem späteren Kapitel über wünschenswerte Änderungen im Strafrecht begründen.

DER WERT PSYCHIATRISCHER GUTACHTEN IST UMSTRITTEN

In dem geschilderten Fall von Gerd hielt sich die Bestrafung mit fünf Jahren Gefängnis innerhalb des Strafrahmens, der üblicherweise von Strafgerichten – unter Berücksichtigung mildernder Umstände – verhängt wird. Allerdings legen sowohl Richter als auch Gutachter regelmäßig die Messlatte für das, was in die Kategorie »verminderte Schuldfähigkeit« oder »gänzliche Schuldunfähigkeit« fällt, sehr hoch. Es genügt jedoch nicht, so jedenfalls zahlreiche Hirnforscher und Verhaltenspsychologen, lediglich hirnorganische Beschädigungen, schwere traumatisch bedingte Störungen oder seelische Abartigkeiten und dergleichen unter die Kategorie der Schuldunfähigkeit zu subsummieren und mit der »Gnade« eines milden Urteils oder gar eines Freispruchs zu belegen. Im Übrigen, wie wenig zuverlässig psychiatrische Gutachten sein können, hat der über die Grenzen unserer Republik bekannt gewordene und diskutierte Fall Gustl Mollath gezeigt, der zu sieben Jahren Zwangsunterbringung verurteilt worden war. Mollath wurden »Wahnvorstellungen« unterstellt, als er bezüglich des Verhaltens einer Bank von einem »komplexen System von Schwarzgeldverschiebungen« berichtet hatte. Ein Gerichtsgutachter diagnostizierte, dass Mollath psychisch schwer krank und weiterhin gefährlich sei. Ein anderer Psychiater sprach von einer »groben Falschbegutachtung« und sah weder Anzeichen einer psychischen Erkrankung noch einer Gemeingefährlichkeit. Das half Mollath bekanntlich zunächst nicht, der in eine psychiatrische Klinik eingesperrt wurde. Solche Anstalten werden gelegentlich auch als »Dunkelkammer des Rechts« bezeichnet. Erst in einem Wiederaufnahmeverfahren wurde er rehabilitiert. Der renommierte Gerichtsgutachter Norbert Nedopil, Gutachter in dem Wiederaufnahmeverfahren gegen Mollath, schätzt die Fehlerquote bei der Prognose über die Gefährlichkeit von Straftätern auf immerhin 60 Prozent.

Aus vielen unterschiedlichen Gründen ist ein Schuldspruch aber auch im privaten Bereich regelmäßig äußerst fragwürdig. Das Verhalten von Nachbarn, Arbeitskollegen, Freunden oder Lebenspartnern verdient oft eine zurückhaltende, mildere Bewertung. Denn vermeintliche Kränkungen beispielsweise erweisen sich bei näherer Betrachtung häufig als instinktive, absichtslose Reaktion, der keine autonome, bewusste Entscheidung zugrunde lag. Abweichungen von einem normgerechten Verhalten im zwischenmenschlichen Bereich können zahlreiche Ursachen haben, nicht nur jene, die unser Strafrecht definiert.

Das wirft zunächst die Frage auf: Was ist ausschlaggebend dafür, wie wir denken und für die Qualität des physischen »Materials«, das die Produktion von Gedanken ermöglicht?

DIE EVOLUTION HAT VIELES PERFEKTIONIERT, ABER NICHT ALLES

Unser Gehirn ist aufgrund einer evolutionären Kraft gewachsen. Es ermöglicht ein Bewusstsein, verbirgt aber auch ein Unterbewusstsein, das nur schwer zugänglich ist. Handlungen, die das Unterbewusstsein dirigieren, reduzieren die Möglichkeit frei und autonom zu entscheiden.

Der österreichische Schriftsteller Thomas Glavinic formulierte es in seinem Roman »Der Jonas Komplex« provozierend aber griffig wie folgt:

> »Wir sind naiv, wenn wir denken, wir träfen freie Entscheidungen. Das Unbewusste trifft die Entscheidung, eine Sekunde, bevor wir glauben, uns soeben bewusst und frei entschieden zu haben [...]. Wir sind unser Unbewusstes, nicht unser Bewusstes. Was wir zu sein glauben, ist nicht viel mehr als ein Bagger und dessen Greifarm, bedient von einer überlegenen Kraft.«

Die neuronalen Schaltkreise in unserem Gehirn wurden in Prozessen der natürlichen Auslese angelegt und im Verlauf von Millionen Jahren verändert. Man darf ruhig sagen: verbessert. Die Veränderung, die Modifizierung dieser neuronalen Schaltkreise folgte einer unsichtbaren Anweisung: Probleme lösen, um zu überleben und um die Fortpflanzung zu sichern. Das Gehirn wuchs in mehreren Millionen Jahren von früher 500 Gramm auf heute rund 1,5 Kilogramm. Der jüngste Fund eines »Frühmenschen« (Homo naledi) in Südafrika zeugt von einem Gehirn, das nicht größer war als eine Orange und von einer kognitiven Leistungsfähigkeit, vergleichbar mit der heutiger Schimpansen. Mit zunehmender Größe veränderte sich zugleich der neuronale Schaltkreis. Das Gehirn erfuhr im Laufe der Evolution genauso Veränderungen wie andere Organe, Augen und Gliedmaße.

Nicht nur das. Mit dem wissenschaftlichen Fortschritt hat das Gehirn auch eine neue Bedeutung hinsichtlich der Definition »Tod« erfahren. Nicht der letzte Herzschlag ist, wie bis in die 1960er-Jahre geglaubt, der Zeitpunkt, zu dem das menschliche Leben endet. Der Hirntod wurde mit der Erfindung der Herz-Lungen-Maschine als Ende der Lebenszeit ausgerufen. Und selbst diese Weisheit ist wieder in Frage gestellt worden. In einigen Operationssälen werden mittlerweile Patienten während bestimmter Operationen (am Herzen oder am Hirn) auf 18 Grad Celsius Körpertemperatur heruntergekühlt. Die Patienten bleiben dann während der Operation ohne Herzschlag und ohne Hirnwellen. Während die Körpertemperatur nach der Operation langsam zurückgeführt wird, kommen auch die Funktionen von Herz und Hirn zurück (Zeit Online: Bastian Berbner (07.04.2016) http://bit.ly/zeit-Tod). Ein weiterer Beleg für die physiko-chemische Natur von Gedanken.

Es wird wohl für immer ein Geheimnis bleiben, welche Energie für die Fähigkeit der Veränderung des Gehirns im Verlauf der Evolution bestimmend war, für die stetige Weiterentwicklung, für die Flexibilität des Gehirns, aufgrund derer der Mensch fast alles erlernen kann. Und es ist diese flexible Lernfähigkeit des Gehirns, die einen guten Teil dessen ausmacht, was wir als menschliche Intelligenz bezeichnen. Bekannt – jedenfalls in der Wissenschaft unstrittig – sind zunächst folgende Fakten: Funktionen wie vorausschauendes Denken, Planung, Problemlösung, Kreativität, Einsatz von Strategien sind Eigenschaften beziehungsweise Fähigkeiten, die dem Homo sapiens zugeordnet sind.

Entscheidungen und Bewusstsein sind an das Frontalhirn gebunden. All diese Prozesse haben dort ihre neuroanatomische Basis. Aber es ist nicht nur das, was die Gattung Mensch ausmacht. Ferner haben die spezifischen Persönlichkeitszüge, die einen individuellen Menschen für sich und seine Umwelt einzigartig machen, ihre neurobiologische Grundlage (unter anderem) im Frontalhirn. Die Arbeitsweise des frontalen Kortex ist wie die keines anderen Hirnareals durch eine massive Vernetzung mit anderen Hirnstrukturen gekennzeichnet. Was aber hat diese Entwicklung zur »Menschwerdung« ermöglicht?

Als ich im Alter von 16 Jahren den ersten Freitodversuch meiner Zwillingsschwester erlebte, löste dieses in mir erhebliche Glaubenszweifel aus. Ich begann, die Welt mit anderen Augen zu betrachten, auch jene kirchlichen Regeln, die dem Selbstmörder ewige Hölle verhießen. Als gläubiger Katholik und eifriger Ministrant vertraute ich mich dem Priester, Vikar Brechmann, in meiner Heimatgemeinde an. Er gehörte zu jenen kirchlichen Respektspersonen, die jeder noch so absurd und dümmlich erscheinenden Frage offen und aufgeschlossen begegnete. Seine Worte stimulierten meine Neugier so immens, dass mir die Suche nach alternativen Antworten auf existenzielle Fragen keine Ruhe mehr ließ. Der Vikar hatte zunächst den Namen Pierre Teilhard de Chardin erwähnt, ein 1955 im Alter von 74 Jahren verstorbener Jesuitenpater. Dieser verortete das »Göttliche« in eben dieser evolutionären Kraft. Für die katholische Kirche stellten seine Ansichten seinerzeit jedoch eine Bedrohung der traditionellen Theologie dar. Sein Buch »Der göttliche Bereich« war meine erste Lektüre zu diesem Thema. Die meisten seiner Schriften wurden vom Vatikan abgelehnt und durften zu seinen Lebzeiten nicht veröffentlicht werden. Das hat sich inzwischen geändert. Längst hat die Evolutionstheorie Eingang in die kirchliche Lehre gefunden.

Nach der Lektüre von Teilhard de Chardin dauerte es nicht lange, bis mir »Die Entstehung der Arten« von Charles Darwin die Augen weiter öffnete. Das Wissen über eine evolutionäre Kraft, die unser Gehirn im Laufe der Geschichte quantitativ und qualitativ weiterentwickelt hat und uns zum Denken befähigt, hält aber noch keine Erklärung dafür bereit, warum der Mensch trotz des im Wesentlichen gleichen »Apparats« (dem Gehirn) zu völlig unterschiedlichen Gedanken und Handlungen fähig ist.

DAS UNTERBEWUSSTSEIN STEUERT UNS WIE EIN AUTOPILOT

Das Gehirn ist eben doch kein Apparat! Der Motor eines Volkswagens folgt bei seiner Bedienung den immer gleichen Abläufen, egal ob in China oder anderswo. Aber die Flexibilität unseres Gedankenapparats ermöglicht, so ähnlich die Schaltkreise von Neuronen, Synapsen und Gliazellen auch angelegt sind, gänzlich andere, ja sogar entgegengesetzte Abläufe. Warum ziehen junge Leute beispielsweise aus ihrem wohlbehüteten Elternhaus zu ISIS in den »Heiligen Krieg«, während die Geschwister in der Heimat ganz andere Karriereziele verfolgen?

Das Gehirn ist eine Art Speicher, der Eindrücke wahrnimmt und Informationen sammelt. Das gilt beispielsweise auch für an jeder Stelle des Köpers verursachte Schmerzen, Anspannungen, Berührungen. Über feine Nervenstränge im Rückenmark finden solche Impulse einen Weg ins Gehirn, wo sie registriert und »verarbeitet« werden – und wiederum Reaktionen auslösen. Das ist ein Automatismus, an dem so etwas wie ein Bewusstsein gar nicht beteiligt ist. Als ich im Alter von neun Jahren in einer Panikattacke ein Zelt zerstörte, war es das Resultat ebensolcher Impulse. Mein seit der Geburt im Schlaf halb geöffnetes Auge registrierte die völlige Dunkelheit. In »Erinnerung« an meine schicksalhafte Operation schickte das – übrigens stets wache – Unterbewusstsein Signale, die eine instinktive Gefahrenabwehr auslösten. Ausschlaggebend für die im Zelt angerichtete Zerstörung war also nicht nur das Gehirn, sondern auch andere – mit ihm über das Rückenmark verbundene Teile des Körpers.

Die von der Dunkelheit ausgehende (und jedenfalls von mir so erlebte) Gefahr war so tief im Unterbewusstsein verankert, dass diese Panikreaktion ungesteuert ablief. Dieses Beispiel legt zunächst nahe, dass Erlebnisse im Gehirn abgespeichert werden und als Erinnerung das ausmachen, was wir Gedächtnis nennen. Auch solche Erlebnisse sind wichtig, die wir nicht mit dem Vorsatz abspeichern, sie irgendwann abrufen zu wollen. Das Gedächtnis, unser aller Gedächtnis, ist voller abgespeicherter Erlebnisse und Eindrücke, die unser Unterbewusstsein wie ein Autopilot steuern und die das, was wir als Entscheidung bezeichnen, zumindest beeinflussen.

Da ist noch etwas anderes, was unsere Entscheidung beeinflusst. Es geht um sogenannte subliminale Botschaften, welche die Konsumgüterindustrie bewusst einsetzt, um Kaufentscheidungen zu manipulieren. Es handelt sich dabei um visuelle Botschaften, die lediglich für vier Millisekunden eingeblendet uns unterschwellig (subliminal) erreichen, also unbewusst wahrgenommen und abgespeichert werden. Bekannt ist folgender Test: Mehrere Probanden erhielten die Aufgabe, am Computer eine Aufgabe zu lösen. Sie wussten allerdings nicht, dass bei der Hälfte der untersuchten Personen die Eisteemarke »Lipton Ice« als Wort-Bild-Marke unterschwellig für Millisekunden eingeblendet wurde, während sie die Aufgabe lösten. Jene Probanden, bei denen die subliminale Botschaft von »Lipton Ice« nicht eingeblendet wurde, erhielten eine andere unterschwellige Botschaft für ein paar Millisekunden, nämlich eine zufällige, durcheinandergewürfelte Reihenfolge derselben Buchstaben, also beispielsweise »n p t l i o c e i«. Nach der Bearbeitung der Computeraufgaben sollten die Probanden zwischen »Lipton Ice« und der Wassermarke »Spa Rood« wählen. 80

Prozent der Probanden, die zuvor die Eisteemarke »Lipton Ice« unterschwellig wahrgenommen hatten, entschieden sich für den Eistee, lediglich 20 Prozent für das angebotene Wasser. Bei der Gruppe von Probanden, die nicht unterschwellig »gefüttert« worden waren, fand der Eistee kein Interesse.

Solche Experimente wurden auch bei anderen Forschungsinstituten durchgeführt. Allerdings hatten subliminale Botschaften nur dann den beschriebenen Effekt, wenn sie auf ein Bedürfnis stießen, also in unserem Fall auf durstige Probanden.

DIE PSYCHE KANN KRANK MACHEN, ABER AUCH HEILEN

Die Erkenntnis von der Kraft des Unbewussten geht auf Sigmund Freud zurück, lange bevor die Hirnforschung mit bildgebenden Verfahren die Hirnfunktionen im doppelten Sinne des Wortes beleuchten konnte. Im Bewusstsein – besser wohl in der bewusst abrufbaren Erinnerung – seiner Patienten gab es nichts, was ein bestimmtes Verhalten hätte motiviert haben können. Freud ging davon aus, dass es im Gehirn verborgene Mechanismen gebe, zu denen das Bewusstsein keinen Zugang hat. Deshalb müssen, so seine Überzeugung, verschüttete, tief im Unterbewusstsein vergrabene Erlebnisse ins Bewusstsein geholt werden, um sich geistig und emotional mit ihnen auseinandersetzen zu können und ihnen die Macht zu nehmen, Neurosen zu verursachen: Mir ist das gelungen. Als ich es schaffte, die Tortur in Erinnerung zu rufen, die ich als Sechsjähriger bei meiner Fesselung und Betäubung auf dem Stuhl des Augenarztes erlebt hatte, war es möglich, in kleinen Schritten die Intervalle zwischen Erwachen in Dunkelheit und Panikattacke zu vergrößern.

Auch ohne die Instrumente der Hirnforschung erkannte Freud bereits vor rund 100 Jahren die Fragwürdigkeit der menschlichen Willensfreiheit. Er gab zu bedenken, dass, wenn unsere Entscheidungen aus geistigen Prozessen resultieren, zu denen das Bewusstsein keinen Zugang hat, der freie Wille möglicherweise eine Illusion ist, mindestens deutlich stärker eingeschränkt, als zu Freuds Zeit geglaubt wurde. Er sollte recht behalten und hätte wohl seine helle Freude an den Ergebnissen gehabt, welche die Hirnforschung nahezu 100 Jahre später präsentiert hat. Einige dieser Wissenschaftler glauben, Beweise dafür gefunden zu haben, dass der Mensch vom Unterbewusstsein quasi fremdgesteuert wird. Das werde ich im Kapitel über Hirnforschung näher erläutern.

Die Bedeutung und Kraft eines (unbewusst) agierenden Gehirns lässt sich auch an einem anderen Fall festmachen, der bei manchen Schuldmedizinern Verblüffung auslösen dürfte. Im Alter von 16 Jahren fand bei meiner jüngsten Tochter eine Art Wesensveränderung statt. Angelina verbrachte nahezu den ganzen Tag in ihrem Zimmer, depressiv, desinteressiert, lustlos, orientierungslos. Gewöhnliches Essen vertrug sie nicht mehr. Ein immunologischer Labortest zeugte von 263 Nahrungsmitteln, auf die sie allergisch reagierte. Weder Globuline noch Schulmediziner konnten helfen, selbst in Reformhäusern gab es kaum Lebensmittel, die sie vertrug. Das änderte sich gravierend nach zwei Sitzungen bei einer Heilpraktikerin, die Angelina in eine Art Trance versetzt hatte. Danach war sie wie ausgewechselt, fröhlich, interessiert, ausgelassen. Der erneute Labortest zeigte, dass nur noch eine Intoleranz übrig geblieben war, gegen Haselnuss. Emotionaler Stress war der – nicht bewusst erlebte – Auslöser für die Allergien gewesen. Die während der Trance von der Heilpraktikerin angewandte Therapie hatte die Wirkung – um es salopp auszudrücken – einer »Festplattenreinigung«. Es handelte sich um eine Hypnosetherapie.

Ein anderes Beispiel. Ein junger Freund unserer Familie, Marko, der vor Jahren seine Mutter verloren hatte, erkrankte während eines Studienaufenthalts in Australien so schwer, dass er schließlich auf der Intensivstation behandelt werden musste. Weder dort noch später in Deutschland konnten die hochspezialisierten Ärzte die Gründe für diverse Organversagen diagnostizieren. Operationen waren lediglich lebenserhaltend. Nach jahrelanger Qual trat überraschend ein Heilungsprozess ein. Heute ist er aufgrund einer Traumabewältigung vollständig genesen. Der Tod seiner Mutter hatte bei ihm unbewusst eine Todessehnsucht ausgelöst, die so stark war, dass ohne äußeren Anlass eine Reihe von Organen begann, nachzulassen und schließlich zu versagen. Mithilfe von Meditation und in tiefenpsychologischen Beratungsgesprächen gelang es ihm, diese bis dahin unbewusste Todessehnsucht zu entdecken und zu analysieren. Er reiste zum Grab seiner Mutter, um noch einmal Abschied zu nehmen. Anschließend begann der Erholungsprozess, dauerhaft und ohne jegliche Einnahme von Medikamenten. Es war ein vom Gehirn gesteuerter Selbstheilungsprozess.

Wie selbständig das Gehirn agieren kann, belegen auch zahlreiche Placebo-Tests. Patienten, denen Scheinpräparate verabreicht wurden, die jedoch vom behandelnden Arzt als wirksame Medikamente angepriesen wurden, haben bei vielen einen Heilungsprozess in Gang gesetzt. Der unter Medizinern umstrittene Placebo-Effekt wurde am Karolinska-Institut in Stockholm vom Team des Hirnforschers Martin Ingvar bewiesen. Im Gehirn-Tomograph (PET) konnte festgestellt werden, dass nach der Gabe eines Placebo-Präparats die gleiche Region im Gehirn (Gyrus cinguli) aktiv wurde, wie bei jenen Patienten, die zur Schmerzunterdrückung mit einem starken Opioid behandelt worden waren.

Fazit: Das Gehirn kann eigenständig agieren, ohne eine bewusste Kontrolle. Ferner ist das Unterbewusstsein an der Entwicklung von Gefühlen beteiligt und damit auch an Verhaltensweisen, die maßgeblich von Gefühlen diktiert werden. So mancher »Schuldspruch« sowohl in Gerichtssälen als auch im privaten Bereich verkennt die Macht und den Einfluss des Unterbewusstseins, die dazu führen können, gesellschaftliche Anstandsregeln oder strafrechtliche Normen zu ignorieren. Die Wurzeln der Gefühle, die das menschliche Verhalten beeinflussen, entstehen in Millisekunden, beim ersten Eindruck, bei der ersten Begegnung mit einer Person, ohne dass wir uns dieses bewusst machen können.

JEDES GEHIRN IST PROGRAMMIERT, ABER NICHT FÜR IMMER

Mit dem Begriff »kognitive Ökonomie« erklärt die Verhaltensforschung, dass und warum der Homo sapiens erste Eindrücke von Personen in Millisekunden unbewusst einordnet, bewertet und abspeichert – auf Kosten der Objektivität. Es handelt sich um eine potenzielle Fehlerquelle. Dieser kognitive Mechanismus ist Nährboden für Vorurteile. Und diese können bei Schuldzuweisungen eine entscheidende Rolle spielen.

Wir sehen beispielsweise ein bis dahin unbekanntes Gesicht und bewerten es im Bruchteil einer Sekunde als ein uns sympathisches oder mit einer anderen Bewertung auf der Gefühlsskala. Die Evolution hat uns unter anderem auch mit dieser Fähigkeit ausgestattet, der Fähigkeit also, Wahrnehmungen emotional einzuordnen. Die schnelle Einordnung und Bewertung, die spontane, intuitive Beurteilung eines Sachverhalts oder einer Person kann überlebenswichtig sein. Psychologen bezeichnen dieses quasi zwanghafte Entscheidungsverhalten als »kognitive Ökonomie«.

Eine solche Ökonomie vernachlässigt jedoch die objektive Richtigkeit bei der Wahrnehmung und Bewertung beziehungsweise der emotionalen Abspeicherung. Wäre es aber anders, könnten wir die vielfältigen Herausforderungen des Lebens gar nicht bewältigen. Das gilt übrigens nicht nur für gedankliche und emotionale Abläufe, sondern auch für erlernte mechanische Bewegungsabläufe. Angenommen, man müsste ohne Übung die Schrittfolge des Zubindens von Schnürsenkeln mithilfe gedanklicher Arbeit, und zwar allein nach den Gesetzen der Logik, bewältigen. Da können sie sich das Frühstück sparen, wenn sie pünktlich zu ihrem Termin oder am Arbeitsplatz erscheinen wollen. Ein Klavierspieler, der improvisiert, kann auch nur deshalb ohne Noten spielen, weil er aufgrund jahrelanger Übung den Klang der Tasten, die er innerhalb eines Bruchteils einer Sekunde anschlägt, antizipieren kann.

Das menschliche Gehirn funktioniert nicht anders, wenn es um die spontane Bewertung von Eindrücken geht. Die »angelegte« oder auch »anerzogene« innere Ordnung, also das eigene Wertesystem, sorgt dafür, dass im Moment der Wahrnehmung (zum Beispiel einer Information) eine Bewertung und eine Einordnung stattfinden. Sie ermöglichen eine ebenso rasche Reaktion wie jener »anerzogene« Mechanismus, der uns dirigiert, den Schnürsenkel so zuzubinden, dass der Knoten möglichst lange hält.

Der individuelle Bewertungs- und Reaktionsmechanismus ist jedoch nicht nur ausschlaggebend dafür, ob wir die Nachricht objektiv richtig speichern und weitergeben. In diesem Moment entscheidet sich auch, ob wir die Nachricht glauben oder zumindest als glaubwürdig erachten. Das Unterbewusstsein und damit das Wertesystem steuert stets unsere spontane Reaktion. Der Mensch verfügt über einen psychologischen Mechanismus, um seine Umwelt zu stabilisieren. Nachdem wir erste Eindrücke von einer einzelnen Person, einer Gruppe oder einem Land gewonnen haben, üben sie eine strukturierende und selektive Wirkung auf unsere Einschätzung späterer Fakten aus. Stimmen »Nachrichten« mit diesen Eindrücken überein, so berücksichtigen wir sie, während wir sich scheinbar widersprechende Fakten in der Regel als zufallsbedingt ansehen. Durch diese selektive Wahrnehmung können wir eine Umwelt stabilisieren, die eigentlich nicht im Mindesten stabil ist. Doch genau das ist überlebenswichtig, jedenfalls für unsere Psyche.

DER ERSTE (UNBEWUSSTE) EINDRUCK PRÄGT UNSERE MEINUNG

Allerdings, es ist eben dieser »kognitiven Ökonomie« zu verdanken, dass wir Fehler machen. Fehler bei der ersten flüchtigen Wahrnehmung von Personen beispielweise. Fehler, die eine Voreingenommenheit verursachen. Und so etwas »färbt ab«. Es engt den Blick ein, den Blick auch für die Frage, ob die jeweilige Person (vorwerfbar) schuldig ist. Dank »kognitiver Ökonomie« werden so Vorurteile geboren, derer wir uns nicht bewusst werden, die jedoch gleichwohl prägend und einflussreich sind, wenn wir uns anmaßen, zu richten.

Das ist eine von mehreren Erklärungen dafür, dass eine fremdenfeindliche Bewegung wie Pegida oder eine Partei wie die AfD viele Mitläufer gefunden haben. Die ständige Berichterstattung der Presse über zunehmenden islamistischen Terror hat längst auch bei einigen grundsätzlich zu Toleranz neigenden Kosmopoliten zu einer diffusen Moslemphobie geführt, die das vormalige Wertegefüge – oder besser: die innere Ordnung – (unbewusst) verändert hat. Selbst aufgeklärten Zeitgenossen fällt es zunehmend schwer, bei Berichten über Flüchtlingen arabischer Herkunft – oder bei Begegnungen mit ihnen – Assoziationen zu Terrorberichten zu ignorieren oder gar zu überwinden, die unzählige Fernsehbilder bewirkt haben.

Wie man das möglicherweise ändern oder zumindest reduzieren kann? Die Theorie der sogenannten Kontakthypothese geht davon aus, dass Nähe und Kommunikation mit Fremden helfen, Vorurteile abzubauen. Sie stammt von dem amerikanischen Psychologen Gordon Allport. Anlässlich der 1954 gerichtlich angeordneten Integration von afroamerikanischen Schülern in den Schulen der Südstaaten der USA wurde ermittelt, dass der tägliche Umgang, der Meinungsaustausch zwischen weißen und schwarzen Schülern, effizient dabei half, Vorurteile abzubauen.

Aber wie schwierig es ist, diese Voreingenommenheit zu überwinden und trotz festgefahrener Meinung zu einer objektiven Beurteilung zu gelangen, erfahren Sie im nächsten Kapitel.

WER SICH EINMAL EINE MEINUNG GEBILDET HAT, MÖCHTE SIE NICHT AUFGEBEN

Gefühle und Meinungen zu ändern, sich eines Besseren belehren zu lassen, scheitert oft an dem, was Psychologen als »kognitive Dissonanz« bezeichnen. Das gilt auch für Schuldzuweisungen. Fakten, die unserer (vorgefassten) Meinung widersprechen, werden (stets unbewusst) verdrängt oder ignoriert. So wird schuldig gemacht, wer eigentlich unschuldig ist, auch im Privatleben.

Für wie glaubwürdig wir eine Nachricht halten und als wichtig bewerten, hängt also entscheidend von der individuellen Wahrnehmung ab, von der – wie Psychologen es nennen – Prädisposition des jeweiligen Empfängers.

Nachrichten oder auch visuelle Informationen, die individuellen Gedächtnisinhalten oder einer (unbewussten) Bewertung widersprechen, lösen einen psychischen Konflikt aus. Diese »Theorie der kognitiven Dissonanz« stammt von dem amerikanische Sozialpsychologen Leon Festinger, der sie 1957 veröffentlichte. Darin erläutert er die (empfundene) Unvereinbarkeit von (neuen) Erfahrungen und Informationen mit der eigenen Einstellung oder mit einer persönlich zuvor getroffenen Entscheidung. Außerdem erklärt er, warum bereits auf der Ebene der Wahrnehmung unterschiedliche Eindrücke entstehen.

Von alltäglicher Relevanz für jeden von uns ist die Theorie, wie der Homo sapiens diese kognitive Dissonanz bewältigt. Nach Festinger motiviert ein unwiderstehlicher Drang den Menschen, der demjenigen nach Essen und Schlaf vergleichbar ist. Es ist der Drang, die Überzeugung mit seinen Taten und Beobachtungen in Einklang zu bringen. Wenn Menschen eines nicht aushalten, dann ist es das Aufeinanderprallen sich widersprechender Informationen. Das ist ihnen ähnlich unangenehm wie das quietschende Geräusch von Kreide auf einer Tafel oder von Fingernägeln auf einem Teller. Darin stimmt Festinger mit dem Psychologen Abraham Maslow überein, der das Bedürfnis nach Konsistenz, die eine verlässliche Orientierung ermöglicht, als eine von vier elementaren Bedürfniskategorien qualifiziert. Dazu etwas detaillierter in dem Kapitel über die elementaren Bedürfnisse, die uns unbewusst beeinflussen.

Festinger illustrierte dies anhand der Geschichte einer Samanda-Sekte, deren Mitglieder in den 1940er-Jahren an die Prophezeiung glaubten, die Welt werde am 21. Dezember untergehen. Als nun der Morgen des 22. Dezembers anbrach und die Sonne noch immer schien, waren die Sektenmitglieder mit einer für sie erstaunlichen Tatsache konfrontiert, die bei ihnen, hätten sie sie akzeptiert, eigentlich einen Paradigmenwechsel hätte erzwingen müssen. Die Prophezeiung war offensichtlich falsch gewesen. Doch anstatt sich mit dieser Tatsache auseinanderzusetzen, erklärten sie das Ausbleiben der Apokalypse mit der Behauptung, ihre Gottheit sei durch ihre Verehrung so gerührt gewesen, dass sie auf die Zerstörung der Welt verzichtet habe. Problem gelöst: Die Prophezeiung war zwar danebengegangen, aber die Sektenmitglieder konnten nach wie vor an die Geschichte glauben, aus der sie einst abgeleitet worden war.

Es ist das Streben nach der Auflösung kognitiver Dissonanzen, das beispielsweise die Amerikaner für immer neue Argumente für die Rechtfertigung des sogenannten Zweiten Irakkriegs zugänglich machte, sobald sich ursprüngliche Argumente nachweislich als nicht richtig erwiesen. Keine Massenvernichtungswaffen? Gut, aber es hätte sie sicher irgendwann gegeben, wären die Truppen der US-Armee nicht rechtzeitig einmarschiert. Die Dissonanz (aufgrund der empfundenen Unvereinbarkeit) bewirkte eine unangenehme innere Spannung. Die Folge, so jedenfalls diese Theorie: Der Mensch neigt dazu, neue Informationen, die zu seiner inneren Einstellung (oder zu seiner getroffenen Entscheidung) im Widerspruch stehen, abzuwerten, gering zu schätzen oder gar zu ignorieren. Zugleich überschätzt er tendenziell konsonante Informationen, also solche, die mit dem eigenen Bild, der eigenen Bewertung, der eigenen Einstellung übereinstimmen.

Zu dieser Behauptung ein profanes Beispiel: Die innere Einstellung der meisten Raucher lautet: Ich rauche gerne. Die unangenehme Information, zum Beispiel in einem Zeitungsartikel, lautet: Rauchen verursacht Krebs. Raucher, die auf einen solchen Bericht stoßen, schenken ihm oft gar keine, auf jeden Fall aber weniger Beachtung als Nichtraucher. Das erklärt beispielsweise auch, warum Warnaufdrucke auf Zigarettenschachteln von Rauchern kaum wahrgenommen werden, wie Umfragen ergeben haben. Der Mensch filtert Sinneseindrücke unbewusst und tendiert dazu, die durch Dissonanz (Ich rauche gerne/Rauchen ist ungesund) entstandene Spannung zu reduzieren. Dabei hat er zwei Möglichkeiten, darauf zu reagieren: 1. Er könnte sein Verhalten ändern, also beispielsweise aufhören zu rauchen. Damit wären beide Elemente (die neue, unangenehme Information und die eigenen Einstellung) wieder in Einklang. 2. Er könnte aber auch neue »kognitive« Elemente hinzufügen oder erfinden, um die Anzahl der übereinstimmenden Elemente zu erhöhen und damit die Dissonanz zu reduzieren. So könnte er sich mit dem Argument trösten, Rauchen mache schlank oder baue Stress ab.

Festinger kam zu der Überzeugung, dass die zweite Alternative, also die Suche nach Argumenten, die einmal getroffene Entscheidung zu bestätigen, von deutlich größerer Bedeutung bei der

Bewältigung der kognitiven Dissonanz sei. Die nicht gewählte Alternative (Änderung des Verhaltens, weil Rauchen schädlich ist) wird durch zusätzliche Argumente schlecht gemacht, während die gewählte (Ich rauche gern) schöngeredet wird.

Dazu ein Beispiel aus der Gerichtspraxis: Strafrichter, die vor einer Hauptverhandlung entweder einen Durchsuchungsbeschluss (Razzia) oder einen Haftbefehl gegen den Verdächtigen angeordnet haben oder über die Zulassung der Anklage positiv entschieden haben, tun sich äußerst schwer damit, von der vorgefassten Meinung abzuweichen. In mehr als 95 Prozent der Fälle ist die auch zu Beginn der Verhandlung stets geltende Unschuldsvermutung eine Fiktion.

Der Strafrichter sucht eher nach der Bestätigung seines (Vor)Urteils und neigt häufig dazu, entlastende Umstände zu ignorieren. Diesem Phänomen begegnen mehr und mehr Juristen mit der Forderung, in der Hauptverhandlung nur noch Richter zuzulassen, die mit dem Fall vorher nicht befasst waren.

In meiner Zeit als Rechtsreferendar verriet uns der damalige Ausbildungsrichter am Amtsgericht München sinngemäß, die Rolle der Verteidiger werde total überschätzt. Für ihn stehe schon vor der Verhandlung aufgrund der Aktenlage in 95 Prozent der Fälle fest, wie das Urteil lauten werde. Welch ein Offenbarungseid! Was dieser Münchner Amtsrichter freimütig eingestand, bestätigte ein Experiment des Strafrechtsprofessors Bernd Schünemann. Er konfrontierte zwei Gruppen von Richtern mit den Fakten eines realen Strafverfahrens. Alle erhielten dieselbe Informationsgrundlage. Die Beweislage war jedoch für eine Gruppe unklar. Diese Gruppe hatte zuvor keine Ermittlungsakten gelesen. Und in dieser Gruppe kamen mehr als die Hälfte der Richter nach Durchführung der Hauptverhandlung zu einem Freispruch. Aber die Gruppe, die vor der Verhandlung den Inhalt der Ermittlungsakten gelesen hatte, verurteilte hingegen, und zwar einhellig, also 100 Prozent. Es gab keinen einzigen Freispruch. Die bestätigenden Beweise wurden von diesen Richtern überschätzt, die entlastenden Beweise unterschätzt.

Vielleicht dürfen wir auf eine Änderung hoffen. Der Europäische Gerichtshof für Menschenrechte hat vor Jahren erkannt, dass ein Richter befangen sein könnte, wenn er sich schon vor dem Prozess intensiv mit der Schuldfrage befasst. Damit hat er nichts anderes zum Ausdruck gebracht als dieses: Die Vorkenntnis des Akteninhalts bewirkt ein Vorurteil. Auch ein vermeintlich unabhängiger Richter kann sich nicht davon befreien, dass entlastende Beweise zu einer kognitiven Dissonanz führen. Es liegt in einem solchen Fall nahe, dass er belastenden Beweisen mehr Gewicht gibt, um diese Dissonanz aufzulösen. Diese Erkenntnis liegt dem gänzlich anderen Verfahren in den USA zugrunde, Mitglieder einer Jury in Strafprozessen vor der Verhandlung dahingehend zu überprüfen, ob sie Kenntnis von dem jeweiligen Fall haben oder ob die Meinung der Jurymitglieder – bezogen auf den Fall – vorurteilsfrei ist. Anschaulich dargestellt hat dies John Grisham in seinem 1989 erschienenen Roman »Die Jury«, der ein Bestseller wurde.

Gelegentlich empfehle ich Mandanten deshalb in Strafsachen vor der Hauptverhandlung im Gericht keine Stellungnahme (Einlassung) abzugeben. Warum?

Ich will das an einem Fall verdeutlichen, den ich im Mai 2015 als Strafverteidiger betreut habe. Einem Ehepaar war gemeinschaftliche gefährliche Körperverletzung vorgeworfen worden. Als beide vor Gericht erschienen und die Richterin erstmals ihre Version des Vorfalls erfuhr, war sie verblüfft. Nach der Vernehmung des angeblichen Opfers und einer weiteren Belastungszeugin wurde das Ehepaar freigesprochen. Selbst die Staatsanwältin hatte schließlich einen Freispruch gefordert. Es war, so glaube ich, in diesem Fall nicht ganz unmaßgeblich, dass die Richterin vor der Verhandlung die Argumente der Verteidigung nicht kannte. Denn das ermöglichte ihr keine abschließende Meinungsbildung vor der Verhandlung, reduzierte also die Wahrscheinlichkeit eines abschließenden Vorurteils. Ein solches Vorurteil hätte das Dilemma einer kognitiven Dissonanz bescheren können. So aber konnte sie relativ vorurteilsfrei zu ihrem Urteil – Freispruch – gelangen.

Aber auch Staatsanwälte haben gelegentlich ein Problem mit der »kognitiven Dissonanz«. Das mit viel öffentlicher Stimmungsmache eingeleitete Ermittlungsverfahren gegen den früheren Bundespräsidenten Christian Wulff endete bekanntlich mit einem Freispruch. Das Ermittlungsverfahren wegen Bestechlichkeit hätte jedoch gar nicht den Weg zur Anklagebank finden dürfen. Aber als der ursprünglich tatsächlich schwerwiegende Verdacht nicht mehr zu halten war, wollten die Strafverfolger ihre kognitive Dissonanz unbedingt mit einer Rechtfertigung auflösen: Die Bestechlichkeit liege vor, weil er sich aufs Münchner Oktoberfest hat einladen lassen. Und das sei, so die Staatsanwaltschaft in Hannover, die Gegenleistung für eine Gefälligkeit gewesen, die »Belohnung« dafür, dass der Bundespräsident irgendjemandem irgendwo »die Tür aufgemacht« habe. Die bei Einleitung des Ermittlungsverfahrens, vor allem aber bei einer Durchsuchungsaktion offensichtlich vorhandene Überzeugung von der Schuld des Präsidenten war zementiert. Der Versuch, diese Überzeugung trotz eines an und für sich deutlichen Ermittlungsergebnisses zu rechtfertigen, fiel wie ein Kartenhaus in sich zusammen. Dennoch darf man vermuten, dass die verantwortlichen Staatsanwälte auch weiterhin von der Schuld des Exbundespräsidenten überzeugt sind. Vielleicht haben sie ihre »kognitive Dissonanz« mit der höchsteigenen Überzeugung geklärt, ein Zeuge habe gelogen.

Ähnlich lag der spektakuläre Fall des Wettermoderators Jörg Kachelmann, der sich im Jahr 2010 wegen des Verdachts der Vergewaltigung vor Gericht verantworten musste. Die offensichtliche Unglaubwürdigkeit der Belastungszeugin wurde – aufgrund der kognitiven Dissonanz – von den Staatsanwälten schlicht ignoriert.

Und noch ein letztes Beispiel für die selektive Wahrnehmung und die Auflösung der kognitiven Dissonanz. Als 2015 kurz vor der geplanten Wiederwahl des ehemaligen FIFA-Präsidenten Sepp Blatter auf Initiative der USA ein Korruptionsskandal aufgedeckt und Blatters Rücktritt beziehungsweise Verzicht auf Wiederwahl gefordert wurde, meinte er, es habe sich bei der amerikanischen Aufklärungsaktion um eine Revanche gehandelt. »Die Amerikaner waren Kandidaten für die WM 2022 und sie haben verloren.« Er suggerierte damit einen Zusammenhang mit der Vergabe der Fußballweltmeisterschaft an Katar (statt USA) im selben Jahr. Das war schon ziemlich frivol, da zu diesem Zeitpunkt bereits der recht gesicherte Verdacht bestand, einige Mitglieder seines Exekutivkomitees seien bestechlich gewesen. Die tatsächlichen Vorgänge rund um die Korruptionsaffäre, für die er als Präsident zumindest eine sportpolitische Verantwortung trug, vertrugen sich nicht mit der von ihm gefühlten (und geglaubten) Unschuld. Indem er die juristische Berechtigung für Aufklärungsarbeit und Verhaftungen für die Forderung nach seinem Verzicht auf seine Position mit einem angeblich unmoralischen Motiv infrage stellte, fand er für sich eine konsonante Rechtfertigung für seine Verteidigung und für die gewünschte Wiederwahl und ebenso dafür, dass er den Forderungen aus allen fußballerischen Himmelsrichtungen die Seriosität und Berechtigung der Ermittlungen absprechen durfte.

Von tagesaktueller Bedeutung ist die kognitive Dissonanz in der Diskussion darüber, ob hierzulande eine sogenannte Obergrenze für die Aufnahme von Asyl suchenden Flüchtlingen festgelegt, verabschiedet, beschlossen oder auf anderem Wege durchgesetzt werden soll. Unsere Verfassung, immerhin die ranghöchste »Spielregel« in dieser Republik, hat in § 16 a des Grundgesetzes (GG) das Recht auf Asyl als Grundrecht verankert. Es gibt zwar zahlreiche gesetzliche Bestimmungen, die das Verfahren über die Beantragung, Gewährung oder Versagung von Asyl regeln. Aber eine Obergrenze gibt es zu Recht nicht, kann es und darf es nicht geben, wenn man eine andere Regelung mit Verfassungsrang ernst nehmen möchte. Und zwar die, dass »alle Menschen vor dem Gesetz gleich sind« (Art. 3 Abs. 1 GG). Beides sind Grundrechte, die im Rang über allen anderen deutschen Rechtsnormen stehen. Eine Obergrenze für die Aufnahme von Flüchtlingen wäre verfassungswidrig. Der Gesetzgeber hat andere verfassungskonforme Gesetze geschaffen, die bei konsequenter Durchsetzung beziehungsweise Anwendung auch die gegenwärtige Problematik in ihrer dramatischen Auswirkung reduzieren könnten. Dennoch wird von einigen Politikern und inzwischen auch von Teilen der Bevölkerung gebetsmühlenartig die Forderung nach einer Obergrenze wiederholt. Jene Politiker, die das Grundgesetz kennen, bewältigen die Dissonanz zwischen Verfassungswirklichkeit und wahlpolitischen Wunschträumen mit zum Teil polemischen Parolen, die wenig bis gar nicht zur Befriedung in einem Land beitragen, in dem die Zerrissenheit zunimmt. Legitim wäre es, die kognitive Dissonanz mit der effizienten Anwendung bestehender, wirksamer Gesetze zu bewältigen, beispielsweise mit der Beschleunigung der Asylverfahren. So viel zur tagesaktuellen Relevanz im politischen Bereich.

KONFLIKTE IN DER PARTNERSCHAFT VERÄNDERN DAS »BILD« DES PARTNERS

Die Bewältigung einer kognitiven Dissonanz spielt auch eine wesentliche Rolle im höchstpersönlichen zwischenmenschlichen Bereich, beispielsweise bei Beziehungskrisen. Als Anwalt in zahlreichen Scheidungsfällen habe ich erfahren müssen, dass Konfliktlösungen zwischen ehemaligen Lebenspartnern oft eine Frage der emotionalen Bewältigung des Konflikts sind. Denjenigen, die bis dato die eigentlichen Ursachen nicht ergründen konnten, die zum Ende einer langjährigen Lebensgemeinschaft geführt hat, werden die nachfolgenden Gedanken vielleicht weiterhelfen. Das frei erfundene nachfolgende Beispiel geht bewusst von einer längeren

Partnerschaft aus, die – zumindest für einen der Partner – überraschend zu Ende ging. Warum? Die Zahl der Scheidungen, zu denen sich Ehepaare erst nach der Silberhochzeit entschließen, hat sich innerhalb der letzten 20 Jahre fast verdoppelt. Ein Beispiel also mit durchaus aktueller Relevanz.

Ein Klassiker: Die Kinder sind aus dem Haus. Er geht routinemäßig seiner alltäglichen Arbeit nach, hat in mehreren Karrieresprüngen bereits Anerkennung erfahren und ausreichende Rentenansprüche gesichert. Für sie hat das eheliche Leben, außer Erinnerungen und banalen Wiederholungen, nichts mehr zu bieten. Selbst der Freundeskreis langweilt sie zunehmend. Nach 25 Jahren Treue, Langmut und braver Gefolgschaft in der Ehe, nach langer Zeit der Aufopferung für die Familie keimt bei ihr der Wunsch nach Selbstverwirklichung. Gleich ob eigenes Café, ob Immobilienmaklerin oder Schmuckdesign, irgendetwas wird schon klappen. Manchmal besteht allerdings auch der Wunsch, ein Abenteuer zu erleben, um sich selbst wieder zu spüren. Dann steht meistens der Partner im Weg, der die neue Gefühlswelt entweder nicht erkennt oder nicht versteht und auch auf keinen Fall akzeptieren würde, so glaubt sie jedenfalls. Es ist dies der Moment, in dem das Bild vom Partner aus guten, harmonischen oder sogar liebevollen Zeiten nicht mehr stimmig ist. Die eheliche Frustration und der Wunsch nach Selbstverwirklichung lässt alles verblassen, was in Jahren oder Jahrzehnten der glücklichen Zweisamkeit gemeinsam erlebt wurde. Warum? Der Wunsch nach Veränderung oder gar Trennung gegen den Willen des Partners verträgt sich nicht mit der Erinnerung an glückliche Gefühle, auch nicht mit der über Jahre empfundenen Zuneigung oder Liebe. Mehr noch, ein solcher Wunsch – oder gar dessen Realisierung – belastet das Gewissen. Daher muss diese Dissonanz, also die Unstimmigkeit zwischen Wunsch und Wirklichkeit, eliminiert werden, und das geschieht nicht bewusst.

Entwickelt sich der Drang nach Selbstverwirklichung übermächtig, verdrängt er (unbewusst) die bis dahin gespeicherten Erinnerungen, sofern es glückliche sind. Sowohl die Erinnerungen als auch die Wahrnehmung werden selektiv. In der Zeit, die von gegenseitiger Zuneigung geprägt war, wurden selbst solche Erfahrungen mit dem Partner positiv interpretiert und abgespeichert, die bei objektiver Betrachtung zu einer eher negativen Bewertung von Charaktereigenschaften des Partners hätten führen müssen. Das Phänomen heißt »selektive Wahrnehmung«, und ihre Richtung ändert sich, wenn es aufgrund einer (subjektiv empfundenen) Enttäuschung oder aufgrund einer Änderung der Lebensplanung (Selbstverwirklichung) beim lange Zeit geliebten Partner zu Störungen in der Beziehung kommt. Zunehmend verbucht der eine Partner Erfahrungen und Erlebnisse, die einst positiv registriert wurden, zunächst neutral, später dann negativ auf dem Glückskonto des anderen. Der unzufriedene Partner beginnt, die eigene familiäre oder eheliche Welt nüchterner zu betrachten. Fehler des anderen werden nicht mehr akzeptiert oder ignoriert. Im weiteren Verlauf macht sich ein Gefühl der Gleichgültigkeit breit, der Partner wird zunehmend kritisch beurteilt. Gelingt es nicht, die Störungen in der Beziehung aufzulösen, die Krise also zu bewältigen, beginnen die Schuldzuweisungen. Für den einen, der verlassen wird, ist es psychisch unerträglich, eine Niederlage eingestehen zu müssen, beispielsweise den Verlust des Partners. Für den anderen Partner muss eine moralisch vertretbare »Begründung« her, um die eigene Entscheidung, das Verlassen des Partners beziehungsweise den eingeschlagenen Weg der Selbstverwirklichung, rechtfertigen zu können. Beide befinden sich in einem Zustand der kognitiven Dissonanz. Und bester Gehilfe bei der Beseitigung dieser Dissonanz ist der Mechanismus der selektiven Wahrnehmung und der selektiven Erinnerung. Kommt der verlassene Partner mit Blumen nach Hause, wird ihm ein schlechtes Gewissen angedichtet. Als Akt der Zuneigung oder Liebe eignet sich diese Geste nicht mehr. Sie verträgt sich nämlich nicht mit dem neuen »Bild«, an dem der andere Partner (unbewusst) arbeitet, um seinen Entschluss der Selbstverwirklichung reinen Gewissens, innerlich konfliktfrei, umzusetzen.

Gelegentlich hilft sogar der Gegenspieler einer dereinst empfundenen Liebe – der Hass – den Spagat zwischen Ratio und Emotio zu überwinden, um die kognitive Dissonanz aufzulösen.

Aus dem fernöstlichen Kulturkreis stammt hierfür ein Sprichwort (Verfasser unbekannt): »Wer liebt, erkennt schwerlich die schlechten Eigenschaften des Geliebten, wer hasst, erkennt schwerlich die guten Eigenschaften des Gehassten.« Die Selektion und die Verzerrung bei der Informationsaufnahme und -verarbeitung, und damit die Absicherung des eigenen Verhaltens oder der eigenen Einstellung durch Scheinargumente (Rationalisation), gehören jedenfalls zu den zentralen Strategien des Abbaus kognitiver Dissonanzen. Dieser Prozess verläuft wie gesagt im Unterbewusstsein, der mitverantwortlich ist für die subjektive Aufnahme und Abspeicherung jeder Wahrnehmung. Fazit: Die Suche nach einem Schuldigen oder nach der Schuld ist häufig das Resultat einer unbewussten Bewältigungsstrategie.

Wir neigen dazu, das Verhalten von Mitmenschen, egal ob Nachbar oder Partner, zu kritisieren, um einen Einklang mit unseren Gefühlen herzustellen. Die unbewusste Selektion (Wahrnehmung und Erinnerung) mündet in eine oftmals ungerechte Schuldzuweisung und zuweilen im Gefühl des Hasses.

Die Bewältigung einer kognitiven Dissonanz fordert jeden von uns heraus, Tag für Tag. Sie führt selten zu objektiv richtigen oder gar gerechten Ergebnissen, jedenfalls dann, wenn wir spontan handeln. Die Verfechter der Theorie, dass es uns zuweilen gelingen kann, die Auflösung der kognitiven Dissonanz bewusst zu steuern, wenn wir uns mit einer Entscheidung Zeit lassen, wenn also Zeit zwischen dem Eindruck und der Reaktion gegeben ist, dürften uns die Empfehlungen mit auf den Weg geben, »eine Nacht darüber zu schlafen«. Vielleicht, aber nur vielleicht, gelingt es dann, die empfundene Dissonanz durch eine neue durchdachte Entscheidung und durch eine Abkehr von vormaligen Überzeugungen und Meinungen aufzulösen. Ob das im Sinne einer »freien« Entscheidung

überhaupt möglich ist, darüber gehen die Meinungen der Hirnforscher, aber auch der Psychologen auseinander. Wie das folgende Kapitel zeigt, lässt das Unterbewusstsein, in dem wirkmächtige
Erinnerungen und Gefühle vergraben sind, Zweifel daran aufkommen, ob wir uns aus eigener Kraft von der Dominanz einer verfes-
tigten Meinung befreien können. Einer Meinung, einem Empfinden, das eine höchst subjektive Erwartungshaltung zur Folge hat.
Auch das vernebelt den Blick für eine objektive, gerechte Beurteilung des Partners oder Situationen.

GEFÜHLE UND ERWARTUNGEN VERHINDERN EINE OBJEKTIVE WAHRNEHMUNG

Individuelle Ängste oder Erwartungen können eine potenzielle
Fehlerquelle bei der Aufnahme und Verarbeitung von Informationen sein. Sie trüben das Urteilsvermögen, auch bei Schuldzuweisungen.

Wir sind wie bereits ausgeführt regelmäßig prädisponiert, also
im Voraus festgelegt. Die Emotionen des Empfängers (oder Betrachters) sind – bezogen auf die Nachricht, die er erhält – selten neutral. Oft ist er persönlich betroffen, beispielsweise wenn er
Angst vor der Entlassung aus seiner Firma hat. Hört er in solch
einem Fall, dass die Gehaltsüberweisung nicht erfolgt ist oder ein
Polizeibeamter den Chef aufgesucht hat, dann schwingt diese persönliche Angst mit, die Angst um seine Zukunft.

Das erinnert irgendwie an Platon, Schüler von Sokrates, Be-
gründer der ersten philosophischen Akademie in Athen. Ohne
Kenntnis der Forschungsarbeit von Verhaltensforschern, ohne
das Wissen von Neurobiologen kam dieser große Philosoph zu
der Erkenntnis, dass der Mensch die Wirklichkeit dessen, was er
wahrnimmt, nicht (objektiv) erkennt. Er veranschaulichte dieses
mit folgendem berühmten Gleichnis: In einer Höhle sitzen gefes-
selte Menschen. Hinter ihrem Rücken werden Gegenstände vor-

beigetragen, die ein Feuer beleuchtet. Die Menschen sehen nur die Schatten der Gegenstände an der ihnen gegenüberliegenden Wand. Jeder von ihnen sieht (oder vermutet) in den Schatten der einzelnen Gegenstände etwas, das seiner persönlichen, individuellen und damit subjektiven Disposition oder Erwartung entspricht.

Die Angst oder auch die Erwartung prägt also die Art und Weise der individuellen Wahrnehmung. In einem 2005 durchgeführten Experiment hat der US-amerikanische Neurowissenschaftler Jack B. Nitschke nachgewiesen, dass auch eine Geschmackswahrnehmung von der jeweiligen Erwartung abhängig ist (Bild der Wissenschaft, 06.02.2006). Probanden erhielten einmal ein Glas Wasser mit wenig Chinin und dann einen stärkeren Chinincocktail. Vor jedem Schluck wurde den Versuchstrinkern angekündigt, welcher Grad an Bitterstoffen zu erwarten sei. Kein Wunder, dass alle Teilnehmer die höher konzentrierte, bittere Mixtur als scheußlich empfanden. Dafür verantwortlich waren die Aktivitäten im zuständigen Hirnareal, was mittels eines Magnetresonanztomografen überprüft wurde. Dieser Versuch führte zu dem überraschenden Ergebnis, dass die Aktivitäten des Hirnareals deutlich schwächer ausfielen, wenn der Versuchsleiter zwar die hochkonzentrierte, stark bittere Flüssigkeit reichte, zugleich jedoch (wahrheitswidrig) ankündigte, es handle sich um die schwächere Lösung. Die Probanden empfanden den Geschmack der objektiv gleichen Menge – bei wie gesagt falscher Ankündigung – als weniger bitter als zuvor.

Manchmal können auch Gefühle wie Neid und Eifersucht die eigene Wahrnehmung beeinflussen, beispielsweise wenn es um den verhassten Nachbarn, den vorlauten Freund oder die Exfreundin geht. Das gilt auch für die diffusen Gefühle in Zusammenhang mit der Fremdenfeindlichkeit in Deutschland. Nachrichten, die diese Gefühle tangieren, werden anders wahrgenommen, anders verarbeitet und anders reduziert, als solche Nachrichten, die keine emotionale Bedeutung haben. Diese gefilterte Wahrnehmung erfolgt ohne jede zielgerichtete Absicht, sondern einfach nur, weil das emotionale Gedächtnis selektiv arbeitet. Kriminologen und Juristen können ein Lied davon singen, wie sehr der Einzelne seine Wahrnehmungsfähigkeit überschätzt. Insbesondere Strafverteidiger, aber auch all jene Juristen, die schon einmal Zeugen vernommen haben, wissen genau, dass bei deren Schilderungen weniger die Tatsachen – und damit die objektiv relevanten Umstände – eine Rolle spielen, sondern vielmehr die subjektive Wahrnehmung dieser beobachteten Umstände oder der vernommenen Nachrichten.

Die Anfälligkeit für Fehler bei der Wahrnehmung betrifft übrigens alle, auch gebildete Akademiker. Dazu ein weiteres Beispiel: Der Genfer Gerichtspsychologe Édouard Claparède konfrontierte seine Studenten 1911 mit einem Überraschungstest, indem er einen maskierten Mann in den Hörsaal eindringen ließ, in dem er gerade eine Vorlesung hielt. Der Maskierte gestikulierte wild und artikulierte einige unverständliche Worte und Sätze, woraufhin ihn Claparède hinausschickte. Der ganze Auftritt hatte nicht länger als 20 Sekunden gedauert. Die verblüfften Studenten erhielten unmittelbar danach einen Bogen mit elf Fragen zu dem Vorfall. In erster Linie sollten sie den Maskierten beschreiben. Dabei ging es um die Kleidung, mitgeführte Gegenstände und das gesamte Aussehen des Mannes. Die Studenten beantworteten im Durchschnitt 4,5 Fragen zutreffend. Dieses Ergebnis zeigt, dass die Wahrnehmung von Bildern und die Weitergabe von Informationen durch individuell unterschiedliche, höchst subjektive Elemente geprägt sind. Vergessene Details werden häufig aufgrund einer eher vermuteten Wahrscheinlichkeit rekonstruiert und beschrieben. Was beispielsweise die Farbe der Kleidungsstücke des Maskierten betraf, spielten bei den Beobachtern persönliche Empfindungen, Assoziationen, Vorlieben oder Abneigungen für bestimmte Farben eine Rolle. Und das Erstaunlichste bei diesem Test: Die Studenten trugen die objektiv falsche Beschreibung von Details in der Regel mit großer Selbstsicherheit vor. Offensichtlich neigt der Mensch also dazu, das zu sehen (und zu beschreiben), was er sehen möchte, was seiner Erwartungshaltung entspricht. Daher stammt wohl auch die Redewendung aus dem Volksmund: »Die Schönheit (oder Hässlichkeit) liegt im Auge des Betrachters.« Platon formulierte es philosophisch (sinngemäß) in dem berühmtem Höhlengleichnis sinngemäß so: Die Dinge präsentieren sich uns nicht etwa »an sich« – als Stuhl, Sessel oder Sofa. Sie sind Erscheinungen unserer Verstandesformen und werden nach unseren Anschauungskategorien zusammengesetzt« (Sechstes Buch der Politeia).

Bei dem geschilderten Experiment von Claparède ging es mir in erster Linie darum, das Vorurteil zu relativieren, eine Falschaussage oder ein objektiv nicht korrekter Bericht sei überwiegend oder ausschließlich auf fehlenden Intellekt, fehlende Redlichkeit oder »mangelhaftes« Wahrnehmungsvermögen zurückzuführen. Die Testpersonen waren, wie gesagt, allesamt Studenten.

Fazit: Die persönliche Empfindung, insbesondere die ganz individuelle, von höchstpersönlichen Gefühlen geleitete Erwartungshaltung, trübt unser Urteilsvermögen. Diese Fehlerquelle kommt oft in Begleitung daher. Solche Empfindungen werden nämlich regelmäßig getragen von Erinnerungen. Erinnerungen an eine Person oder einen Vorfall, der Unmut oder sogar Schuldvorwürfe ausgelöst hat. Wie unzuverlässig das Gedächtnis als Helfershelfer ist, um die Frage nach Schuld zuverlässig beantworten zu können, folgt im nächsten Kapitel.

DER GLAUBE AN EIN FUNKTIONIERENDES GEDÄCHTNIS IST EINE ILLUSION

Weltweit sitzen Tausende von Menschen unschuldig hinter Gittern. In den meisten Fällen sind falsche Aussagen von Zeugen schuld, die nicht etwa gelogen haben. Sie haben oft nach bestem Wissen und Gewissen ihr Gedächtnis bemüht, eines das löchrig ist wie ein Schweizer Käse. Es kann als trauriger Beleg für die Unvollkommenheit und Unzuverlässigkeit unseres kognitiven Apparats gelten. Eine Fehlerquelle, die zur Klärung der Schuldfrage nicht nur juristisch relevant ist, sondern tagtäglich auch im Privatleben.

Das durchaus nicht fehlerfrei funktionierende Gedächtnis führt zu verzerrten, unvollständigen Erinnerungen, die bei penibler Betrachtung die Illusion zerstören, dass auf unser Gedächtnis Verlass ist. Wir glauben, uns genau an etwas oder jemanden erinnern zu können, ja, wir sind sogar ehrlich überzeugt davon, aus der Erinnerung richtig rekapitulieren zu können. Doch das ist regelmäßig eine Selbsttäuschung. Die Forscher der Aussagepsychologie haben das erfolgreich in zahlreichen Studien bewiesen.

Seit Platon vergleichen Wissenschaftler das Gedächtnis mit den jeweiligen Speichermedien ihrer Zeit, heute vornehmlich mit einer Computerfestplatte. Doch so praktisch der Computer als Sinnbild für die Erklärung zahlreicher Hirnfunktionen auch sein mag, für unser Gedächtnis kann es nicht herhalten. Vielmehr filtert das Gehirn die Inhalte des episodischen Gedächtnisses und koppelt es mit Bedeutung und emotionalem Wert. Dabei vernachlässigt es manche Details (Sozialpsychologen sprechen von levelling), andere dagegen übertreibt es (sharpening). Natürlich färben auch, wie bereits erwähnt, persönliche Einstellungen und Meinungen, vor allem aber Vorurteile den Inhalt und verändern ihn (Assimilation). Die Vorstellung vom Arbeitsgedächtnis, das sich beim Erinnern eine Kopie des Erlebten aus dem Langzeitgedächtnis zieht, ist überholt (Nature. International weekly journal of science. Band 406, S. 722-726), so der Gedächtnisforscher Karim Nader von der Universität in Montreal. »Eine Vielzahl von Experimenten lässt vielmehr vermuten, dass Gedächtnisinhalte bei ihrer Aktivierung komplett in eine Art ›Arbeitsgedächtnis‹ transferiert und dann jedes Mal von Neuem abgespeichert werden. Wir erinnern uns also meist an Erinnerungen des Erlebten« (ebenda). Dieser ganz persönliche Stille-Post-Effekt kann schnell zu Verzerrungen führen, wenn sich beim Prozess des Abrufens und erneuten Speicherns andere Gedächtnisinhalte mit dem ursprünglich Abgespeicherten vermischen. Eine Information, etwa eine Vokabel oder eine Telefonnummer, kann nicht in einem einzigen Schritt im Gedächtnis abgespeichert werden. Sie durchläuft verschiedene Gedächtnisstufen. Zunächst landen alle Informationen im Ultrakurzzeitgedächtnis, dessen Speicherkapazität begrenzt ist. Es kann nur eine kleine Menge von sechs bis maximal neun Aktivitätsmustern festhalten, also zum Beispiel sieben Vokabeln. Dies geschieht lediglich für eine Dauer von ungefähr 30 Sekunden, denn im Ultrakurzzeitgedächtnis überschreiben neue Informationen ständig die Erinnerungen, die schon länger dort sind. Nur das, was ständig wiederholt wird, gelangt ins Kurzzeitgedächtnis. Hier ist das Muster der aktivierten Nervenzellen für etwa eine halbe Stunde sicher aufgehoben. Im Kurzzeitgedächtnis werden Inhalte bloß als Hirnaktivität gespeichert.

Das Langzeitgedächtnis dagegen speichert Informationen in Form von Verbindungen zwischen den einzelnen Nervenzellen. Diese Dauerspeicherung erfordert die Bildung immer neuer Kontakte, und das kostet Energie. Darum werden hier nur solche Informationen gespeichert, die häufig gebraucht, also beständig wiederholt werden oder sehr wichtig sind. Je häufiger eine Nervenverbindung im Langzeitgedächtnis aktiviert wird, desto stabiler wird sie ausgebaut und desto länger hält die Erinnerung. Werden Nervenverbindungen über längere Zeit nicht beansprucht, zerfallen sie wieder und die Information wird vergessen. Ein jeder von uns dürfte diese Erfahrung gemacht haben. Oder erinnern Sie sich stets verlässlich an Ihre eigene – von anderen gelegentlich nachgefragte – Handynummer? Oder noch an das Passwort Ihres Computers oder den PIN Ihrer Kreditkarte nach 14 Tagen Urlaub? Wenn ja, dann handelt es sich wahrscheinlich um Ihr Geburtsdatum oder eine ähnliche »Eselsbrücke«?

Die Evolutionsbiologen und Anthropologen haben eine plausible Erklärung für die unvollkommene, auf jeden Fall unzulängliche, gedankliche Speicherung: Für unsere Vorfahren, einst Sammler und Jäger, lohnte es sich zu merken, wo sich gute Jagdgründe befanden oder welche Anzeichen Gefahr bedeuteten. Die präzise Erinnerung daran, was wann und wo Belangloses passierte, lohnte sich dagegen nicht.

ZEUGENAUSSAGEN SIND NICHT ZUVERLÄSSIG

Wie unvollkommen unser Gedächtnis arbeitet, kann übrigens jeder selbst testen. Im Anhang (Seite 239 ff.) steht eine Kurzgeschichte (fünf Sätze) mit fünf Fragen. Bislang hat es in meiner Umgebung kaum jemand geschafft, den Gedächtnistest zu 100 Prozent zu bestehen.

Besondere Verdienste um die Erforschung des Phänomens »Pseudoerinnerung« erwarb sich die amerikanische Psychologin Elizabeth Loftus. Sie konnte in unzähligen Experimenten nachweisen, dass es mithilfe von Suggestionen sogar zu dramatischen Veränderungen von Gedächtnisinhalten kommen kann. Loftus führte folgendes Experiment durch: Sie zeigte verschiedenen Versuchspersonen Filmaufnahmen von einem Banküberfall und fragte anschließend nach dem Bart des Täters. Tatsächlich beschrieben viele den Bart sehr genau, obwohl der Täter eine Gesichtsmaske getragen hatte und auf den Bildern demnach überhaupt kein Bart zu sehen war. Die Suggestivfrage hatte die Teilnehmer in die Irre geführt. Es handelt sich dabei um eine Technik, die so mancher Jurist, insbesondere Strafverteidiger, anwendet, wenn das Gericht beziehungsweise der Richter sie erlaubt. Das deutsche Strafprozessrecht lässt diese Technik nämlich (an und für sich) nicht zu.

Solche unterstellenden Fragen können aber nicht nur die Erinnerung an tatsächlich erlebte Vorgänge verändern, sondern sogar vollkommen neue Pseudoerinnerungen bewirken. »Ob ein

Mensch falsche Details oder komplette Pseudoerinnerungen als tatsächlich erlebt akzeptiert, hängt vor allem davon ab, wie plausibel diese sind« (Deutschlandradio Kultur, 21.08.2009), so Renate Volbert vom Institut für Forensische Psychologie der Berliner Charité. Schlimmer noch: Experimente wiesen nach, dass es mithilfe einer suggestiven Befragung gelingt, unschuldige Menschen zu Geständnissen und – das ist so verblüffend – zu »Erinnerungen« an Straftaten zu bewegen, die sie nachweislich nicht begangen hatten. Das Fazit von Loftus, die in den USA regelmäßig die Glaubwürdigkeit von Zeugen in Strafprozessen beurteilt, lautet: »Tausende von Menschen werden in den Vereinigten Staaten jedes Jahr für Taten verurteilt, die sie nicht begangen haben. In den meisten Fällen sind falsche Zeugenaussagen schuld daran« (Elisabeth Loftus: Eyewitness Testimony. Cambridge 1996). Und, wie ich aus meinen Beobachtungen bei amerikanischen Strafverfahren in Erinnerung habe, weil dort Verteidiger und Staatsanwälte es geschickt schaffen, Zeugen mit Suggestivfragen zu irritieren.

Die Qualität des Erinnerungsvermögens wurde in einem ganz anderen Kontext vor beinahe 100 Jahren ähnlich analysiert, und zwar von Jean Norton Cru, einem französischen Schriftsteller, der sich in seinen Werken mit dem Ersten Weltkrieg auseinandersetzte: »Ein Ereignis dauert ein paar Sekunden, und die menschliche Wahrnehmung ist nicht dazu in der Lage, alle seine flüchtigen Phasen wie eine Filmkamera aufzuzeichnen. Jeder Zeuge vervollständigt instinktiv und auf seine Art die Serie von Abläufen, die ihm zum Teil entgehen. Er füllt die weißen Stellen aus und vergisst von da an, dass es weiße Stellen, Leerstellen waren. Das, was er zu sehen glaubte, glaubt er, tatsächlich gesehen zu haben.« Nachdem Cru mehr als 250 persönliche Berichte französischer Soldaten aus den Schützengräben ausgewertet hatte, hielt er es für »beinah unmöglich, unter 30 Beschreibungen auch nur zwei auszumachen, die wenigstens annähernd zueinanderpassen« (J.N. Cru: Wo ist die Wahrheit über den Krieg? Eine kritische Studie mit Berichten von Augenzeugen, Potsdam 1932, S. 8).

Zu ähnlichen Ergebnissen wie Cru kamen im Zweiten Weltkrieg die amerikanischen Gerüchteforscher und Psychologen Gordon W. Allport und Leo Postman. Je weiter sich die Nachricht von ihrem Ursprung entfernt, so stellten sie fest, desto eigensinniger scheint sie zu werden. Allport und Postman formulierten schließlich jene Phänomene, die für die Veränderung von Nachrichten bei der Wahrnehmung, aber auch bei der Erinnerung an Vorgänge oder Informationen verantwortlich sind:

1. Levelling steht für das Weglassen von Details, das Einebnen von Besonderheiten. Demnach scheinen Namen, regionale Umstände oder Ortsbezeichnungen nur von untergeordneter Bedeutung zu sein und werden in der Erinnerung oft verändert.

2. Sharpening bedeutet die Zuspitzung einer Botschaft auf eine konkrete und vor allem einprägsame Nachricht. In der Erinnerung entwickelt sich aus einem Verdacht schließlich eine Gewissheit. Je nach Neigung des Erzählers oder aber auch seines Zuhörers werden bestimmte Aspekte der Nachrichten besonders betont. So gaben weiße Probanden Darstellungen von rassisch motivierten Konflikten anders wieder als schwarze.

3. Assimilation ist das Einpassen einer Erzählung in die subjektive Situation ihrer Sprecher und Hörer, die auch als das Gesetz der Assimilation bezeichnet wird. Allport und Postman sagen dazu: »Gerüchte entstehen und zirkulieren in einem homogenen sozialen Medium. Was sie treibt, sind die starken Interessen der an ihnen Beteiligten. Der mächtige Einfluss dieser Interessen bewirkt, dass Gerüchte als rationalisierendes Mittel dienen: Sie erklären, rechtfertigen und verleihen den beteiligten Gefühlen einen Sinn. Manchmal ist die Beziehung zwischen Interesse und Gerüchten so eng, dass wir das Gerücht schlicht als eine Projektion beschreiben können, als Projektion

ganz und gar emotionaler Bedingungen« (Allport/Portman, The psychology of rumor, New York, Henry Holt 1947).

Für mich persönlich steht jedenfalls fest, dass in Gerichtsverfahren der untauglichste aller Beweise die Zeugenaussage ist, denn alle drei Phänomene Levelling, Sharpening und Assimilation kommen darin regelmäßig vor. Es handelt sich um allesamt unbewusste »Veränderungen« von vermeintlichen Erinnerungen. So gesehen war die Empfehlung frei nach Konrad Adenauer zwar ehrlich und gut gemeint, aber trotzdem irreführend: »Lüge nie, denn du kannst sowieso nicht alles behalten, was du auswendig gelernt hast.«

Selbstverständlich ist die Erzählung einer Geschichte, wie sie in der Erinnerung tatsächlich erlebt wurde, eher frei von Widersprüchen als die »Rekapitulation« einer erfundenen, die auswendig gelernt wurde. Insbesondere im Zeugenstand, wenn der befragte Zeuge mit Sachverhalten im Gerichtssaal konfrontiert wird, die mit der erfundenen Geschichte nicht übereinstimmen. Da fällt dem düpierten Zeugen – bei aller Begabung – selten etwas Gutes ein, während es der wahrhaftige Zeuge leichter hat, auch bei sogenannten Fangfragen anhand des tatsächlichen Erlebten konsistent und widerspruchsfrei zu berichten. Denn: Innere Abbilder von tatsächlich Erlebtem sind reicher an Details, sie lassen sich leichter vor Augen führen. Aber irreführend ist der Ratschlag von Adenauer gleichwohl, weil auch der ehrliche, wahrhaftige Zeuge vor unbewusster Assimilation usw. nicht gefeit ist. Also Vorsicht mit der Schuldzuweisung, wenn sich Aussagen auf Gedächtnisinhalte stützen. Abschließend sei dazu noch die Empfehlung eines Polizeiausbilders erwähnt: Da das Gedächtnis von Menschen nicht chronologisch funktioniert, sollten die vernehmenden Ermittlungsbeamten dem Zeugen zunächst die Gelegenheit geben, einen »freien Bericht« zu liefern, Erinnerungen ohne unterbrechende Fragen. Allein die Fragestellung im Verhör besitzt das Potenzial, den Zeugen (unbewusst) in die Irre zu führen. Die gegenwärtige polizeiliche Praxis, insbesondere bei Berufsanfängern, sieht nämlich anders aus. Im

Interesse einer vermeintlichen Effizienz werden die befragten Zeugen oft schon nach wenigen Sekunden unterbrochen.

Zum Thema »Gedächtnislücken« gibt es geradezu erschreckende Beispiele. Als der amerikanische Präsident George W. Bush seinerzeit nach dem Attentat am 11. September 2001 auf das World Trade Centre befragt wurde, wann er erstmals hiervon erfahren habe, meinte er, dies sei vor dem Besuch einer Schulklasse gewesen. Das war nachweislich eine falsche Erinnerung, denn er hatte sich bereits in der Schulklasse befunden, als ihm die Nachricht während des Unterrichts übermittelt wurde.

Ein trügerisches Gedächtnis ist häufig – wenn nicht gar regelmäßig – von Stereotypen und Vorurteilen verfärbt. Das hat tagesaktuelle Bedeutung, überall, und insbesondere, wenn es um Religion oder Hautfarbe geht.

STEREOTYPE UND VORURTEILE VERNEBELN REALITÄTEN

Wie viel Schuld laden jene auf sich, die Asylbewerber verunglimpfen und ihre Unterkünfte anzünden, die Menschen wegen ihrer Hautfarbe oder aus anderen rassistischen Gründen töten? Vorurteile und Stereotype regieren so manches »Oberstübchen«. Doch die Schuldfrage muss auch bei denjenigen geprüft werden, die für die Manifestierung von rassistischen Stereotypen verantwortlich sind.

Wer oder was ist sonst noch verantwortlich dafür, dass wir gelegentlich bereits im Stadium der Wahrnehmung unfähig sind, objektiv zu registrieren und abzuspeichern, was um uns herum passiert? Oder unfähig sind, uns objektiv korrekt zu erinnern oder vernünftig zu verhalten?

Angesichts aller zuvor beschriebenen Erkenntnisse über kognitive Dissonanz, über die unbewusste Steuerung von Entscheidungsprozessen und über die Fehleranfälligkeit unseres Gedächtnisses, möchte man dem Individuum eine gewisse Hilflosigkeit attestieren. Denn die genannten Theorien und Forschungsergebnisse lassen Zweifel daran aufkommen, ob wir in der Lage sind, Entscheidungen eigenverantwortlich zu treffen, und auch daran, ob alle unsere Entscheidungen, Äußerungen und Verhaltensweisen Resultat einer vernunftorientierten Abwägung sind.

In Einem jedenfalls sind sich Philosophen, Psychologen und Neurobiologen einig: Spontanreaktionen basieren regelmäßig nicht auf »freien« Willensentscheidungen. Warum? Das (unterbewusste) Schubladengedächtnis muss uns helfen, kurzfristig zu entscheiden und zu reagieren, wenn wir vor einer zu lösenden Aufgabe stehen.

Ein Gedächtnis, das mit unterschiedlichsten Emotionen beladen ist, zum Beispiel auch mit dem Gefühl der Angst. Eine Emotion, die lebenswichtig ist, um auf bedrohliche Situationen spontan reagieren zu können. Es ist eine Art Notfallsystem, das automatisch, unkontrolliert anspringt und unsere Handlungen (unbewusst) steuert, wenn Gefahr in Verzug ist.

Der an Suchmaschinen im Internet gerichtete Befehl, Informationen beispielsweise zum Thema Schuld zu liefern, vermittelt uns ebenfalls eine sekundenschnelle Reaktion, wenn das System zuvor nach einem gewissen Ordnungs- und Orientierungssystem gefüttert worden ist. Und der spontane, menschliche Entscheidungsprozess weist viele Parallelen zu diesem komplexen Vorgang auf. Jedenfalls spielen der Verstand, die Vernunft, der »freie Wille« bei der spontanen Verarbeitung einer Information und somit auch bei der spontanen Reaktion keine Rolle.

Neben einem emotionalen Erfahrungsgedächtnis sind auch Stereotype und Vorurteile für zahlreiche spontane Reaktionen ursächlich. Diese (nicht freiwillig angeeigneten) Vorurteile haben zuweilen schicksalhaften Einfluss auf Handlungen und Reaktionen, die wir bei gründlichem Nachdenken nur allzu gerne bereuen.

Im Alter von sechs Jahren wurde der Sohn eines Freundes eingeschult. Martin war ein echter »Sunnyboy«. Die Hautfarbe hat er von seiner Mutter, einer Kreolin von der Insel Mauritius. Die Mitschüler in der Dorfschule kannten bis dahin nur eine helle Hautfarbe. Schade für Martin, der sich anfangs nicht erklären konnte, warum er von ihnen gehänselt und ausgeschlossen wurde. Als mein Freund davon erfuhr, wechselte sein Sohn auf die internationale Schule, wo er unter Chinesen, Japanern, Afrikanern, Amerikanern und Europäern nur aufgrund seiner Freundlichkeit und Fröhlichkeit auffiel. Der Freundeskreis blieb ihm erhalten. Aber warum reagieren Kinder in einem Dorf in Oberbayern derart diskriminierend?

Rassistische Stereotype existieren in vielen Hirnen. Selten aber entfalten sie eine so hirnlose Wirkung wie in einigen amerikanischen Südstaaten. Als Teenager ging ich als Austauschschüler ein Jahr auf die Highschool in dem verschlafenen Ort Deland in Florida. Das war im Jahr 1966, nur rund 100 Jahre nach Aufhebung beziehungsweise Verbot der Sklaverei in den USA. Es war das erste Jahr, in dem Afroamerikaner diese Schule besuchen durften, was bis dahin nur Weißen vorbehalten war. Einer der insgesamt lediglich 15 schwarzen Schülern, die handverlesen von der Schulleitung ausgesucht worden waren, hatte sich aufgrund athletischer Vorzüge qualifiziert. Jesse und ich gehörten beide zum Leichtathletikteam. Jesse war äußerst schnell auf der Tartanbahn, im Umgang jedoch eher zurückhaltend. Anschluss bei Schulkameraden fand er zunächst keinen. Als Konkurrenten auf der Kurzstrecke verbrachten wir beim Training viel Zeit zusammen. Es war bedauernswert zu erleben, wie er anfangs geschnitten und gemieden wurde. Schlimmer aber noch war die Erklärung meines Gastvaters, bei dem ich vier der insgesamt zwölf Monate meines Aufenthalts verbrachte. Auf meine naive Frage »What do you have against coloured people?« erwiderte er im tiefsten Südstaatenslang: »I ain't got nothin against niggers, I think everybody should have one for breakfast.« Das war mehr als nur ein Stereotyp. Er hatte sogar seine Schäferhunde darauf abgerichtet, jeden Schwarzen anzufallen, der sich seinem Grundstück näherte.

Und heute? Nach wie vor sind in den USA rassistische Gruppierungen wie die White Supremacy oder die Aryan Nations legal. Berühmt-berüchtigt ist die Gruppierung Council of Conservative Citizens (CCC), die mit der Botschaft und dem Versprechen auf sich aufmerksam machen, als einzige seriöse Institution die »Rechte der Weißen« zu verteidigen. Diese Art von Toleranz ist einem fragwürdigen Verständnis von Meinungsfreiheit zu verdanken, die wenig bis gar nichts dazu beitragen dürfte, den Einfluss von tief verankerten Stereotypen – insbesondere in den amerikanischen Südstaaten – zu reduzieren. Das Massaker von Dylann Roof in Charleston, der im Juni 2015 neun Afro-Amerikaner aus rassistisch motiviertem Hass tötete, ist Beleg für diese deprimierende Wirklichkeit.

Allen zuvor geschilderten Fällen ist gemeinsam, dass nicht etwa bewusste Überzeugungen aufgrund einer durchdachten Geringschätzung ausschlaggebend waren.

Doch warum ist das so?

Die Wissenschaft glaubt, es erklären zu können. Wenn farbige, jüdische oder muslimische Kinder in den jeweiligen Regionen zur Minderheit gehören, werden sie als fremd empfunden – nicht von jedermann, und schon gar nicht bewusst. Bei einer solchen Empfindung handelt es sich um den klassischen Fall eines Stereotyps um ein implantiertes Vorurteil. Es sind diese tradierten, überlieferten Stereotype die, so die Sozialwissenschaftler, dazu beitragen, eine an und für sich komplexere Realität zu vereinfachen. Es handelt sich um ein instinktives Abwehrverhalten, mit der das Unbekannte (oder eben auch die Minorität) ausgegrenzt wird. Die (unbewusste) Motivation besteht in der spontanen Geringschätzung oder sogar Ablehnung, die das Zusammengehörigkeitsgefühl der eigenen Gruppe stärkt. Insbesondere über diesen Zusammenhang findet man zahlreiche Bestätigungen bei den Anthropologen. Es ist wohl auch eine Erklärung dafür, dass sich in Europa zunehmend die Angst vor einer arabischen und muslimischen »Überfremdung« ausbreitet.

Das zunächst Verblüffende – und zugleich Verstörende – ist, dass Fremdenfeindlichkeit der Normalfall ist, jedenfalls soweit er sich aus dem Unterbewusstsein speist. In seinem populärwissenschaftlichen Bestseller »Blink! Die Macht des Moments« erläutert der amerikanische Autor Malcolm Gladwell die These von der unbewussten (nicht kontrollierten) Spontanentscheidung anhand von zahlreichen Beispielen. Bei einem Test, der in seinem Buch abgedruckt ist, werden spontane, intuitive Entscheidungen beim Sortieren bestimmter Begriffe erläutert. Das Ergebnis offenbart schonungslos, welchen Einfluss Vorurteile und Stereotype auf spontane Assoziationen und Entscheidungen haben: Die meisten Gehirne von Testpersonen der westlichen Hemisphäre assoziieren zum Beispiel weiß mit gut und schwarz mit böse, und zwar unabhängig von ihrer Hautfarbe. Ähnlich deutlich sind die Assoziationen männlich mit Karriere und weiblich mit Familie, beides Kombinationen, die wir scheinbar unbewusst (es waren spontane Antworten) für natürlich und passend halten. Das galt übrigens auch für solche Testpersonen, die – auf Nachfrage – bewusst eine ganz andere Position, zum Beispiel die gegenteilige Position vertreten. Der Test hatte noch einige andere emotionale Prädispositionen und Assoziationen offenbart: Junge Gesichter erfahren eine deutlich sympathischere Bewertung als ältere, Männer werden spontan der Kategorie Wissenschaft, Frauen hingegen der Kategorie Kunst zugeordnet, heterosexuelle Menschen werden als sympathischer empfunden als homosexuelle, arabische Muslime werden deutlich geringer geschätzt als andere Menschen. Außerdem – welche Überraschung im Land der »Schwergewichte« – fand die Mehrheit der Testpersonen dünne Menschen sympathischer als dicke.

Wie gesagt, unabhängig davon, ob die jeweiligen Assoziationen objektiv richtig oder gar wünschenswert sind, ob die »eingepflanzten« Vorurteile einen geringen oder hohen Grad an Berechtigung haben oder sogar überhaupt keinen: Sie sind da, und zwar bei jedem Menschen. Das Gleiche gilt für Vorurteile bei all jenen, die von sich glauben, keine zu haben. Das Ergebnis einer umfangreichen Befragungsaktion der amerikanischen Ökonomen Naci Mocan und Erdal Tekin bestätigt diese Behauptung (Ugly criminals. The Review of Economics and Statistics. 2010): Die Schönheit eines Menschen hat beachtlichen Einfluss auf dessen Akzeptanz und Beliebtheit in der Gesellschaft und auf seinen beruflichen Erfolg. Ganz offensichtlich löst der Anblick eines attraktiven Mannes oder einer hübschen Frau positive Gefühle und Assoziationen aus. Möglicherweise bestätigt er sogar das nicht ganz unbegründete Vorurteil, dass attraktive Menschen tatsächlich häufiger erfolgreich sind als solche, von denen gesagt wird, sie seien »weniger attraktiv«.

Vielleicht wird es Wissenschaftlern eines Tages gelingen, sozial schädliche Vorurteile und Stereotype »auszuknipsen«. Aber auch ein großer gesellschaftlicher Konsens könnte das schaffen, zumindest gelegentlich. Für diejenigen, die unter anderem auch gegen solche Vorurteile kämpfen, gibt es jedoch eine vage Hoffnung: Der australische Hirnforscher Allan Snyder von der Universität in Sidney experimentiert zurzeit mit der »Löschung von Vorurteilen«. Er will, wie im Fernsehen berichtet wurde, hirnorganische Strukturen und Vernetzungen so verändern, dass bestehende Vorurteile ausgeschaltet werden. Ich bezweifle jedoch, ob solche hirnorganischen Veränderungen – sofern sie gelängen – zur besseren Einsicht und damit zu einer objektiveren Wahrnehmung führen würden.

Langfristig erfolgreicher wird es wohl sein, Vorurteile und Stereotype mithilfe von Maßnahmen zu verändern, die zu einer anderen Bewertung von Personen, Gruppen, Nationalitäten, Hautfarben und Religionen führen, um nur einige Kriterien zu nennen, bei denen sie sich besonders gravierend auswirken. Und vielleicht kann auch dabei die Wissenschaft helfen? Eine Gruppe von Psychologen der Northwestern University in Evanston, Illinois, hat im Fachjournal »Science« im Jahr 2015 ein viel beachtetes Testergebnis veröffentlicht: 40 Testpersonen, weiße Frauen und Männer, absolvierten zunächst ein spezielles Training mit dem Ziel, Vorurteile und Stereotype abzubauen. Sie mussten dafür das Porträt eines Menschen einem Begriff zuordnen, der ihrem Vorurteil nach nicht dazu passte. Oder genauer: Den Testpersonen mit rassistischem Vorurteil wurde beispielsweise das Gesicht eines Dunkelhäutigen gezeigt, verknüpft mit positiv belegten Wörtern wie »Sonnenschein«. Nach mehreren Wiederholungen wurden die Probanden gebeten, die Zusammenstellung der Begriffspaare eigenständig durchzuführen, eine Art Memory-Spiel. Wenn nun das Gesicht eines Schwarzen erschien und die Testperson die richtige »Memory-Karte« aufdeckte, also das Wort »Sonnenschein«, dann erklang ein bestimmter (angenehmer) Ton. Nach dem Training hielten die Probanden einen 90-minütigen Mittagsschlaf. In der Tiefschlafphase spielten ihnen die Forscher den angenehmen Ton vor. Als sie nach dem Mittagsschlaf die Stereotypen der Testpersonen erneut abfragten, stellten sie eine deutliche Minderung der Vorurteile fest. Dieses Ergebnis war auch eine Woche nach dem Training noch messbar.

»Ein Beleg dafür, welches bemerkenswerte Potenzial die gezielte Gedächtnis-Reaktivierung während des Tiefschlafs, also unbewusst erfährt, wenn es um tief verwurzelte Angewohnheiten geht«, so Jan Born, Professor für Medizinische Psychologie und Neurobiologie an der Universität in Tübingen (Vortrag vom 30.03.2015: http://bit.ly/Tübingen-Born): »Der Schlaf ist ein Zustand, in dem ein Individuum ohne willentliches Bewusstsein und somit ungeschützt gegenüber Suggestionen ist.« Borns Aussage dürfte wohl auch auf die Hypnose zutreffen.

Das Phänomen der »eingepflanzten« Vorurteile und Stereotype rechtfertigt möglicherweise eine mildere Beurteilung für jene, die sich spontan, unkontrolliert und voreilig aufgrund solcher implantierten Vorurteile äußern oder verhalten, die sie sich schließlich nicht willentlich angeeignet haben.

Sind wir in der Lage, durch unsere eigene Willenskraft das auf Vorurteilen und Stereotypen basierende Verhalten zu ändern? Oder schaffen es vielleicht äußere Einflüsse, unsere Gehirnmatrix so zu verändern, dass zumindest einige der gesellschaftsschädlichen Stereotype ihr zeitliches Ende segnen?

Beispielhaft für sinnvolle Maßnahmen gegen implantierte Vorurteile war die Kampagne des Weltfußballverbandes FIFA während der Weltmeisterschaft 2014 in Brasilien. Vor nahezu jedem Spiel las der Kapitän der jeweiligen Nationalmannschaft ein Bekenntnis gegen Rassismus vor. Eine solche Aktion über viele Wochen und Monate wird wahrgenommen und auch (unbewusst) abgespeichert. Wer den Rassismus derart publikumswirksam mithilfe populärer Fußballstars ins Abseits stellt, darf hoffen, dass populistische Parolen zunehmend ihre Wirkung verlieren oder sogar geächtet werden und sich in dem einen oder anderen Gehirn irgendwann die Synapsen, die Verbindungen zwischen Nervenzellen, positiv verändern.

Ein imposantes Beispiel dafür, wie eine tendenzielle Fremdenfeindlichkeit zu einer weltweit bewunderten Willkommenskultur mutierte, haben Tausende von ehrenamtlichen Helfern in Deutschland, vor allem in München, im August und September 2015 geliefert. Sie hat die überwiegend muslimischen Flüchtlinge sprachlos und vor allem glücklich gemacht. Verantwortlich für den Erfolg war auch hier eine von Medien transportierte Kampagne, initiiert von empathischen Zeitgenossen, begleitet von Fußballvereinen. Und all das war in einem seltenen Konsens mit Politikern aller Couleur und gemeindlichen Verwaltungen geschehen, in denen Bürokratie vorübergehend in den Hintergrund trat.

Diese Art Willkommenskultur taugt – trotz einiger fanatischer Brandstifter von Asylunterkünften – als Argument für die

These, dass sich Vorurteile und Stereotype mithilfe eines gesellschaftlichen Konsenses überwinden oder verändern lassen. Die
so entstandene Gruppendynamik lässt hoffen, dass bei dem einen
oder anderen ein Umdenken stattfindet. Allerdings muss leider
die Nachhaltigkeit dieser Kampagne infrage gestellt werden, weil
sich aus mehreren Gründen vermehrt die Sorge verbreitet, Bundeskanzlerin Angela Merkel könne mit ihrer beinahe euphorisch
wirkenden Verkündung »Wir schaffen das« falsch liegen.

Fazit: Es gibt Mittel und Wege, Vorurteile gezielt abzubauen
und dadurch bei scheinbar »uneinsichtigen« Zeitgenossen eine
Meinungs- und Verhaltensänderung zu bewirken. Dieser Vorgang
bedarf der Impulse von außen, die von einem gesellschaftlichen
Konsens getragen und von Medien verbreitet werden müssen.

DER EINFLUSS SOZIALER NETZWERKE AUF VORURTEILE UND STEREOTYPE

In dieser Hinsicht scheinen allerdings Zweifel und Skepsis gerechtfertigt, jedenfalls bei den sogenannten sozialen Medien, die immer
häufiger nicht soziale Inhalte, vor allen Dingen haarsträubende
Gerüchte verbreiten und Vorurteile, die insbesondere Fremden-
hass befeuern. Am zweiten Weihnachtsfeiertag im Jahr 2015 er-
schreckte die rund 5000 Mitglieder der öffentlichen Lindauer
Gruppe über das Internet die Nachricht, dass am Vorabend eine
junge Frau von einer Gruppe afrikanischer und arabischer Flüchtlinge vergewaltigt worden sei. Doch diesen Vorfall hatte es nicht
gegeben, er war frei erfunden. Als das Gerücht als solches entlarvt
war, hatte es sich schon tausendfach im Internet verbreitet, gar-
niert mit etlichen Hasskommentaren.

Im hessischen Fulda wurde laut »Der Spiegel« im November
2015 in einem Internetblog gestreut, es habe bereits 30 Vergewaltigungen gegeben, seit Flüchtlinge in der Stadt lebten (Der Spiegel.
02.01.2016). Die Recherchen ergaben keinen einzigen Fall. Der

Mainzer Kriminalbeamte Manfred Keilen ist überzeugt, dass solche Forenbeiträge die Hemmschwelle zur Gewalt sinken lassen: »Das schaukelt sich im Netz immer weiter hoch. Und manche macht es blind für die Wirklichkeit: Sie radikalisieren sich dabei so stark, dass sie für keine Argumente mehr zugänglich sind« (ebenda). Die massenhaften sexuellen Übergriffe in Köln und auch andernorts während der Silvesternacht haben die Tendenz der Radikalisierung bei deutschen Wutbürgern verstärkt. Die für die Übergriffe verantwortlichen Täter, überwiegend aus Nordafrika, sorgten mit ihren Straftaten für Wasser auf die Mühlen aller fremdenfeindlichen Rassisten und entfalteten eine Kraft, die ohnehin gespaltene Gesellschaft einer gefährlichen Zerreißprobe auszusetzen. Der im Internet losgetretene Shitstorm ließ jegliche Differenzierung vermissen.

Und es wird absehbar weitaus schlimmer. In den sozialen Medien tummeln sich seit einiger Zeit sogenannte Bots, Roboter, die von Internetnutzern wie menschliche Teilnehmer am Kommunikationskreislauf wahrgenommen werden. Bots sind eine Software, die ein Programmierer entwickelt hat, die bestimmte Aufgaben automatisch erledigen, nämlich Links anklicken, Inhalte kopieren, Inhalte generieren und so weiter. In den sozialen Netzwerken haben sich die Bots unter die Nutzer gemischt. Sie betreiben eigene Profile und interagieren mit den Internetnutzern. Gelegentlich schafft es diese künstliche – aber von Menschenhand initiierte – Intelligenz, Meinungen zu beeinflussen. So räumt Facebook beispielsweise ein, dass 1,2 Prozent seiner Accounts nicht echt sind, sondern eben solchen Bots »gehören«: Das sind dann immerhin circa 15 Millionen Accounts hierzulande. Bei Twitter sind es – weltweit – circa 28 Millionen, laut Twitter! Und der User hält all diese Bots, wie gesagt, für Menschen. Welche Auswirkungen das auf unsere Meinungsbildung hat? Simon Hegelich, Professor für eine neue Disziplin mit der bedeutungsschwangeren Bezeichnung »Political Data Science« (Technische Universität München), hat im Laufe seiner Forschungen herausgefunden, dass es Social Bots gibt, die gegen Flüchtlinge hetzen – mit gezielt gestreuten Gerüchten und Falschbehauptungen. Oder auch gegen die Bundeskanzlerin. »Der Twitter-Verkehr zum Hashtag #Arrest Merkel kommt wohl in großen Teilen von Social Bots«, meint Hegelich. Und er vermutet nicht zu Unrecht, dass, wenn Tausende ständig eine bestimmte Meinung in den sozialen Netzwerken veröffentlichen, so etwas zahlreiche Nutzer beeinflusst. Alles, was es braucht, um die Menschen zu manipulieren, sind ein paar clever programmierte Bots.

Eine Behörde des US-Verteidigungsministeriums (Defense Advanced Research Projects Agency) warnt: »In den kommenden Jahren ist eine starke Zunahme von Bots zu erwarten, die Meinungen in sozialen Netzwerken beeinflussen sollen.« Das sind nicht nur »Werbungtreibende«, das sind auch Kriminelle, Politiker, Staaten, Terroristen. Eine stille Post im Cyberspace, die politische Debatten und Stimmungen beeinflusst. Die »Welt am Sonntag« befürchtet, dass solche Algorithmen die Öffentlichkeit nachhaltig verändern werden (Welt Online: Christian Meier, Jennifer Wilton: (14.06.2015): http://bit.ly/welt-socialmedia). Nicht nur beim Thema Asyldebatte!

Und wie sieht es mit einer »Netzkontrolle« aus? Fehlanzeige, jedenfalls derzeit. Facebook, immerhin im Jahr 2014 mit einem Gewinn von 2,94 Milliarden US-Dollar gesegnet, hat zwar Algorithmen eingepflegt, die pornografische oder obszöne Bilder quasi automatisch wegradieren. Aber Worte wie »vergasen« oder »Gaskammer« bleiben unbehelligt stehen. Man habe ja, so das Argument, nur 12.000 Mitarbeiter und viel zu wenige, die der deutschen Sprache mächtig seien.

Keine Frage, die sozialen Netzwerke tragen zur Radikalisierung bei. Die nahezu grenzenlose Möglichkeit, jede Spekulation, jedes Gerücht sanktionslos – weil anonym – verbreiten zu können, senkt bei vielen Bloggern die Schamgrenze auf null. Das sollte idealerweise anders sein. Aber wie?

Ein gutes Beispiel dafür ist der Dreifilter-Test von Sokrates. Vielleicht können die klugen Gedanken des altgriechischen Philosophen eine Nachdenklichkeit stimulieren. Eine Nachdenklichkeit, die nicht nur für den Umgang mit den Gerüchten in den sozialen Medien relevant ist, sondern generell für die alltägliche zwischenmenschliche Kommunikation:

Eines Tages raunte ein Bekannter in heller Aufregung zu Sokrates und sagte:

»Sokrates, weißt Du, was ich gerade über Diogenes gehört habe«?

»Warte einen Moment« antwortete Sokrates, »bevor Du mir das erzählst, würde ich gerne einen Test mit Dir machen. Der Test heißt ›Dreifacher Filtertest‹«. »Dreifacher Filtertest?«, fragte der Bekannte.

»Das stimmt«, fuhr Sokrates fort. »Bevor Du mit mir über Diogenes sprichst lass uns einen Moment lang filtern, was Du mir gerne sagen möchtest. Der erste Filter ist die Wahrheit. Hast Du absolut sichergestellt, dass das was Du mir erzählen willst, wahr ist?« »Nein«, sagte der Mann. »Aber ich habe es gerade erfahren«.

»In Ordnung«, sagte Sokrates. »Also weißt Du nicht wirklich ob es wahr ist oder nicht. Jetzt probieren wir den zweiten Filter, den Filter der Güte. Ist das, was Du mir gleich über Diogenes erzählen wirst, etwas Gutes?«

»Nein, im Gegenteil …«

»Also«, fuhr Sokrates fort, »du willst mir also etwas über Diogenes erzählen, das vielleicht schlecht ist, obwohl Du Dir nicht sicher bist, dass es stimmt?«

Der Mann zuckte mit den Achseln, ein bisschen verlegen. Sokrates fuhr fort: »Du könntest den Test noch bestehen, weil es noch einen dritten Filter gibt. Der Filter der Nützlichkeit. Ist das, was Du mir über Diogenes erzählen möchtest für mich nützlich?«

»Nein, nicht wirklich«.

»Nun also«, so schloss Sokrates diese Unterhaltung, »wenn das, was Du mir sagen willst, weder wahr noch gut und nicht einmal nützlich ist, warum willst Du es dann mir oder irgendjemand anderem erzählen?« Der Mann war verstört und beschämt.

Das ist ein Beispiel dafür, warum Sokrates ein großer Philosoph war und sehr geschätzt wurde. Das ist aber auch ein Grund, warum Sokrates nie erfahren hat, dass Diogenes mit seiner Frau intim verkehrt hat.

Aber nun zurück zur Gerüchteküche im Internet: Facebook hat auf erheblichen öffentlichen Druck Anfang 2016 reagiert und vielversprechende Kontrollmechanismen angekündigt. Bleibt abzuwarten, ob das Versprechen gehalten wird.

DIE STIGMATISIERUNG DURCH RELIGIÖSE ODER ETHNISCHE IDENTIFIZIERUNG

Die Vorfälle in der Kölner Silvesternacht von 2015 auf 2016, in der Frauen bestohlen und sexuell belästigt wurden, hat aber noch eine ganz andere Diskussionslawine losgetreten, die wiederum von höchster Relevanz für die Frage ist, wie man Vorurteilen und Stereotypen beikommen will. Bekanntlich war recht schnell von arabischen und nordafrikanischen Asylanten die Rede, die als Täter in Verdacht gerieten. Öl ins Feuer der Fremdenfeinde, der kompromisslosen Abschiebungsbefürworter. Aber nicht nur das. Jene Zeitgenossen, die zwischen Willkommenskultur und Obergrenze wankten, die sich bis dahin in Diskussionen mit einfältigen Vereinfachern um differenzierte Argumente bemüht hatten, wurden unsicher und zunehmend kleinlauter. Fast bin ich geneigt zu behaupten, dass die überhastete Anprangerung bei manchen Zeitgenossen die Aussaat oder gar Manifestierung eines Vorurteils bewirkt hat. Wenig bis gar nicht hilfreich in einer von Gefühlen der Ohnmacht und Angst geprägten Auseinandersetzung. Einmal abgesehen davon, dass die tatsächliche Herkunft der marodierenden Männer lange Zeit unbekannt blieb, dass erste Erkenntnisse die Vermutung entkräfteten, es habe sich um Migranten gehandelt, die mit dem Flüchtlingsstrom im Jahr 2015 nach Deutschland kamen, muss die

Frage erlaubt sein, ob es grundsätzlich zulässig ist, bei jedem Delikt auf die ethnische oder religiöse Zugehörigkeit öffentlich hinzuweisen. Meine Antwort lautet eindeutig nein. Meine deutliche Meinung will ich zunächst mit einem Rückblick begründen.

Die Nationalsozialisten verlangten von den hörigen Medien bei auch nur geringstem Verdacht einer Straftat durch einen Juden, dessen ethnische Zugehörigkeit besonders zu betonen. Auch das gehörte zum Nährboden einer Pogromstimmung.

Aber auch aktuelle Beispiele laden zum Nachdenken ein. In Cardiff (Großbritannien) ist es beispielsweise für Flüchtlinge obligatorisch, ein rotes Armband zu tragen, und in der britischen Stadt Middlesborough kamen Vermieter von Flüchtlingsunterkünften auf die bemerkenswerte Idee, deren Haustüren rot anzumalen. So weiß nun jeder, wo sich die gepeinigten Asylsuchenden aufhalten. Da werden Erinnerungen wach.

Die Forderung nach mehr Zurückhaltung hat gute Gründe und zahlreiche Befürworter:

Im Jahr 1990 habe ich zusammen mit namhaften Juristen, Journalisten und Künstlern den Verein »Fair Press« gegründet. Eine zentrale Forderung des Vereins lautete, Hinweise auf ethnische Herkunft in den Berichterstattungen zu beschränken. Insoweit stimmte unsere Forderung mit der des Presserats überein. Wenn es also bei einer Tat einen »Sachbezug« zum ethnischen Hintergrund gibt oder gar eine religiös bedingte Motivation, dann ist ein diesbezüglicher Hinweis nicht zu beanstanden. Die Ausnahme ist aber in Zeiten der Flüchtlingskrise längst zur Regel geworden. Man gewinnt zunehmend den Eindruck, dass das Publikum nur darauf wartet, eine fremdenfeindliche Gesinnung bestätigt zu bekommen. Mit den zuweilen gänzlich überflüssigen und unzulässigen Hinweisen auf die Herkunft eines Täters wird verallgemeinert, was eine individuell bedingte Ursache hat. Die Statistiken der Ermittlungsbehörden mögen mancherorts geschönt sein. Im Großen und Ganzen belegen sie jedoch, dass das Phänomen des Flüchtlingsstroms zu keiner signifikanten Zunahme der Kriminalität hierzulande geführt hat. Jedenfalls hinsichtlich etwaiger von Asylbewerbern begangenen Straftaten.

Anders hingegen sieht es bei den Straftaten aus, die sich gegen Asylsuchende richten. Ganz anders. Die dramatische Zunahme von Brandstiftungen und gegen Asyl suchende Flüchtlinge rechtfertigen meinen Appel, Vorurteile und Stereotype nicht durch unzulässige Hinweise auf die ethnische Herkunft zu verstärken.

Die Angst vor Gewalttaten von Asylbewerbern wächst auch angesichts der Omnipräsenz von Terroranschlägen in Europa, ein Nährboden für Fremdenfeindlichkeit.

Dazu der Vollständigkeit halber ein paar sachliche Informationen, die im »Spiegel« von Sascha Lobo veröffentlicht wurden (Spiegel Online: Sascha Lobo (30.03.2016): http://bit.ly/spiegel-Lobo):

»[...] ebendiese Datenrealität sieht erschütternd aus:

Dazu habe ich mir die öffentlich verfügbaren Daten der Mordanschläge der vergangenen zwei Jahre angesehen. Es ging mir dabei nur um terroristische Attentate von Islamisten in der EU, bei denen Menschen ermordet wurden. Nach meiner Recherche erfüllen fünf Anschläge diese Kriterien:

Anschlag auf das Jüdische Museum, Brüssel, 24. Mai 2014
Anschläge auf Charlie Hebdo und einen jüdischen Supermarkt, Paris, 7. Januar 2015
Doppelanschlag (Kulturzentrum und Synagoge), Kopenhagen, 14./15. Februar 2015
Anschläge in Paris, 13. November 2015
Anschläge in Brüssel, 22. März 2016
Dabei waren insgesamt 17 islamistische Attentäter unmittelbar an der Ausführung beteiligt. [...] von den 17 Attentätern sind zwei noch nicht abschließend identifiziert und können daher kaum sinnvoll betrachtet werden – aber alle 15 identifizierten Attentä-

ter waren behördlich bekannt. Und zwar einschlägig im islamistischen Kontext. Alle 15. Jeder verdammte einzelne […]

Und je näher man die Daten betrachtet, desto schlimmer wird es. Alle 15 identifizierten Attentäter standen auf Terrorwarnlisten oder ›Islamistische Gefährder‹-Listen in mindestens einem europäischen Land. Die meisten standen zusätzlich auf weiteren Listen wie der No-Fly-List oder der TIDE der Vereinigten Staaten. Alle 15 konnten als gewaltaffin eingestuft werden. 14 hatten bekannten Kontakt mit anderen radikalen Islamisten (einer radikalisierte sich offenbar nur über das Netz). 12 hatten Reisen zum ›Islamistischen Staat‹ nach Syrien, in den Irak oder nach Jemen zu al-Qaida unternommen. 10 hatten Vorstrafen, die meisten wegen Gewaltverbrechen. 8 schließlich waren zum Teil seit Jahren zur Fahndung ausgeschrieben […]

Mordanschläge werden nach Datenlage fast ausschließlich von amtsbekannten Tätern ausgeführt […].«

Soviel zur Angst besorgter Bürger über die Angst vor unbescholtenen Asylsuchenden. Vor dem Hintergrund der bislang bekannten Fakten müssen Aversionen gegen Schutz suchende Flüchtlinge deutlich revidiert werden. Abschließend, wenn angesichts terroristischer Überfälle, barbarischer Exekutionen oder Brandstiftungen in Asylheimen in Deutschland die Frage aufgeworfen wird, warum sich ein Mensch zum Monster verwandelt, darf man bei der Suche nach individueller Schuld eine wichtige Determinante nicht ignorieren: die genetische Disposition. Gibt es Menschen, die »böse« geboren wurden? Nein, lautet die Antwort, aber genetisch bedingte »Nachteile« reduzieren die Möglichkeit »seines Glückes Schmied« zu werden.

DER EINFLUSS UNSERES GENETISCHEN BAUPLANS AUF UNSERE LEBENSLINIE

Viele Menschen erben ein genetisches Programm, das die Entscheidungsfreiheit deutlich reduziert, wenn nicht sogar verhindert. Oder ist es ein Zufall, dass 98,4 Prozent der in den USA zum Tod verurteilten Straftäter ein und denselben genetischen Defekt haben? Die individuelle genetische Veranlagung dirigiert uns durchs Leben und schränkt die Möglichkeit ein, Entscheidungen »frei« zu treffen. Sie ist eine maßgebliche und schicksalhafte Determinante auf unserem Lebensweg, die bei Schuldzuweisungen berücksichtigt werden muss.

Es gibt sie noch, die Rassisten. Jene, die überzeugt sind, die weiße »Rasse« sei der schwarzen überlegen. Auch jene, die genau das Gegenteil glauben. Sie alle wissen anscheinend nicht, dass und wie sehr sich Völkerwanderungen und damit einhergehende Verbindungen zwischen Mann und Frau unterschiedlicher ethnischer Herkunft segensreich auf den Genpool der Menschheit ausgewirkt haben. Die genetische Vielfalt, die Variationen im Erbgut sind nach Meinung zahlreicher Wissenschaftler Voraussetzung dafür, dass sich die Spezies Homo sapiens so erfolgreich entwickeln konnte. 2002 erfolgten wissenschaftliche Untersuchungen, wie sich die DNA-Profile des Menschen entwickelt haben, seit er vor rund 200.000 Jahren seine ursprüngliche Heimat Afrika verließ. Sie ergaben, dass heutzutage jedes Baby rund 100 Mutationen mit auf die Welt bringt. Es handelt sich dabei um genetische Veränderungen, die von Generation zu Generation vererbt wurden. Zugegeben, es gibt gewisse genetische Unterschiede. Eine ganz andere Frage aber ist, ob es genetisch bedingte Verhaltensunterschiede gibt, die ausschließlich einer Ethnie zugeordnet werden dürfen. Der Humangenetiker Richard Lewontin bestreitet das und argumentiert: Ein Weißer und ein Schwarzer unterscheiden sich in einigen Fällen genetisch viel geringfügiger als ein Weißer und irgendein anderer Weißer. Zur Klassifizierung von Lebewesen der Gattung Homo sapiens sei das Konzept »Rasse« biologisch ungeeignet.

Das ist jedoch weiterhin umstritten.

Auch dieses sei erwähnt:

Der Biochemiker Allan Wilson (University of California) kam nach der Untersuchung von Blutproteinen von Menschen und Affen zu der Überzeugung, dass die beiden sich erst vor fünf Millionen Jahren getrennt haben (BBC Wissen. Nr. 2/2016). Soviel zum gemeinsamen Erbgut von Weißen und Schwarzen.

Es besteht aber kein Zweifel, dass das Erbgut Gedanken und Verhalten eines jeden Individuums beeinflusst. Und noch etwas steht fest: Zu Lebzeiten können sich genetisch bedingte Eigenschaften, also auch Verhaltensmuster, ändern – zum Guten oder zum Schlechten.

Vielleicht interessiert es Sie, zu wissen, welche genetische »Vergangenheit« Sie haben? Versuchen Sie es einmal mit einer DNA-Analyse bei dem weltweit größten Anbieter von Gentests, dem »23 andMe«-Biotech-Unternehmen aus dem Silicon Valley in Kalifornien. Die Amerikaner testen das komplette Genom, inklusive krankheitsrelevanten Genen – für nur 99 Dollar!! Eine Speichelprobe genügt, und Sie erfahren sogar etwas über die Herkunft Ihrer Ur-Ahnen.

WIR ERBEN DAS GENETISCHE »PROGRAMM« UNSERER VORFAHREN

Es sind nicht nur die im Unterbewusstsein verankerten Erlebnisse und Eindrücke oder Stereotype und Vorurteile, die unser Denken, unsere Empfindungen und Handlungen beeinflussen oder gar diktieren. Handlungen, die Zweifel an der Berechtigung von Schuldzuweisungen aufkommen lassen. Der Moment, in dem spätere Verhaltensweisen programmiert wurden, liegt wie bereits beschrieben weit vor der Zeit, in der Erlebnisse und Eindrücke Zugang zum Gehirn gefunden haben. Die erste »Programmierung« entsteht nach der Zeugung mit Befruchtung der weiblichen Eizelle. Es ist der Moment, in dem der Code für die weitere Entwicklung jedes Menschen geschrieben wird, auch der hirnorganische Code. Die mit dem Liebesakt implementierten Erbanlagen, die Gene, bestimmen zu einem erheblichen Teil das weitere Schicksal des Einzelnen nach seiner Geburt. Und das trifft nicht nur auf Geschlecht, Erbkrankheiten oder Äußerlichkeiten zu. Neugeborene Babys kommen bereits mit einem neuronalen »Programm« in einem vorprogrammierten Gehirn zur Welt. Das Erstaunliche daran ist, dass die »Programmierung« nicht nur auf Eltern, sondern auch auf Großeltern und Generationen davor zurückgeht, nicht nur äußerliche Merkmale, sondern auch Eigenschaften dieser Vorfahren. Ja, sogar traumatische Erlebnisse dieser Vorfahren sind in die genetische Platine »eingewoben«. Dazu später mehr in dem Kapitel über Epigenetik.

US-Forscher glauben sogar, einen Zusammenhang zwischen den Genen und der politischen Überzeugung »linksliberal« gefunden zu haben (BBC Wissen. Nr. 2/2016). Und Gene wurden von diesen Forschern auch für Eigenschaften wie Risikobereitschaft und Untreue verantwortlich gemacht. Angesichts solcher Theorien warnte Leonard Darwin, Sohn von Charles Darwin und Präsident der zweifelhaften Organisation »Eugenics Society«, auf dem Eugenik Kongress im Jahr 1912 »vor den Gefahren für zukünftige Generationen, wenn man« – so wörtlich – »ungeeigneten Personen die Fortpflanzung erlaubt«. Eine Art Steilvorlage für Hitlers »Euthanasieprojekte«. Die untauglichen Versuche, die Wirkmacht und Bedeutung der genetischen Anlagen mit zum Teil abenteuerlichen Hypothesen glaubwürdig erscheinen zu lassen, gehören erfreulicherweise der Vergangenheit an.

Gesichert ist heute: Die »Software« ist bei Geburt der »Hardware« bereits installiert. Zu der Basisausstattung dieser geerbten »Software« gehören zum Beispiel Instinkte beziehungsweise instinktive (also unbewusste) Verhaltensweisen – auch der Vorfahren. Dieser Teil des genetischen Codes ist sprichwörtlich auf unserer »Platine« eingeätzt.

Die »Programmierung« gehorcht dem evolutionären Befehl, schnell – und natürlich unreflektiert – zu handeln, um Gefahren abzuwenden, das Überleben zu sichern und um die Fortpflanzung zu ermöglichen. Zu den Eigenschaften, die dem angeborenen Instinkt zugeschrieben werden, zählen Empathie, also das Mitgefühl für andere, Eifersucht, Gerechtigkeitssinn, aber auch sexuelle Veranlagungen oder Vorlieben und vieles mehr.

HOMOSEXUALITÄT KANN GENETISCH BEDINGT SEIN

Wer immer noch glaubt, Homosexualität sei etwas Unnatürliches, das Ergebnis einer vorwerfbar falschen sexuellen Orientierung, der sollte über Folgendes genauer nachdenken: William R. Rice, Urban Friberg und Sergey Gavrilets, die Evolutionsforscher der University of California, haben im Jahr 2012 die These aufgestellt, dass die Entstehung der menschlichen Homosexualität durch epigenetische Vererbung verursacht sein könnte. So würde bei einigen Individuen die sexuelle Präferenz der Mutter an den Sohn und die Präferenz des Vaters an die Tochter übertragen. Das geschehe dann, wenn die sogenannten Epi-Marks (genetisch verankerte Markierungen) bei den Genen, die für die sexuelle Ausrichtung verantwortlich sind, bei der Keimzelle erhalten blieben. So bilde dann beispielsweise ein Embryo zwar männliche Geschlechtsorgane aus, die sexuelle Ausrichtung auf das männliche Geschlecht sei jedoch dieselbe wie bei der Mutter. Die Homosexualität des Menschen ist nach dieser Hypothese angeboren (Quarterly Review of Biology. Dezember 2012).

Abneigungen und Vorbehalte gegenüber gleichgeschlechtlich orientierten Menschen sind zwar ohnehin längst tabu und werden gesellschaftlich überwiegend geächtet. Vielleicht trägt die Erkenntnis der (angeborenen) Natürlichkeit dazu bei, den gesellschaftlichen Konsens mit einem genetischen Argument zu untermauern. Vielleicht kann das posthum auch dazu beitragen, den homosexuellen, ehemaligen deutschen Außenminister Guido Westerwelle anders zu würdigen, als dieses zu Lebzeiten von homophoben Zeitgenossen beurteilt wurde.

Zu den angeborenen, also genetisch programmierten Eigenschaften, zählen auch jene »Apps«, die (unbewusste) Reaktionen auf andere Sinneseindrücke auslösen. Gleiches gilt für akustische Wahrnehmungen, zum Beispiel wenn die freudige Erregung bei einem Musikstück Erinnerungen an besonders emotionale Momente weckt, oder für Gerüche. Die Rezeptoren in der Nase leiten die molekulare Botschaft weiter an das »Kontrollzentrum«, das den wahrgenommenen Duft instinktiv bewertet und eine körperliche Reaktion in Gang setzt, beispielsweise die Flucht vor bedrohlichem Rauch. Auch in der Tierwelt wurde beobachtet, welche Bedeutung der Geruchssinn für das Verhalten haben kann. Die Präriewühlmäuse sind, anders als ihre nahen Verwandten, die Bergwühlmäuse, ein Leben lang monogam. Forschern gelang es, die Partnerschaften von glücklichen Präriewühlmäusen zu zerstören, indem sie den Tieren Oxytocin-Blocker spritzten. Bei Oxytocin handelt es sich um eine Art »Treuehormon«, das mit dem Blocker ausgeschaltet wurde. Mit der Treue war es dann sofort vorbei. Das Hormon Oxytocin wird beispielsweise durch einen als angenehm empfundenen Hautkontakt im Gehirn ausgeschüttet und spielt eine wichtige Rolle bei der Stressregulierung. Es macht, so einige Psychologen, »freundlich, monogam und angstfrei« und erzeugt den Wunsch nach Bindung (Welt Online: Annet Sein (20.07.2014): http://bit.ly/welt-Oxytocin).

98,4 PROZENT DER INSASSEN VON TODESZELLEN HABEN EINEN GENETISCHEN DEFEKT

Die Qualität der angeborenen Eigenschaften, die ursächlich für unterschiedliche (impulsive) Verhaltensweisen ist, hängt auch davon ab, wie der Zufall bei der Zeugung die Chromosomen (Träger der Gene) verteilt hat. Gefährdet sind jene Zeitgenossen, die Träger eines zusätzlichen Y-Chromosoms sind, jedenfalls nach der statistischen Wahrscheinlichkeit. Wie eine in den USA durchgeführte Studie belegt, liegt die Wahrscheinlichkeit, ein Verbrechen zu begehen, bei Männern mit einem zweiten Y-Chromosom um 882 Prozent höher als bei Frauen. Von den Insassen der Todeszellen in den USA sind 98,4 Prozent Träger der XYY-Chromosom-Kombination.

Von wegen »All men are created equal« (Alle Menschen sind gleich)! Diese apodiktische Aussage in der amerikanischen Verfassung mag angesichts von 98,4 Prozent der XYY-Chromosom-Träger, die auf ihre Hinrichtung warten, auf diesen Personenkreis zutreffen. Aber wenn es stimmt, dass das bei der Geburt mitgelieferte Erbgut einen nicht unerheblichen Einfluss auf die spätere Lebenslinie ausübt, bedeutet es im Grund genommen eine Verhöhnung jener Menschen, die bei der Zeugung mit solch einem Genmaterial ausgestattet wurden. Zugegeben, nicht alle Männer, die eine solche Genkombination geerbt haben, landen in der Todeszelle. Aber allein die statistische Wahrscheinlichkeit legt nahe, dass sie einen gewissen Nachteil geerbt haben, der sie einigermaßen von jenen mit anderen Genkombinationen unterscheidet. Das gilt auch für X-Chromosomen, denn mit zunehmender Zahl der X-Chromosomen sinken Intelligenz und Fruchtbarkeit. Als gesichert gilt, dass es eine Reihe von genetisch bedingten »Defekten« gibt. Sie haben kognitive Benachteiligungen, zum Beispiel eine deutlich unterdurchschnittliche Intelligenz, zur Folge.

Der amerikanische Psychologe und Verhaltensgenetiker Robert Plomin hat untersucht, ob und wie oft allein die Qualität der Gene für Krankheiten oder abnormales Verhalten verantwortlich ist: »Wir kennen mindestens 282 monogenetische Krankheiten, die zu Entwicklungsstörungen, oft auch zu leichten Verzögerungen der geistigen Entwicklung führen. Die Störungen sind meistens auch mit einer eingeschränkten Intelligenz verbunden.«

Und weiter: »Vermutlich sind etwa 50 Prozent der intellektu-
ellen Unterschiede zwischen den Menschen auf die Gene zurückzuführen« (Robert Plomin, John C. De Fries, Valerie S. Knopik,
Jenae M. Neiderhiser: Behavioral Genetics. 2013).

So viel noch einmal zu der Phrase, dass alle Menschen gleich
seien. Eine in zahlreichen Verfassungen verankerte Gleichbehandlung vor dem Gesetz ist zwar wünschenswert, aber die Erfahrung
zeigt, dass genetischen »Ungleichheiten« längst nicht immer Rechnung getragen wird, ja oft nicht Rechnung getragen werden kann.
Doch das könnte sich eines Tages ändern. Denn Humangeneti-
kern (Wissenschaftler, die mit dem menschlichen Genmaterial
experimentieren) gelingen zunehmend spektakuläre Eingriffe ins
menschliche Erbgut. Das wird vielleicht irgendwann eine genetisch bedingte Benachteiligung beseitigen?

Seit Jahresanfang 2016 ist es in Großbritannien erlaubt, lebensfä-
hige Embryonen zu »verändern«. Die Technik, bei der einzelne
Genabschnitte entfernt oder ausgetauscht werden, trägt den harmlosen Namen »Genome Editing«. Ein Menetekel?

Natürlich nicht, werden die Befürworter solcher Experimente
rufen. Die von den jeweiligen Eltern mittels künstlicher Befruchtung gezeugten Lebewesen sollen ja nur zu Forschungszwecken
»verändert« werden dürfen. Selbstverständlich auch nur zum
Wohl der Menschheit. Das Genome Editing ermöglicht die Schöpfung von Menschen mit gewünschten und ohne unerwünschte Eigenschaften, theoretisch …

Fakt ist, dass gegenwärtig in Deutschland die Geburt von »edi-
tierten« Embryos nicht unter Strafe steht, gegenwärtig … Wer sich
also den Traum vom »Designer-Baby« erfüllen möchte …?

Die Forscher verweisen gerne darauf, dass mit dem Genome
Editing möglicherweise Krankheiten verhindert werden können,
möglicherweise … Vielleicht ermöglicht es diese Gentechnik auch,
jene Gene zu verändern oder auszutauschen, die, wie in diesem
Buch hinlänglich beschrieben, bei zahlreichen Individuen mit ur-

sächlich sind für destruktives, normabweichendes, zuweilen höchst kriminelles Verhalten. Vielleicht kann dadurch ein ansonsten möglicherweise schicksalhafter Verlauf des Lebens neu justiert werden, vielleicht!

Fakt ist aber auch, dass das Genome Editing zukünftig die menschliche Spezies ziemlich verändern kann – nicht nur das aktuell gewünschte »Designer-Baby«. Denn das Genome Editing bedeutet einen Eingriff in die Keimbahn. Die Immunbiologen warnen: Während alle Körperzellen eines Menschen früher oder später vergehen und ihre Gene damit von selbst verschwinden, erlangt eine Veränderung innerhalb der Keimbahn Unsterblichkeit. Sie bleibt und lenkt das Schicksal der Menschheit. Genome Editing hat damit Folgen für alle nachfolgenden Generationen.

Die US-Forscherin Jennifer Doudna bekannte in einem Interview mit der »Welt am Sonntag« offen: »Tatsächlich gibt es Forscher, die bereits heute davon träumen, durch Genome Editing einen besseren Menschen zu kreieren. Grundsätzlich scheint es möglich zu sein, dass der Mensch seine weitere Evolution selbst in die Hand nimmt. Er wird in die Keimbahn eingreifen und das Erbgut von Spermien und Eiern editieren können.« Auf die Frage, ob es möglich sein wird, weltweit einen Konsens über ethische Grenzen durchzusetzen: »Ich weiß nicht, wie man einen solchen Konsens durchsetzen könnte … Eines ist jedenfalls klar: Wir werden diese Technik nicht wieder in die Flasche holen können« (Welt Online: 08.02.2016: http://bit.ly/1welt-Doudna).

Zurzeit gibt es nicht nur ethische, sondern auch ernst zu nehmende medizinische Bedenken.

Erste Eingriffe in die Keimbahn von Affen führten in der Hälfte der Versuche zu Fehlgeburten. Wie auch immer, selbst wenn die praktischen Probleme gelöst werden können, bleibt noch die Schreckensvision der Menschenzucht, also der erblichen Optimierung von Intelligenz, Aussehen und Leistungsfähigkeit des Menschen.

Der Hirnforscher und Psychologe Prof. Dr. Ernst Pöppel ahnt es: »Man wird Menschen züchten können. Das wird bei uns natürlich abgelehnt werden, es wird aber geschehen.«

Wie recht er hat. Im April 2015 haben chinesische Forscher versucht, 86 Embryonen zu manipulieren. Die Versuchung ist zu groß, die eigenen Nachkommen mit besonderer (eingeschleuster) Intelligenz auszustatten, als dass man ethischen Bedenken den Vortritt lässt. Und jene Genetiker, die sich unlängst zu einem »Gen-Gipfel« trafen, wo sie sich per Deklaration Zurückhaltung hinsichtlich weiterer Experimente verordneten, haben verbal schon mal vorgebeugt: Sobald Sicherheitsbedenken ausgeräumt sind und falls sich für solche Eingriffe eine breite gesellschaftliche Akzeptanz abzeichnet, werde man erneut beraten …

Wer die Ungleichheit und »Ungerechtigkeit« bei dem (wohl) zufällig ererbten Genmaterial beklagt, einem Genmaterial, das (mit) verantwortlich ist für – im Extremfall (s. o.) – Mord und Totschlag, der mag geneigt sein, im Genome Editing ein Instrument der ausgleichenden Gerechtigkeit zu sehen oder ein Instrument, das für gleiche Bedingungen sorgt. Nicht nur, was ererbte Krankheiten oder Äußerlichkeiten betrifft sondern auch soweit es DNA-Konstellationen betrifft, die zum Beispiel ein bestimmtes »sozialschädliches« Verhalten präjudizieren.

Allerdings verhält es sich bei dem Genome Editing ähnlich wie bei der Kernenergie: Die Atomkraft könnte natürlich auch ausschließlich von Gutmenschen für hehre Ziele und Zwecke eingesetzt werden – könnte …

Eine genetische Disposition kann also (mit)verantwortlich dafür sein, dass ein Mensch beispielsweise zu aggressivem Verhalten neigt. Solche äußerlich nicht erkennbaren genetischen Defekte provozieren die Frage, ob wir uns die Beurteilung individueller Schuld auch dann anmaßen dürfen, wenn die Ursache für ein Fehlverhalten verborgen ist.

Mit dem folgenden Vergleich möchte ich eine wünschenswerte Nachdenklichkeit stimulieren. Wäre der genetische Defekt, der sozial schädliches oder missbilligtes Verhalten (mit) verursacht, sichtbar, würden wir mit den betroffenen Menschen gnädiger umgehen. Wir gingen mit Schuldzuweisungen zurückhaltender um. Warum? Wenn ein Mensch Glück hat, kommt er mit einem unversehrten Körper zur Welt, mit Gliedmaßen, die der durchschnittlichen Norm entsprechen. Wenn er viel Glück hat, geraten diese Äußerlichkeiten zu dem, was in dem jeweiligen Kulturkreis als »schön« gewertet und zuweilen »angebetet« wird. Es gibt nicht wenige Menschen, die in dieser Hinsicht benachteiligt sind und es daher möglicherweise nicht so leicht durchs Leben schaffen wie andere. Denn Äußerlichkeiten spielen in unserer Gesellschaft eine wesentliche Rolle.

Mit Empathie können jene Menschen rechnen, die mit sichtbaren genetischen Defekten zur Welt gekommen sind. Beispielsweise mit dem Down-Syndrom. Sie erfahren Verständnis wegen ihrer Benachteiligung, auch Zuneigung und Hilfsbereitschaft. So zynisch es klingen mag: Diese Menschen sind denen gegenüber im Vorteil, die mit einem äußerlich nicht sichtbaren Gendefekt leben müssen, beispielsweise mit einer genetisch veranlagten Aggressionsbereitschaft oder »reduzierten« Intelligenz und so weiter. Doch Menschen, die »nur« mental hinsichtlich kognitiver oder auch emotionaler Fähigkeiten Beschränkungen mit auf den Lebensweg bekommen haben, sind eher schlecht dran, weil diese Beschränkungen für andere nicht sichtbar sind. Menschen mit solchen »Fehlern«, die mit Ursache sind für Verhaltensweisen, die gelegentlich sozialschädlich, manchmal unmoralisch, zuweilen kriminell oder nur »merkwürdig« sind, kann ein Außenstehender nicht als krankhaft oder angeboren diagnostizieren. Jene können deshalb eher nicht mit Empathie für das als inakzeptabel empfundene Verhalten rechnen. Sie werden ausgegrenzt und für ihr missbilligtes Verhalten für schuldig befunden.

Ähnlich verhält es sich mit der Akzeptanz gegenüber körperlichen und psychischen Verletzungen. Wer zum Beispiel aufgrund eines Unfalls ein Bein verloren hat oder wegen eines anderen Gebrechens auf den Rollator angewiesen ist, erfährt Hilfsbereitschaft.

Wer jedoch aufgrund einer Vergewaltigung, gewaltsamer Züchtigung oder aufgrund von grausamen Kriegserlebnissen ein Trauma erlebt hat, das im Gehirn Spuren hinterließ, findet weniger Verständnis für ein Verhalten, das normgerecht lebende Teilnehmer des gesellschaftlichen Lebens als kritik- oder gar strafwürdig empfinden. Verstehen Sie, worauf ich hinaus möchte?

Wäre die genetisch bedingte Behinderung im kognitiven Apparat so deutlich erkennbar wie eine äußerlich sichtbare Benachteiligung, wäre das Verständnis, jedenfalls die Erklärung für sozialschädliches, normabweichendes oder nur merkwürdiges anmutendes Verhalten, ein anderes. Wir akzeptieren eine ältere Dame, die mit ihrem Rollator viel Zeit benötigt, um die Straße zu überqueren. Doch unser Verständnis kennt rasch Grenzen, wenn sich ein durchgeknallter Fußballfan auffällig oder sogar aggressiv verhält, obwohl auch er (möglicherweise) in seiner Gehirnmatrix einen genetischen Defekt hat – jedenfalls gemessen an der sogenannten Norm.

Einige genetische Nachteile kann man »reparieren«, andere nicht. Die Schauspielerin Angelina Jolie beispielsweise hatte Pech – und Glück. Pech, weil sie genetisch so »programmiert« war, dass die Gefahr einer Krebserkrankung (Brustkrebs) überdimensional hoch war. Glück, weil sie durch die Amputation beider Brüste und der Entfernung beider Eierstöcke das Risiko zu erkranken drastisch reduzieren konnte.

Wer jedoch mit einer XYY-Chromosomen-Kombination zur Welt kommt, hat ausschließlich Pech, weil er – jedenfalls bislang – die mit der genetisch bedingten Benachteiligung einhergehenden Risiken nicht durch einen operativen Eingriff reduzieren kann. Das ist eine deprimierende Tatsache, die jedenfalls die Hoffnung reduziert, all jene »bekehren« zu können, die den Pfad der Tugend entweder nicht gefunden oder verlassen haben.

Manchmal liegen die Ursachen eben tiefer als beispielsweise eine glücklose Biografie, die den Homo sapiens zum Monster mutieren lässt.

Die Antwort auf die Frage nach individueller Verantwortung und Schuld berührt aber nicht nur das Erbgut. Der genetische Bauplan, der unsere Gefühle und unser Verhalten beeinflusst, erfährt nämlich auch zu Lebzeiten Veränderungen.

TRAUMATA VERÄNDERN GENE AUCH FÜR FOLGENDE GENERATIONEN

Selbst jene, die mit einer scheinbar makellosen genetischen Ausrüstung geboren werden, sind zu Lebzeiten vor genetischen Fehlern nicht gefeit. Der junge Forschungszweig Epigenetik beweist, dass sich Gene im Laufe eines Lebens verändern können, insbesondere nach traumatischen Erlebnissen. Solche Veränderungen haben auch Einfluss auf Verhaltensweisen, die Zweifel an gänzlicher Freiheit der Entscheidung aufkommen lassen. Deshalb brauchen Flüchtlinge aus Krisengebieten mehr als eine nur tagesaktuelle spontane Willkommenskultur.

Die immer wiederkehrende Frage, was prägender für Persönlichkeit und Charakter jedes Individuums ist, ob Gene oder Biografie, erfährt mit den Forschungsergebnissen eines relativ jungen Wissenschaftszweigs, der Epigenetik, eine spannende Erklärung. Die Erkenntnisse der Wissenschaftler sind durchaus auch wichtig für die Frage, welchen Einfluss »Umwelterfahrungen« auf Verhaltensweisen jedes Menschen haben kann. Diese Frage ist von höchster Relevanz für die Beurteilung, ob und inwiefern jeder für seine Taten verantwortlich gemacht werden darf. Die Antworten zwingen in vielen Fällen dazu, Schuldvorwürfe deutlich zu relativieren, selbst dann, wenn man – entgegen der Meinung einiger naturalistischer Hirnforscher – dem Individuum ein gewisses Maß an Entscheidungsfreiheit, an »freiem Willen« attestieren möchte.

Wir verändern uns mit fortschreitendem Alter äußerlich. Und so wie sich beispielsweise Gesichtszüge verändern, sorgen auch die sich ständig teilenden und erneuernden Zellen im Gehirn für

Veränderungen – nicht nur bei Verschaltungen von Neuronen und neuen Synapsenverbindungen.

Es ist seit Langem bekannt und in der Wissenschaft unbestritten, dass Erfahrungen und Erlebnisse, insbesondere solche in der frühen Kindheit, das Verhalten von Kindern derart prägen, dass zu Recht von einer »Weichenstellung« für die weitere Entwicklung die Rede sein kann. Die Wissenschaft spricht von »neuronal physiologischen Veränderungen«, welche die Erziehung und andere Einflüsse des sozialen Umfeldes im Gehirn von Babys und Kleinkindern bewirken. Vergleichsweise neu ist jedoch die Erkenntnis, dass – und wie stark – Erlebnisse sogar das molekulare Erbgut, also die Gene, beeinflussen beziehungsweise verändern können, und zwar lebenslänglich und für nachkommenden Generationen. Mehr noch: Selbst pränatale Erfahrungen im Mutterleib können solche (epigenetischen) Veränderungen beim Fötus bewirken. Es sind vor allem traumatische Erlebnisse, die zu einer dauerhaft erhöhten Stressempfindlichkeit führen und biochemische Veränderungen im Erbgut von Gehirnzellen verursachen. Die daraus resultierende Leidensliste ist lang: Depressionen, Drogenabhängigkeit, psychosomatische Symptome, zum Beispiel Allergien und Erkrankungen wie Diabetes, Krebs oder Herzinfarkt.

Nachfolgend eine Auswahl von Testergebnissen, die Ursachen und Wirkungen epigenetischer Veränderungen beschreiben und belegen: Der Neuropsychologe Thomas Elbert von der Universität Konstanz hat nachgewiesen, dass häusliche Gewalt bei schwangeren Frauen Stress verursacht, der über biochemische Prozesse auch das ungeborene Kind dauerhaft schädigt. Es wird später ängstlicher, hyperaktiver, anfälliger für Drogen. Aufsehen erregte seine Untersuchung bei sogenannten Kindersoldaten in Ruanda, die häufig die Ermordung ihrer Geschwister und Eltern erlebt hatten oder sogar diese selbst töten mussten. »Diese Kinder«, so Elbert, »entwickeln ein ›heißes Gedächtnis‹, bei dem sich ein assoziatives Schreckens-Netzwerk ohne Zeit und Ort ins Gehirn einbrennt. Gespeichert sind Bilder, Gerüche und Szenen, verbunden mit schrecklichen Emotionen, die selbst durch kleine Anlässe immer wieder ausgelöst werden. Das ist der Grund, wieso in manchen Ländern relevante Teile der Bevölkerung psychotisch gestört in den Hütten sitzen und deren Schicksal den Wiederaufbau der Gesellschaft behindert – eine dunkle Wechselwirkung zwischen Geist und Gesellschaft« (Süddeutsche Online: 25.09.2013: http:// bit.ly/sueddeutsche-Elbert). Elberts Erkenntnisse legen nahe, dass angesichts der Leidensgeschichte jener Menschen, die aus Syrien und dem Irak geflüchtet sind und hier eintreffen, viel mehr als eine spontane Willkommenskultur gefragt ist.

Der Psychiater Florian Holsboer, ehemaliger Leiter des Max-Planck-Instituts für Psychiatrie in München, untersuchte gemeinsam mit der Neurowissenschaftlerin Rachel Yehuda von der Mount Sinai School of Medicine 40 Augenzeugen der Anschläge auf das World Trade Center vom 11. September 2001. Die Hälfte dieser Zeugen litt auch fünf Jahre später noch unter einer posttraumatischen Belastungsstörung. Wissenschaftler konnten epigenetische Modifikationen bei bis zu 25 Genen feststellen, unter anderem solche, die zu einer Beeinträchtigung bei Stressreaktionen führen. Aber Holsboer verbreitet Hoffnung: »Vielleicht gelingt es eines Tages, die epigenetischen Spuren der Traumatisierung zu vermeiden, etwa durch rechtzeitige Gabe von Antidepressiva zeitnah nach einem belastenden Ereignis« (Planet Wissen. 01.06.2011). Er bezeichnete ein vielbeachtetes Experiment mit Mäusen als Auslöser für sein Interesse an epigenetischer Traumata- und Depressionsforschung. »Man weiß ja schon lange, dass frühkindliche Traumata dafür anfälliger machen, eine Depression und posttraumatische Belastungsstörungen zu bekommen. Wir haben also neugeborene Mäuse zehn Tage lang immer einige Stunden von der Mutter weggenommen – das ist für diese Mäuschen ein ziemliches Trauma – und sie dann ein Jahr lang verhaltensbiologisch untersucht. Da hat sich herausgestellt, dass die Mäuse lebenslang erhöhte Angst hatten. Den biochemischen Mechanismus dafür konnten wir bis ins letzte Detail aufklären. Wir konnten zeigen, dass ein vermehrtes Angstverhalten ausgelöst wurde, weil im Hirn der Mäuse vermehrt das Protein Vasopressin produziert wurde. Das Gen für eben jenes Neuropeptid ist normalerweise methyliert und somit ausgeschaltet – bei den früh traumatisierten Mäusen fehlte dieser epigenetische Stummschalter die ganze Zeit. Mit einem Medikament, das die Andock-Stelle für den Botenstoff Vasopressin blockiert, konnten wir die Symptome dann aber deutlich lindern. Die Angst war weg.« Diese wichtige Grundlagenarbeit wurde in der Fachzeitschrift »Nature« publiziert und belegt, dass die Auswirkungen psychischer Traumata bis ins molekulare Detail chemischer Natur sind. Es bleibt die Frage offen, ob schicksalhafte Spuren dieser Art auch alle Bürgerkriegsflüchtlinge und Folteropfer – und deren Nachkommen – unauslöschlich begleiten werden, die bei ihrer Ankunft in Deutschland nur Freude und Dankbarkeit empfunden und ausgestrahlt haben.

Die Antwort lautet wohl ja, wie beispielsweise die Erfahrungen in der Heckscher Klinik in München belegen. In dieser Kinder- und Jugendpsychiatrie ist jeder sechste stationär aufgenommene Patient ein Flüchtling (Süddeutsche Online: Bernd Kastner (31.03.2016): http://bit.ly/sueddeutsche-Flüchtlingskinder). Dort leben die traumatisierten Flüchtlingskinder mit einheimischen Jugendlichen zusammen. Mit beachtlichen Heilungserfolgen, wie die Ärzte zu berichten wissen.

Die Epigenetik stößt ein Dogma der Biologie um, nämlich die These, dass die Eigenschaften eines Organismus durch vererbtes Genmaterial unveränderbar sind. Tatsächlich zeigt die Epigenetik, wie selbst bei subtilen Umweltveränderungen ein Zugriff auf unser Erbgut erfolgt. Die Forschung zeigt, dass die Entstehung von Krankheiten oder die Veränderung von Persönlichkeitsmerkmalen epigenetisch beeinflusst sein können. Gene steuern nicht nur selbst, sie werden auch durch unterschiedlichste Erlebnisse gesteuert. Oder wie Holsboer es formuliert: »Traumata sorgen nicht nur für Narben im Erbgut. Wenn diese Narben auch im Erbgut der

Keimzellen sind, dann werden sie sogar weitervererbt« (Planet Wissen. 01.06.2011). Darüber sind sich die Epigenetiker weltweit einig.

Vermutungen einiger Forscher gehen in die Richtung, dass möglicherweise auch erlernte und erworbene Fähigkeiten von einer Generation zur anderen über Keimzellen weitergegeben werden können. Talentierte Töchter und Söhne von Spitzensportlern und erfolgreichen Künstlern scheinen diese These bestätigen zu können.

Doch nicht nur genetisch bedingte Defizite haben erwiesenermaßen in zahlreichen Fällen fehlerhafte, normabweichende Verhaltensweisen zur Folge. Auch beispielsweise durch Traumata ausgelöste epigenetische Änderungen können Auswirkungen auf Persönlichkeit, Charakter und Verhalten des Menschen haben. Da jedoch kaum jemand mit seinem genetischen Bauplan in der Hand durchs Leben läuft, ist selten bis niemals zu erkennen, ob und inwieweit eine genbedingte Benachteiligung im Einzelfall vorliegt. Deshalb: Ein als schuldhaft apostrophiertes Verhalten wie eine Straftat mag gesellschaftlich akzeptierten Normen und Regeln zuwiderlaufen, aber ob angesichts der Phänomene »kognitive Ökonomie«, Bewältigung »kognitiver Dissonanz«, Kraft und Macht des Unterbewusstseins, Mangelhaftigkeit des Gedächtnisses oder auch angesichts schlummernder, jedenfalls nicht sichtbarer genetischer Benachteiligung das kritikwürdige Verhalten stets auch einen moralischen Vorwurf rechtfertigen kann, sollte spätestens jetzt zweifelhaft sein.

Es gibt aber noch andere Gründe zum Nachdenken. Moralische Vorwürfe stellen immer zugleich die Frage, ob das normabweichende Verhalten im Einzelfall irgendein rechtfertigendes Motiv beanspruchen kann. Diese Frage ist nicht nur im Strafrecht, sondern auch für den zwischenmenschlichen Bereich relevant. Wenn beispielsweise Flüchtlinge aus Syrien gewaltsam versuchen, internationale Grenzen zu überwinden, um endlich Frieden und Sicherheit zu finden, erfährt solch ein Verhalten wie selbstverständlich bei jedem Zeitzeugen eine andere Bewertung als der (ebenfalls) illegale Grenzübertritt von Schmugglern oder kriegslüsternen Soldaten. Mit anderen Worten: Welchen Einfluss hat die Motivation oder die Befriedigung eines Bedürfnisses auf die Frage, ob das jeweilige Verhalten moralisch zu beanstanden oder strafrechtlich zu rügen ist? Kann ein Bedürfnis so stark sein, dass es die autonome Entscheidungsfreiheit reduziert, dass man – nicht nur sprichwörtlich – um den Verstand gebracht wird? Gibt es solche Bedürfnisse – oder Triebe?

ELEMENTARE BEDÜRFNISSE STIMULIEREN UNSERE WÜNSCHE UND BEEINFLUSSEN UNSER VERHALTEN

Elementare Bedürfnisse beeinflussen unser Verhalten. Wenn es uns gelingt, diese Bedürfnisse zu befriedigen, belohnt uns das im Gehirn verankerte Glückshormon Dopamin. Das gilt leider auch dann, wenn es sich um Bedürfnisse handelt, deren Befriedigung tödliche Auswirkungen hat.

Allen Handlungen des Homo sapiens liegt ein Motiv zugrunde, ein – im doppelten Wortsinn – Beweggrund. Das gilt auch für Verhaltensweisen, die das Unterbewusstsein veranlasst. Es sind diese psychisch oder physiologisch bedingten Motive (Stimuli), also der oft unbewusste (implizite) Wunsch, bestimmte Bedürfnisse zu befriedigen. Der manchmal zwanghafte Wunsch nach Befriedigung eines Bedürfnisses bringt uns gelegentlich »um den Verstand«, steht jedenfalls häufig einer makellosen Entscheidungsfreiheit im Wege. Die Befriedigung solcher elementaren Bedürfnisse entfaltet allein deshalb eine ungeheure Kraft, weil die Belohnung mit dem Glückshormon Dopamin winkt. Das kann die Lebensqualität steigern, es kann aber auch in den Abgrund führen.

Die Welt steht fassungslos an den Gräbern hunderter Terroropfer, die von radikalen Islamisten auf grausame Weise regelrecht hingerichtet wurden. Erklärungsversuche verlieren sich oft in nichtssagenden leeren Parolen, insbesondere wenn es um die Frage geht, wie und warum ausgerechnet einige in der Mitte Europas aufgewachsene junge Menschen zu radikalen Terroristen wurden. Begriffe wie »Monster« sind schnell zur Hand, erklären aber nicht, wie »das Böse« von ihnen Besitz ergreifen konnte. Ihre Gräueltaten sind so unfassbar, dass man sich fast reflexartig einer seriösen Ursachenforschung verweigern möchte. Es ist oder erscheint zumindest erträglicher, den »Monstern« eine angeborene Bösartigkeit zu bescheinigen.

Zugegeben, keine neurobiologische oder tiefenpsychologische Erklärung kann die Abscheu marginalisieren, die jeder zivilisierte Mensch angesichts der jüngsten Terroranschläge und Enthauptungen empfindet. Und es fällt auch mir schwer, diese Gefühle auszublenden, wenn ich auf die Erkenntnisse verweise, die eine Sezierung der Biografie dieser Menschen offenbart. Will man aber dem Anspruch gerecht werden, Kriterien für die Entscheidungsfreiheit und für die individuelle, vorwerfbare Schuld auszuleuchten, kann man sich den im Folgenden erläuterten wissenschaftlichen Erkenntnissen der Verhaltens- und Hirnforscher nicht verschließen. Mehr noch: Ein für die Terrorbekämpfung unverzichtbarer Pragmatismus zwingt dazu, Motive und Beweggründe der Täter zu analysieren, und zwar jene Motive, die diese Täter unbewusst steuern, nicht solche, die sie lauthals offline und online hinausposaunen. Es sind, um es provozierend vorwegzunehmen, unbewusste Motive, die den einen bei katastrophalem Verlauf seiner Biografie in die Arme von Terroristen treibt, und den anderen, der eine geradlinige Kindheit und Jugend erlebt habt, möglicherweise in die Arme von Schönheitschirurgen.

ELEMENTARE BEDÜRFNISSE ÜBEN EINE UNBEWUSST ERLEBTE WIRKMACHT AUF UNSER VERHALTEN AUS

Sehnsucht und Angst, Hunger und Durst und zahlreiche andere Bedürfnisse dirigieren unser Verhalten. Wir sind Sklaven eines im Gehirn verorteten Belohnungssystems, das unsere Handlungs- und Entscheidungsfreiheit einschränkt, manchmal auch völlig verhindert. Das Bedürfnis und der Segen des Belohnungssystems bedeutet für das, was wir als unsere Entscheidung, fälschlicher- weise oft für eine bewusste erachten, eine Motivation. Aber was ist das, dieses Bedürfnis? Woher rührt das Bedürfnis für die jewei- ligen Vorlieben? Ist auch ein Verlangen nach Befriedigung eines Bedürfnisses programmiert? Können wir, wenn wir dem Bedürf- nis entsprechend handeln, wirklich frei entscheiden, oder sind wir irgendeinem Diktat unterworfen?

Der prominenteste Wissenschaftler auf dem Gebiet der »Bedürfnis- forschung« war der bereits genannte Psychologe Abraham Maslow, der als Gründervater der »humanistischen Psychologie« gilt. Seine »Maslowsche Bedürfnispyramide« veranschaulicht plakativ, welche menschlichen Bedürfnisse welchen Stellenwert haben.

Bedürfnispyramide nach Abraham Maslow (1908–1970)

Die Pyramide ist schnell erklärt: Zu den »physiologischen Bedürfnissen« der unterste Ebene zählen Nahrung, Sauerstoff, Schlaf und so weiter als elementare Grundbedürfnisse. Das bedeutet, dass dieser Bedarf notwendig für das Leben des Menschen ist. Dazu zählte Maslow auch die Sexualität. Das ist aus Sicht von Evolutionsbiologen nachvollziehbar, denn schließlich dient die Fortpflanzung der Erhaltung der Art. Unter anderem deshalb widme ich diesem Bedürfnis im Folgenden ein eigenes Kapitel.

Zu den »Sicherheitsbedürfnissen« zählen das Bedürfnis nach Orientierung, das Verlangen nach Beständigkeit oder körperlicher Unversehrtheit und das nach Schutz vor Verlusten. Sie alle sind wohl verantwortlich für die Bereitschaft und Fähigkeit, an wissenschaftlich nicht belegbare oder erklärbare Ursachen für unsere Existenz und an ein Weiterleben nach dem Tod zu glauben. Der Suche nach Orientierung ist im Folgenden ein eigenes Kapitel gewidmet, weil der dadurch bedingten religiösen Glaubensbereitschaft eine zentrale Rolle bei Schuldzuweisungen zukommt.

Von eminenter Bedeutung ist das auf der dritten Ebene angesiedelte »soziale Bedürfnis«, hinter dem sich der zwanghafte Wunsch verbirgt, zu einer Gruppe zu gehören, der man sich verbunden fühlt. Anthropologen und Evolutionsbiologen können erklären, warum dieser Wunsch und der nach einer Gruppenbildung evolutionstechnisch sinnvoll waren und weiterhin sind: In der Gruppe konnte der menschliche Primat seine überlegenen Fähigkeiten entwickeln, perfektionieren und schließlich effizienter zum Erfolg führen, in einem ständigen Kampf zu überleben und seine Gene in die nächste Generation zu übertragen.

Die »Individualbedürfnisse« (Ich-Bedürfnisse) sind geprägt von der Suche, ja Sucht nach Wertschätzung, nach Erfolg, Prestige, Anerkennung und Aufmerksamkeit, allesamt Faktoren, die der Stärkung des Selbstwertgefühls dienen. Ein Mangel an Aufmerksamkeit und Anerkennung hat so manchen in die Isolation getrieben. Er ist, so einige Verhaltensforscher, oft und zunehmend Ursache dafür, dass junge Menschen, die sich ausgegrenzt fühlen, diese

Anerkennung in extremen Gruppierungen suchen. Auch diesem Phänomen und seinen Folgen ist ein eigenes Kapitel gewidmet.

Das Bedürfnis »Selbstverwirklichung« als Spitze der Pyramide kann getrost als Luxusbedürfnis gelten. Es spielt nach Maslow wohl nur dann eine stark motivierende Rolle, wenn der Mensch die übrigen Bedürfnisse als einigermaßen »gestillt« empfindet.

Während physiologische Bedürfnisse in den Industriestaaten ohne eine bemerkenswerte Anstrengung erfüllt werden können, verhält es sich bei anderen, insbesondere beim Individualbedürfnis (dem nach Wertschätzung), deutlich anders. Fakt ist, dass die Befriedigung von Bedürfnissen, egal ob bewusst oder unbewusst, ob egoistisch oder altruistisch motiviert, ein Wohlbefinden oder Glücksgefühl auslöst. Das verdanken wir einem im Gehirn verankerten Belohnungssystem, das uns mit dem sogenannten Glückshormon Dopamin versorgt, sobald wir dem jeweiligen Bedürfnis nachgeben. Der Drang nach Bedürfnisbefriedigung dirigiert unser Denken und Verhalten so nachhaltig, dass wir die Freiwilligkeit unserer Entscheidungsfreiheit und somit auch so manche Schuldzuweisung infrage stellen müssen.

DIE »BEDÜRFNISSE« DER WESTEUROPÄISCHEN UND US-AMERIKANISCHEN ISIS-KÄMPFER

Die Frage nach den Gründen, die junge, in Europa aufgewachsene Menschen in die Hände des sogenannten IS treibt, ist besonders unergründlich. Eine populistische Erklärung wird bei Berichten hierüber regelmäßig mitgeliefert: Entweder wissen sie nicht, was sie tun, oder sie waren bereits kriminell, sie wurden verführt oder alles zusammen.

Der deutsche Verfassungsschutz hat das Phänomen wie folgt sinngemäß analysiert: Es handelt sich zum großen Teil um Männer mit gescheiterten Karrieren, manche waren zuvor bereits kriminell aufgefallen, die meisten sind Muslime, einige ohne Schulabschluss. Ein großer Teil von ihnen hat einen Migrationshintergrund ohne festen Halt in der deutschen Gesellschaft. Wörtlich: »Eine gescheiterte Bildungskarriere kann ein auslösender Faktor für die Radikalisierung junger Menschen sein« (Bericht des Verfassungsschutzes. 2014). Das alles liest sich wie ein Handbuch über Täterprofile und hat den Nachteil, dass damit Hunderttausende Migranten in Generalverdacht geraten. Immerhin, ein Merkmal in dieser langen Liste führt definitiv in die zutreffende Richtung: Fehlender Halt in der (deutschen) Gesellschaft.

Hans-Georg Maaßen, Präsident des deutschen Verfassungsschutzes, grenzt es noch ein wenig präziser ein und erklärte in einem Interview mit der Rheinischen Post: »Sie fühlten sich in ihrer Familie nicht zu Hause, fanden keinen, der sie anerkannte. Die Anerkennung versuchten sie sich dann im Dschihad zu holen. Das sind Täter, die sich in Deutschland als ›underdogs‹ fühlten und in der Szene nun als Kämpfer für den Islamischen Staat als ›topdogs‹ gefeiert werden« (Rheinische Post Online: 19.09.2014: http://bit.ly/rp-maaßen). Maaßens Einschätzung deckt sich mit derjenigen des ehemaligen CIA-Mitarbeiters und Psychiaters Marc Sageman. Dieser entdeckte einen Zusammenhang zwischen Aggression und Anerkennung, als er die Lebensläufe von 400 islamistischen Terroristen analysierte: »Bevor sich die Betroffenen einer Terrorgruppe anschlossen, waren sie sozial isoliert« (Marc Sageman: Understanding Terror Networks. 2004). Einen ähnlichen Befund lieferte der Psychotherapeut Joachim Bauer, Professor in Freiburg, der davon überzeugt ist, dass soziale Ausgrenzung als existenzielle Bedrohung empfunden wird: »Wenn die Gesellschaft versagt, indem sie Einzelne diskriminiert, drohen vor allen Dingen bei Jugendlichen schlimme Ersatzlösungen. Terrorgruppen und Rechte grasen auf diesem Feld. Sie suchen nach den jungen vereinsamten Seelen, die ausgeschlossen sind« (Zeit Online: 11.06.2013: http://bit.ly/zeit-Anerkennung). Wie wahr!

Eine fehlende Anerkennung berührt ein weiteres elementares Bedürfnis, nämlich jenes nach Wertschätzung (Ebene 4 bei Maslow).

Und wer sich in Richtung Syrien aufmacht, hofft instinktiv auch darauf, Teil einer Gruppe zu werden (Ebene 3 bei Maslow) und dort eine Orientierung zu finden (Ebene 2 bei Maslow) ... Verstehen Sie, was ich andeuten will? Die jungen Menschen, die in Erwartung eines Abenteuerurlaubs in Richtung Naher Osten aufbrechen, erhoffen sich dadurch, Chancen und Defizite in allen diesen Bedürfniskategorien kompensieren zu können. Wenn man auch nur andeutungsweise die irrationalen Pläne dieser Desperados verstehen oder nachvollziehen möchte, dann genügen zwei Blicke: einer auf die Biografie der gescheiterten Existenzen und ein anderer auf die Bedürfnispyramide von Maslow. Die jungen Menschen versprechen sich Orientierung, Halt und Anerkennung in einer Gruppe, die sie als Mitglieder mit offenen Armen (und reichlich Kriegsgeräten) aufnimmt. Die Befriedigung dieser drei elementaren Bedürfnisse bedeutet die unbewusste Motivation, die eine völlige Ausblendung der menschenverachtenden Absichten in Syrien, Irak und anderen Ländern ermöglicht.

Der Islamismusexperte Ahmad Mansour wurde als junger Palästinenser von Islamisten radikalisiert, widerstand aber der Versuchung, sich an Gewalttaten zu beteiligen. Er schilderte gegenüber der »Süddeutschen Zeitung« seine Empfindungen und Erfahrungen so: »Das lief nicht von heute auf morgen. Es war ein Prozess, aber einer, der mich glücklich gemacht hat. Ich war ein Mensch, der endlich Freunde gefunden hatte. Und eine Möglichkeit, sich von seinem Elternhaus abzugrenzen. Ich gehörte auf einmal zur Elite [...] Die Jugendlichen wollen sich befreien oder durch die Ideologie eine Art Anbindung erfahren« (Süddeutsche Online: 17.11.2015: http://bit.ly/sz-Radikalisierung). Der Hirnforscher Dar Meshi von der FU Berlin kommt zu dem Ergebnis, dass das normale Belohnungssystem allen Individuen das deutliche Glücksgefühl gibt, sobald sie innerhalb einer Gruppe hohes Ansehen genießen. Und der Sozialbiologe Eckart Voland von der Justus-Liebig-Universität Gießen ergänzt: »Das Gefühl, ausgestoßen zu sein, ist eine der schlimmsten Emotionen, die es überhaupt gibt. Bei vielen Naturvölkern ist die höchstmögliche Strafe, Menschen auszustoßen. Im schlimmsten Fall kann das einem Todesurteil gleichkommen« (Eckard Voland: Die Natur des Menschen. München 2007). Und noch ein Beispiel, das die Meinung der drei genannten Wissenschaftler bestätigt: Vor dem Oberlandesgericht Celle musste sich ein 26-jähriger Deutsch-Tunesier verantworten, der sich 2014 einer Gruppe radikaler Islamisten angeschlossen hatte, um im Auftrag des sogenannten IS ein Selbstmordattentat in Bagdad zu verüben. Seine scheinbar banale Erklärung begründete er damit, dass seine Familie im Frühjahr die bereits organisierte Hochzeit mit seiner Verlobten abgesagt habe. Er fühlte sich dadurch total erniedrigt und wollte einfach nur noch weg (Deutsche Welle Online: 10.08.2015: http://bit.ly/dw-celle). Erfreulicherweise änderte er seine Meinung und flüchtete über die Türkei zurück nach Deutschland. Der junge Mann war in Deutschland zuvor nie straffällig geworden. Tatsächlich, zahlreiche Attentäter stammen nicht etwa aus sozialen Brennpunkten, sondern aus der bürgerlichen Mitte der Gesellschaft. In Frankreich sind es laut einer aktuellen Studie sogar 67 Prozent der in den vergangenen Jahren islamistisch radikalisierten Männer und Frauen (Spiegel Online: 23.11.2015: http://bit.ly/1spiegel-Radikalisierung). Deshalb ist wohl auch wenig überraschend, dass 86 Prozent der IS-Kämpfer aus den westlichen Industrieländern noch nie straffällig geworden sind (Frankfurter Allgemeine Sonntagszeitung. 30.08.2015). Die Ursachenforschung wäre wohl unvollständig, würde man das oft kolportierte Motiv der Selbstmordtäter unterschlagen, dass sie nämlich für ihre mörderischen Taten im Jenseits belohnt werden, beispielsweise mit 72 Jungfrauen.

Welchen Einfluss solche Versprechungen haben können, zumal bei jungen Gläubigen, lässt sich vielleicht daran ablesen, dass auch gläubige, jugendliche Christen zu Entbehrungen bereit sind, wenn ihnen ewiges Glück als Kompensation für Frömmigkeit verprochen wird. Da spreche ich ausnahmsweise aus eigener Erfahrung. Als 12-jähriger war ich an und für sich überzeugter Langschläfer, aber auch sehr gläubig. Und so entschloss ich mich, die nächtliche Schlafdauer dramatisch zu reduzieren, jeden Morgen um 5.30 Uhr aufzustehen, um rechtzeitig vor Schulbeginn die katholische Frühmesse um 6.30 Uhr besuchen zu können. Die von meiner Mutter eingeimpfte Überzeugung, dass ich hierfür im Himmel eines Tages länger als lebenslänglich belohnt würde, sorgte für eine Überwindung, die selbst meine gläubigen Eltern überraschte.

Zugegeben, der Vergleich hinkt ziemlich, und er erklärt nicht wirklich, warum auch Jugendliche fähig sind, »für Allah« zu morden. Der Vergleich soll auch nur andeuten, dass sich selbst ein mutmaßlich wohl erzogener Bub mit metaphysischen Versprechungen so etwas wie »radikalisieren« ließ ... Aber, ich wiederhole mich, wichtiger als Hoffnung auf jenseitige Belohnungen ist wohl das Motiv der Anerkennung und Wertschätzung.

Der Bereich in unserem Gehirn, der jeden von uns nach Anerkennung lechzen lässt, nicht nur jene, die sich für den rechten oder linken Terror entschieden haben, ist der gleiche, der uns mit dem Glückshormon berieselt, wenn wir einen Orgasmus erleben oder uns in religiöser Meditation ergehen: das sogenannte Belohnungszentrum. »Neurobiologische Studien belegen, dass keine andere Bedürfnisbefriedigung das Motivations- und Belohnungssystem so sehr aktiviert, wie von anderen gesehen und sozial anerkannt zu werden«, sagt Bauer. Und weiter: »Alles, was wir tun, steht im Dienste des tiefen Wunsches nach guten zwischenmenschlichen Beziehungen« (Frankfurter Allgemeine Zeitung. 07.08.2008). Hans-Jürgen Wirth, Professor für Sozialpsychologie an der Universität Frankfurt, präzisiert diese Feststellung: »Nur im Austausch mit anderen entwickelt der Mensch seine Identität, Eigenschaften und Persönlichkeit« (ebenda). Evolutionsbiologen und Anthropologen haben eine Erklärung dafür, dass das Bedürfnis nach Geltung in einer Gruppe so ausgeprägt ist: Um sich im Überlebenskampf der Primaten erfolgreich durchzusetzen, war es effizient, sich in Gruppen zusammenzuschließen und zu organisieren. Die Wertschätzung innerhalb der Gruppe war Voraussetzung für Akzeptanz und Status innerhalb der Gruppe. Diese Erklärung stimmt mit der Meinung des bereits zitierten Hirnforschers Dar Meshi überein.

Spannend werden alle diese Erkenntnisse und Weisheiten, wenn man im eigenen Umfeld überprüft, ob sie relevant sind. Warum? Die Mittel, mit denen Menschen nach Anerkennung suchen, sind höchst unterschiedlich. Die einen glauben, mit Statussymbolen wie Auto oder Handtasche punkten zu können, die anderen mit beruflichem Erfolg, wiederum andere mit großzügigen Partyveranstaltungen. Überwiegend Frauen greifen auf äußerliche Attraktivität zurück, was der boomende Markt im Bereich Kosmetik und Schönheits-OPs überzeugend belegt. Es erscheint makaber, jedoch in Bezug auf die Funktionen im Gehirn zweifelsfrei: Der nicht bewusst erlebte Drang nach Anerkennung und Wertschätzung treibt die Verlierer in unserer Gesellschaft in die Arme von Terroristen, die anderen in die Arme von Schönheitschirurgen. Es handelt sich – hirnorganisch gesehen – um denselben Mechanismus: das ewig wichtige Belohnungssystem, das uns steuert. Und dieses Belohnungssystem beflügelt auch das Streben nach Macht. In erstaunlicher Offenheit verriet der ehemalige CSU-Chef Erwin Huber in einem »Spiegel«-Interview, wie sehr er von Macht und Anerkennung abhängig war. »Bekannt zu sein, zum Teil bewundert zu werden, die Zustimmung der Leute zu bekommen, eine Fangemeinde zu haben, das ist berauschend […] Man braucht das Gefühl, wichtig zu sein« (Der Spiegel. 01.08.2015).

Dramatisch und tragisch wirkt sich ein Defizit an Anerkennung und Wertschätzung bei denjenigen aus, die sich radikalisieren lassen. Aber auch der banale, zwischenmenschliche Alltag belegt fernsehtäglich, zu welcher Selbstverblödung Menschen bereit und fähig sind, um einen Hauch öffentlicher Wahrnehmung zu erleben. Fragen sie mal die Popikone Dieter Bohlen. Oder Heidi Klum. Schauen Sie sich doch einmal die Fernsehsendung »Der Bachelor« an.

Wer das Glück hatte, in einer emotional harmonischen Umgebung aufzuwachsen und frühzeitig ein stabiles Selbstwertgefühl zu entwickeln, ist wenig bis gar nicht anfällig für extreme Ausschläge bei der Wahl der Mittel, um Akzeptanz und Wertschätzung zu finden. Aber in Ländern, in denen Leistung und selbstverständlich Disziplin als Prinzipien der Erziehung dominieren, auch hierzulande, gibt es so etwas wie eine »starke Ökonomie«. Der Begriff stammt von dem Psychologen Claude Steiner, der damit das Verhalten von Eltern beschreibt, die mit der Verteilung des kostbaren Guts »Anerkennung« bei ihrer Erziehung äußerst knapp umgehen. Nach Steiner dient diese Vorgehensweise den Eltern dazu, ihre Kinder steuern zu können. Oder anders ausgedrückt: Es geht um das Prinzip »Zuckerbrot und Peitsche«, aber mit möglichst wenig Zuckerbrot. Wer so sparsam mit Zuneigung und Anerkennung in seiner Kindheit und Jugend versorgt wurde, hat geringe Chancen, ein gesundes Selbstbewusstsein zu entwickeln, so Steiner. Mittlerweile handelt es sich dabei wohl um eine Binsenweisheit, die sich jeder in Erinnerung rufen sollte, wenn der eigene Drang nach Anerkennung oder der anderer Menschen Blüten treibt.

Ergänzend sei erwähnt, dass die Psychologen der University of California davon überzeugt sind, dass der Status, den jemand aufgrund der Anerkennung vonseiten seiner Mitmenschen erreicht, mehr zum subjektiven Wohlbefinden beiträgt als ein durch materiellen Reichtum bedingter Status. Der Grund: Respekt und Wertschätzung sorgen langfristig für ein Wohlgefühl, während materielles Glücksgefühl vergänglich ist, wie zahlreiche Lottogewinner bezeugen können.

Die relativ junge Glücksforschung bestätigt diese These aus Kalifornien. Eine Erhebung des Meinungsforschungsinstitus TNS Emnid ergab: Nur bis zu einem Nettoverdienst von monatlich 2000 Euro pro Haushalt steigt im Durchschnitt die Lebenszufriedenheit parallel zum Einkommen. Zusätzliches Geld aber macht die Menschen – abgesehen von individuellen Ausnahmen – nicht zufriedener. Wer weniger als 1000 Euro netto verdient, bewertet sein Lebensgefühl auf einer Skala von null (ganz und gar unzufrieden) bis zehn (ganz und gar zufrieden) im Schnitt mit einem Wert von 6,6. Wer mehr als 2000 Euro netto verdient, hat mit einem Wert von 7,9 eine Grenze erreicht und wird nicht zufriedener – ganz gleich, ob er nun 2050 Euro oder mehr als 2500 Euro pro Monat verdient.

Fazit: Die Suche und die Sucht nach Anerkennung und Wertschätzung als (unbewusst erlebter) Trieb erklären, warum der Homo sapiens mit Werten in Konflikt geraten kann, die gesellschaftlich verlangt werden oder sogar gesetzlich geboten sind. Eine solche Motivation übt selbstverständlich Einfluss auf Entscheidungen aus, auch auf solche, von denen man gerne annehmen möchte, sie würden frei und unabhängig getroffen werden. Ob eine bewusste, freie und unabhängige Entscheidung möglich ist, wenn dem Individuum in Konfliktsituationen Zeit zum Nachdenken und Abwägen bleibt, darüber gehen die Meinungen der Neurobiologen auseinander. Warum einige Wissenschaftler eine solche freie Entscheidungsmöglichkeit infrage stellen, möchte ich im Kapitel über die Experimente und Ergebnisse der Hirnforschung erläutern.

DER SEXUALTRIEB MACHT GELEGENTLICH BLIND – UND UNTREU

Welche anderen (unbewusst erlebten) Bedürfnisse üben einen Einfluss auf unsere Handlungen und unser Verhalten aus? Die Antwort darauf dreht sich letztendlich auch um die Frage, ob moralisierende Schuldvorwürfe stets gerechtfertigt sind, wenn in Konfliktsituationen die Befriedigung des Bedürfnisses gesiegt hat.

Das Verlangen nach Sexualität gehört zu den Grundbedürfnissen des Menschen, wie beschrieben nach Maslow auf Ebene 1. Auseinandersetzungen zwischen Partnern bei diesem Thema verdienen aber eine nüchterne Bewertung.

Wenn ich von den zahlreichen menschlichen Bedürfnissen jetzt das sexuelle Verlangen thematisiere, dann allein deshalb, weil die Befriedigung dieses elementaren Grundbedürfnisses in allen gesellschaftlichen Schichten regelmäßig »Turbulenzen« und anschließende Schuldzuweisungen auslöst. Damit verbunden sind häufig Beschuldigungen und Reaktionen, die gelegentlich dramatische, manchmal tragische Auswirkungen haben, jedenfalls dann, wenn Gefühle verletzt werden. Vielleicht können die nachfolgenden Gedanken dazu beitragen, mit »schuldigen« Zeitgenossen gnädiger umzugehen.

Das neurochemische Belohnungssystem bedient wie bereits ausgeführt in unserem Gehirn Bedürfnisse und Sehnsüchte. Ohne dieses Belohnungssystem ist eine Evolution nicht vorstellbar. Oder glauben Sie, dass billionenfache Paarungen im Laufe der Menschheitsgeschichte stattgefunden hätten ohne die dadurch ausgelösten ekstatischen Glücksgefühle? Nein, Hormone wecken die Lust auf Sex, und die Belohnung erfolgt mit einer Ausschüttung des sogenannten Glückshormons Dopamin. Jeder stimmt mir wohl spontan zu, wenn ich behaupte, dass sich der Antrieb zu einer solchen Bedürfnisbefriedigung selten unterdrücken lässt. Häufig geht der Paarung auch keine Planung voraus. Das Verlangen nach Ekstase macht uns zuweilen sprichwörtlich blind.

Dazu ein interessantes wissenschaftliches Experiment: Männlichen Testpersonen wurden Fotografien von Frauen gezeigt, von denen sie die ihrer Ansicht nach attraktivsten auswählen sollten. Verschwiegen wurde ihnen jedoch, dass die Hälfte der Aufnahmen so manipuliert war, dass die Pupillen größer erschienen. Warum? Wir sind uns dessen nicht bewusst, aber geweitete Pupillen sind Anzeichen sexueller Erregung. Als die Männer die für sie attraktivsten Frauen bestimmten, handelte es sich fast ausschließlich um jene, deren Pupillen erweitert waren. Ihr Unterbewusstsein hatte das Hormon Testosteron aktiviert und die Wahl bestimmt. Wichtig ist in diesem Zusammenhang: Unsere Erwartungen üben einen Einfluss darauf aus, was wir sehen. Dabei handelt es sich nicht notwendigerweise um bewusste oder bewusst gemachte Erwartungen. Hätte die Frage gelautet, welche Frau den intelligentesten Eindruck macht, wäre das Ergebnis jedenfalls anders ausgefallen.

Das mysteriöse Belohnungssystem ist Fluch und Segen zugleich und übt eine ungeheure Kraft aus, verantwortlich für die schönsten Momente des Lebens, aber auch für Katastrophen. Die fundamentalen angeborenen Triebe, die nach Befriedigung, besser wohl nach Belohnung verlangen, sind in unsere neuronalen Schaltkreise so eingebrannt, dass man zu ihnen keinen Zugang hat. Das betrifft übrigens nicht nur den Trieb, der Lust verspricht. Wir müssen auch die Nahrungsaufnahme als sich lohnend empfinden, um dem evolutionären Auftrag – Überleben und Fortpflanzung – entsprechen zu können. Die Maslowsche Bedürfnispyramide veranschaulicht dies.

Das hierdurch bewirkte Wohlgefühl beschreibt der Neurowissenschaftler sinngemäß so: Es werden neurale Signale in einer kleinen Gruppe miteinander verbundenen Hirnregionen ausgelöst, und zwar im Belohnungssystem, das sich im medialen Vorderhirn befindet.

Wenn von Trieben, von triebhaftem Verhalten, die Rede ist, geht es bei Strafgerichtsprozessen ebenso wie in partnerschaftlichen Konflikten meistens um den Sexualtrieb. Schwere Sexualdelikte wie beispielsweise Vergewaltigungen möchte ich hier aussparen. Soweit es um sexuelle Eskapaden geht, die zu Konflikten zwischen Lebenspartnern führen können, handelt es sich um »Seitensprünge«. Es ist ein alltägliches Phänomen, dessen Bedeutung als »Unglück« für die partnerschaftliche Beziehung überschätzt wird, das sich jedoch für Schuldzuweisungen und teils drastische Konsequenzen zu eignen scheint. Scheidungsanwälte, Mediatoren und Psychiater sind die besten Zeitzeugen solcher Dramen.

Wir sollten mit diesem Phänomen aber gelassener umgehen. Warum? Laut Dieter Lukas, Universität Camebridge, leben 3 Prozent aller Säugetiere auf diesem Planeten monogam, bei den Primaten sind es mutmaßlich 14 Prozent. Der US-Ethnologe George Peter Murdock geht davon aus, dass lediglich 17 Prozent der 565 Ethnien monogam lebt. Evolutionspsychologen machen für die hierzulande verherrlichte Ehe und die Suche nach einem lebenslang treuen Partner ein lustfeindliches Christentum verantwortlich. Stimmt das? Die postmoderne Beziehungskultur, das von der gepredigten Treue zunehmend abweichende Verhalten der einst Liebenden, scheint ihnen recht zu geben. Der gelegentliche Sex mit unterschiedlichen Partnern ist in westlichen Ländern gesellschaftlich akzeptiert, wird offen kommuniziert und auf zahlreichen Internetseiten wie Waschmittel oder Hundefutter beworben. Ursachen für diese »Befreiungsbewegung« gibt es einige: die »Pille davor«, die »Pille danach«, Kondome, Viagra, Cialis und neuerdings auch die »Lustpille« für die Frau. Für eine sich ändernde Moral sind auch andere Umstände verantwortlich, und zwar solche, die Evolutionsbiologen mit Unterstützung aus anderen Wissenschaftsdisziplinen erklären können, zum Beispiel der Paläoanthropologie. Sie befasst sich mit der Entstehung spezifischer Merkmale des Menschen, also mit seiner Stammesgeschichte. Paläoanthropologen glauben nämlich zu wissen, dass beides, sowohl die Tendenz zur Monogamie als auch zu gelegentlichen Seitensprüngen, in den Genen verankert ist. Anthropologen und Sozialpsychologen zufolge hat sich die Paarbildung als zumindest vorübergehende Monogamie als segensreich für die – auch kognitive – Entwicklung des Homo sapiens erwiesen. Sie, so die Forscher, reduziert die promisken Triebe des Mannes, der sich aufgrund des gezügelten Triebverhaltens effizienter um seine eigentliche Aufgabe kümmern konnte: die Jagd, später Ackerbau und Viehzucht, also die Sicherung des Lebensunterhalts für den Nachwuchs.

Trotz der in anderen Kulturkreisen praktizierten Polygamie halten Forscher an der in der Überschrift formulierten These fest, weil selbst in denjenigen Ländern, wo der Staat und die Religion die Polygamie erlauben, nur fünf bis zehn Prozent der Männer tatsächlich mit mehreren Frauen zusammenleben. Der Psychologe Lars Penke von der Universität in Göttingen meint dazu: »Männer haben tendenziell ein evolutionär tief sitzendes Bedürfnis nach wechselnden Sexualpartnern [...]. Es gibt überhaupt keine klaren Glückseffekte bestimmter Beziehungsformen« (Süddeutsche Zeitung. 09.05.2015). Jeder müsse für sich entscheiden, welche Art von Beziehung ihm am ehesten liegt: die monogame, die offene, die polyamore oder sogenanntes Fremdgehen. Und der Psychologe Dirk Revenstorf von der Universität in Tübingen ist der Ansicht: »Auch unverbindlicher Sex ist eine Quelle der Energie und Lebensfreude für Mann und Frau« (Dirk Revenstorf: Liebe und Sex in Zeiten der Untreue. München 2015). Daher plädiert er für mehr Toleranz: »Es ist dumm, sich wegen einer kurzen Affäre in verständnisloser Entrüstung zu trennen.«

Wenn der stammesgeschichtliche Ursprung für monogame Partnerbeziehungen darauf zurückzuführen ist, dass der Mann jagen und (später) Vieh züchten musste, um die Ernährung der Nachkommen zu sichern, und wenn aus diesem Grund ein gedämpftes Triebverhalten quasi »naturbedingt« war, und wenn unverbindlicher Sex eine Quelle der Lebensfreude ist, dann erklärt sich die Abkehr von dem vermeintlichen Ideal der lebenslänglichen sexuellen Treue mit den seither dramatisch veränderten gesellschaftlichen Lebensbedingungen, jedenfalls hierzulande. Das »Heimchen am Herd« gehört als Lebensentwurf überwiegend der Vergangenheit an. Und da es keines Jägers oder Viehzüchters mit muskulösem Körperbau bedarf, um die Familie zu ernähren, fehlt es an einer Begründung dafür, dass Männern für Casual Sex mehr Toleranz entgegengebracht werden soll als den Frauen. Jenen Evolutionsbiologen, die den männlichen Seitensprung mit dem (exklusiven) triebhaften Drang nach Fortpflanzung entschuldigen wollen, muss entgegengehalten werden, dass sich sogar die vermeintlich streng monogam lebenden Weibchen der Gattung der Sperlingsvögel (oder auch die der Blaumeisen) von anderen Männchen als dem eigenen Partner haben befruchten lassen. Solche tierischen Seitensprünge lassen sich evolutionsbiologisch begründen: Die Weibchen wollten vorsichtshalber bei hochwertigen Männchen »shoppen« gehen, um die Überlebenschancen der Nachkommen zu erhöhen. Ähnliches gilt auch für manche weiblichen Primaten, denen man lange Zeit eine lebenslängliche Treue unterstellt hatte (zum Beispiel den Weißhandgibbons).

Nein, kein einziges Forschungsergebnis belegt die Theorie von der naturgegebenen, lebenslänglichen, sexuellen Treue, für keines von beiden Geschlechtern. Alle Forscher sind sich jedoch in folgender Analyse in Bezug auf den Homo sapiens einig: Die Verliebtheit, welches das Triebverhalten in Richtung des Partners dirigiert, lässt nach vier bis fünf Jahren Beziehung nach, dann beginnt der »Tanz der Hormone« aufs Neue, und zwar häufig in eine andere Richtung als in die des Partners.

Die Frage nach der Schuld oder dem Schuldigen in Sachen partnerschaftlicher Untreue führte mich zu folgendem Ergebnis: In zahlreichen Scheidungsverfahren ist vor allem der Seitensprung der Grund dafür, die Ehe endgültig aufzugeben. Aber: Nicht wenige verstehen einige Zeit nach der Verarbeitung der psychischen Verletzungen, dass andere Qualitäten des ehemaligen Partners es gerechtfertigt hätten, den triebgesteuerten Fehltritt zu verzeihen. Mit anderen Worten: Gelegentlich hilft ein Blick auf die Biologie, die Schuld des anderen so zu relativieren, dass eine ansonsten glückliche oder zumindest zufriedenstellende Lebenslinie gemeinsam fortgesetzt werden kann. Diese Fortsetzung muss nicht zugleich ein »Freispruch« für die Verletzung der partnerschaftlichen Gefühle und Versprechungen bedeuten, aber doch vielleicht so etwas wie eine Verzeihung aufgrund reduzierter Schuldfähigkeit.

Übrigens, die Psychologin und Paartherapeutin Beate Ditzen aus Heidelberg hält laut »Die Zeit« noch einen konstruktiven Vorschlag bereit, um intime Beziehungen zwischen Partnern zu stabilisieren: Eine Dosis des Hormons Oxytocin, verabreicht per

Nasenspray. Unter dem Einfluss des Hormons, so Ditzen, diskutieren die Partner häufig konstruktiver, sie sehen einander häufiger in die Augen, zeigen ihre Gefühle offener, mauern kaum, und unterbrechen einander seltener (Zeit Online: 23.12.2008: www.zeit.de/2009/01/CH-Oxytocin). Als Spray unter der Bezeichnung »Liquid Trust« wird Oxytocin im Internet vertrieben. Das ist ausdrücklich keine Empfehlung, nur ein Hinweis für Neugierige.

Die Rechtsprechung hat die eheliche Untreue im Jahr 1977 als Vorwurf eines schuldhaften Verhaltens, das eine Scheidung rechtfertigt, erfreulicherweise abgeschafft. Allein die katholische Kirche tut sich schwer mit einem vergleichbaren Schritt und belastet Gläubige bei einem sexuellen »Fehltritt«, zu dem weiterhin auch die Masturbation zählt, mit Schuldgefühlen. Wie wenig ihr dieses Recht zusteht, folgt ausführlich im folgenden Kapitel.

IST RELIGION DAS OPIUM DES VOLKES?

Das Bedürfnis nach Orientierung befähigt viele Menschen, an Gott zu glauben. Dafür ist ein Bewusstsein verantwortlich, das ständig auf der Suche nach Ursachen ist, auch im metaphysischen Bereich. »Religion ist das Opium des Volkes«, so Karl Marx, der mit diesem mittlerweile geflügelten Wort die Religionskritik von Heinrich Heine aufgriff und zuspitzte. Sofern damit die amtskirchliche Bibelauslegung und Kultpraxis sowie – in unseren Breitengraden – christliche Gebote von Gehorsam, Moral und dergleichen gemeint ist, kann man dem obiter dictum, je nach Weltanschauung, eine gewisse Berechtigung nicht absprechen. Erinnert sei, als eines von vielen Beispielen in diesem Zusammenhang, an das Verbot der katholischen Kirche zu verhüten. Sogar der Dalai Lama äußert zuweilen Bedenken und Kritik an der amtskirchlichen »Verwaltung« von Religion: »Ich denke an manchen Tagen, dass es besser wäre, wenn wir gar keine Religion mehr hätten« (Welt Online: 03.07.2015: http://bit.ly/welt-DalaiLama).

Dennoch, es wäre ein Zeichen für Ignoranz und Intoleranz, wollte man mit diesem philosophischen obiter dictum den Glauben oder die Überzeugung des Individuums an metaphysische Ursachen und Zusammenhänge schlechthin diskreditieren. Der Glaube an einen Gott oder an mehrere Gottheiten sei, so meinen Wissenschaftler aller Couleur, so alt, wie der Mensch über ein Bewusstsein verfüge, über die kognitive Fähigkeit, Ursache und Wirkung erklären zu können. Das belegen beispielsweise Grabbeigaben, die sich sowohl beim Homo sapiens als auch beim Neandertaler (120.000 Jahre v. Chr.) oder sogar noch später nachweisen ließen– Höhlenmalereien und zahlreiche Artefakte aus »grauer« Vorzeit.

Nein, Religion ist per se kein Narkotikum. Intellektuelle, ja zahlreiche Wissenschaftler, die sich unterschiedlichsten Glaubensrichtungen verbunden fühlen und nicht im Verdacht der Unmündigkeit stehen, belegen, dass es bei Glaubensfragen nicht auf einen geschulten Erkenntnisapparat ankommt.

Martin A. Nowak, Professor für Evolutionsbiologie in Harvard und bekennender Christ, gehört beispielsweise zu jenen Wissenschaftlern, die keinen Widerspruch zwischen der Naturwissenschaft und der christlichen Weltanschauung sehen (Zeit Online: Andreas Lebert, Christian Schwägerl (08.12.2015): http://bit.ly/zeit-Gott). Aber er meint auch: »Man kann sagen, die Menschen sind oft von organisierten Religionen unterdrückt worden. Die Religion wird dann als Machtmittel missbraucht. Das ist ein Fehlverhalten. Man muss unterscheiden zwischen der Suche nach der Wahrheit an sich und dem, was Menschen daraus machen« (ebenda).

In keinem Bereich des täglichen Lebens erfolgt die Diskussion über Schuld und Gerechtigkeit so heftig und kontrovers wie im Bereich des religiösen Glaubens. Und nirgendwo sonst ist diese Diskussion von solch eklatant existenzieller Bedeutung für das Zusammenleben. Wenn es hierfür noch eines Beweises bedarf, dann sei an die Christenverfolgung, an die Kreuzzüge oder an die derzeitigen blutigen Auseinandersetzungen in der muslimischen Welt erinnert. So gesehen könnten Marx und Heine recht haben. Fundamentale Glaubensüberzeugungen besitzen das Potenzial, zwischenmenschliches und zwischenstaatliches Zusammenleben zu vergiften.

Es erscheint mir legitim, das Bedürfnis, die metaphysische Wahrheit und die daraus resultierende Überzeugung finden zu müssen, als eine mögliche weitere Fehlerquelle zu benennen. Als Fehlerquelle, die eine Entscheidungsfreiheit bei zahlreichen Äußerungen und Handlungen reduziert, limitiert oder vielleicht sogar ausschließt.

Was macht uns Primaten, ausgestattet mit einem kognitiven Erkenntnisapparat, eigentlich zu Gläubigen der einen oder anderen Religion? Und welche Berechtigung können die diversen, Hüter der Religionen beanspruchen, Gehorsam zu verlangen und uns mit Schuldvorwürfen zu belegen, wenn wir versagen oder uns verweigern? Warum glauben wir überhaupt an einen Gott?

Seit der Mensch ein Bewusstsein hat, verlangt er nach Orientierung: Woher komme ich? Wo geht die Reise hin? Auch dieses Verlangen will und muss er befriedigen, da er die Ungewissheit als unerträglich empfindet. Und dieses Verlangen beeinflusst ebenfalls sein Denken und Verhalten, insbesondere in Glaubensfragen.

Der genetische Code, das mit der Zeugung installierte Programm, enthält wie beschrieben »Regieanweisungen«, die intuitives Denken und Reaktionen lenken. Außerdem spielen weitere Erbinformationen eine Rolle: solche, die bereits pränatal, also während des Verlaufs der Schwangerschaft, und solche, die danach abgespeichert wurden, insbesondere in den ersten drei Lebensjahren. Dabei handelt es sich um Vorgänge, Eindrücke, die unbewusst wahrgenommen und im Unterbewusstsein gespeichert wurden. Diese Speicherung von Eindrücken, Erfahrungen und Erlebnissen hält ein Leben lang an. Wie der genetische Code und die lebenslang anhaltende Speicherung das Verhalten jedes Einzelnen bestimmen, welchen Einfluss diese Faktoren auf ein normgerechtes, moralisch gutes oder abnormal schlechtes Verhalten haben, belegen zahlreiche wissenschaftliche Tests. Die Ergebnisse legen zunächst nahe, dass es nicht weit her ist mit der von der biblischen Schöpfungsgeschichte postulierten Behauptung, der Mensch sei die »Krone der Schöpfung« und die »einzige von Gott um ihrer selbst willen gewollte Kreatur« (Gaudium et Spes 24.3). Die DNA-Sequenzierung belegt beispielsweise, dass 98 Prozent der Basenpaare von Mensch und Schimpanse übereinstimmen. Vielleicht eine Erklärung dafür, dass auch Schimpansen lügen und betrügen können. Zugegeben, der Mensch ist das klügere Tier. Aber er kann auch nur das erkennen, was sein – im Konkurrenzkampf der Evolution entstandener – Erkenntnisapparat ihm an Erkenntnisfähigkeit zur Verfügung stellt. Das ist zwar viel, aber nicht »alles«. Und dennoch, was wir mit unseren Sinnesorganen nicht ertasten, fühlen, sehen, hören, schmecken oder riechen können, wird gleichwohl gedeutet und erklärt. Die Rede ist vom Glauben an das Unsichtbare, an das, was sich unserem Erkenntnisapparat verschließt. Die Antwort auf metaphysische Fragen.

Als (vermeintliche) Krone der Schöpfung maßen wir uns an, alle Geheimnisse unserer Existenz und vor allem jene des (Weiter-) Lebens nach dem Tod zu kennen. Warum nur? Wir glauben, weil wir glauben wollen. Weil uns der Glaube eine Orientierung gibt. Wir benötigen sie, da uns das Leben ansonsten sinnlos erscheint. So jedenfalls die Erkenntnis von Maslow. Ist jedoch der Drang nach Gewissheit, nach Orientierung, nach einer Kontrolle des Handelns so groß, und ist das dadurch bedingte Glaubensverlangen so stark, dass die Ratio vorübergehend unterliegt? Welche Bedeutung hat das Bedürfnis nach einer eigenständigen Kontrolle unseres Handelns, nach Selbstverwirklichung? Neigen wir generell dazu, dem Glaubensverlangen eine höhere Priorität einzuräumen als der Vernunft, der Verstandeskraft? Wenn ja, was treibt uns dazu?

Psychologen, Anthropologen und Religionsphilosophen halten zunächst eine evolutionsbiologische Erklärung bereit: Um im

Überlebenskampf zwischen den Arten, zu siegen war es nützlich, Gefahren rechtzeitig zu erkennen und ihnen zu entkommen, wozu jede Spezies fähig war. Insbesondere der »menschwerdende« Primat hat dabei unter anderem die Fähigkeit entwickelt, die eigentliche Ursache der Gefahr zu erkennen und zu analysieren. Das war notwendig, um Gefahren vorauszuahnen. Dieses Talent, die Ursachenforschung, entwickelte sich zu einer zwanghaften Neigung, für jedes zunächst unerklärliche Phänomen eine Ursache finden zu wollen, ja zu müssen. Sie verschaffte dem Menschen mehr Sicherheit und Orientierung. Und die weiterreichende Konsequenz?

Nichts beschäftigt den Menschen mehr als die Suche nach der metaphysischen Wahrheit: Gibt es ein Leben nach dem Tod? Was darf, muss, kann ich glauben? Fehlende Antworten erzeugen ein seelisches Vakuum, eine von vielen als unerträglich empfundene Ungewissheit über die Bedeutung der individuellen Lebenszeit. Folgen der Ungewissheit können sogar Depressionen, Apathie und im Extremfall sogar Suizid sein. Die empfundene Sinnlosigkeit beraubt so manches Individuum der Möglichkeit, das eigene Leben zu kontrollieren. Der Kontrollverlust wiederum verträgt sich nicht mit einer evolutionsbiologischen Gesetzesmäßigkeit, einem allmächtigen menschlichen Urprinzip: Der Gier nach Leben. Dieser Zwiespalt aus metaphysischer Ungewissheit einerseits und Überlebenstrieb andererseits hat uns (im Unterschied zu anderen Lebewesen) das menschliche Bewusstsein beschert. Es ist für ein unbändiges Glaubensverlangen verantwortlich, ebenso für unser Bedürfnis, dem Leben einen Sinn zu geben und unbedingt glauben zu wollen – auch das, was sich unserer Verstandeskraft entzieht.

Wir beantworten die Frage nach dem Sinn des Lebens, wir lernen, die Antwort zu glauben und zu verinnerlichen. So schaffen wir uns ein Wertefundament, das uns eine Ordnung gibt und eine Orientierung ermöglicht. Dank eines eigenen individuellen Wertegefüges gelingt es uns, Bewältigungsstrategien zu entwickeln, die uns helfen, die Kontrolle über diese Ordnung, eine kontrollierte Orientierung, die Kontrolle auf dem Weg der Verwirklichung unseres selbst gewählten Lebensentwurfs nicht zu verlieren. Die Orientierung auf dem Weg zur Selbstverwirklichung ermöglicht uns jedoch nicht nur den religiösen Glauben. Der Drang nach Orientierung im alltäglichen Leben ist dem Bedürfnis geschuldet, unsere Identität, das Bild, das wir von uns selbst haben, zu schützen und zu bewahren. Dazu gehört auch eine äußere Wirklichkeit, beispielsweise eine familiäre Struktur, die Position in der Gesellschaft, in der Arbeitswelt, ja sogar die Mitgliedschaft in einem Fußballverein. Das ist eine von vielen Erklärungen für eine bis zur Gewaltbereitschaft neigende Fankultur.

Wenn diese Orientierungsmöglichkeit berührt wird, wenn der Verlust von Kontrolle droht oder bereits eingetreten ist, muss eine Bewältigungsstrategie helfen, den ursprünglichen Zustand zu erhalten oder wiederherzustellen. Denn der Kontrollverlust und die fehlende Orientierungsmöglichkeit verursachen eine als unerträglich empfundene, quälende Spannung, die nach raschem Abbau, nach Klarheit und Klärung verlangt. Dieses Bedürfnis ist so stark, dass wir lieber eine negative Nachricht in Kauf nehmen als den Status der weiteren Ungewissheit.

Eltern vermisster Kinder sind die traurigsten Zeitzeugen für diese These.

Im Jahr 1994 habe ich solche Eltern betreut, ihre Ängste und Schmerzen gespürt. Bekannt wurde der mit ihnen verbundene Vorfall als das »Busunglück von Trudering«. Bei den Bauarbeiten an der U-Bahn-Linie 2 in München kam es zu einem Wassereinbruch. Um 18.46 Uhr am 20. September 1994 öffnete sich die Erde, die Fahrbahndecke brach ein und ein Bus stürzte mit dem Heck voran in das plötzlich entstandene Loch. Der nachrutschende Kies begrub einen Bauarbeiter und zwei von den Fahrgästen. Ein Fahrgast, der sich zum Zeitpunkt des Unglücks im hinteren Teil des Busses befunden hatte, konnte zunächst nicht geborgen werden. Seine Eltern warteten am nächsten Tag vergeblich auf ihn, und als sich der Verdacht verdichtete, dass es sich bei diesem Fahrgast möglicherweise um ihren Sohn handelte, hatten sie nur ein Ziel: Gewissheit zu finden. Die Hoffnung, der Sohn könne noch leben, veranlasste sie, alles nur Mögliche zu unternehmen, um sich der quälenden Ungewissheit zu entledigen. Die Stadt verweigerte eine zeitnahe Bergung mit dem Argument weiterer Risiken. Es sollten zunächst Stützen eingebaut werden, was auf einen äußerst langen Zeitraum der Bergungsmöglichkeit hinauslief. Im Auftrag der Eltern beantragte ich eine Einstweilige Verfügung beim Landgericht München, jedoch ergebnislos. Sein Leichnam wurde erst nach acht Monaten geborgen. Anlässlich dieses Falls hatte ich die Gelegenheit, bei einer Sendung von »Spiegel TV« andere Personen kennenzulernen, die von einem ähnlichen Schicksal betroffen waren. Sie alle bestätigten, was meine Mandanten, die Eltern des Opfers, quälend erlebten: Schlimmer als die Nachricht und die Gewissheit vom Ableben eines geliebten Menschen ist die Ungewissheit über dessen Schicksal und die Unmöglichkeit, Abschied zu nehmen. Dieser Gemütszustand verursacht eine Orientierungslosigkeit, einen Kontrollverlust über das eigene Leben, und zwingt zu oftmals verzweifelten Handlungen, zu einem unerschütterlichen Glauben, zu einem unbedingten Glaubensverlangen.

Wir glauben nicht an unsere Kenntnisse, weil sie wahr, begründet oder bewiesen sind. Bis zu einem gewissen Grad verhält es sich umgekehrt: Wir empfinden unsere Kenntnisse als wahr, weil wir an sie glauben, weil wir an sie glauben wollen. Diese Erkenntnis ist übrigens die Wurzel aller Verschwörungstheorien.

Aber ist es angesichts dieser Erkenntnis nicht fragwürdig, unserem Leben einen Sinn geben zu wollen? Ist es nicht anmaßend, etwas als Wahrheit zu postulieren, als eine »Erkenntnis« unseres Gehirns, wenn uns eine solche Erkenntnis gar nicht möglich ist? Letztendlich ist das nichts anderes als dieses: Ein System soll sich selbst verstehen. Das ist wenig überzeugend, denn ein Gehirn kann nicht gleichzeitig sowohl Subjekt als auch Objekt einer Untersuchung sein.

SIND WIR WIRKLICH DIE »KRONE DER SCHÖPFUNG«?

Es drängt sich auf, die eigentliche Herkunft des Homo sapiens zu beleuchten, um seine Fähigkeit zu prüfen, den Sinn seiner Existenz zu erkennen.

Wir sind relativ sprachlos, wenn uns Astrophysiker erzählen, dass ein Urknall vor 13 Milliarden Jahren für ein sich ständig ausdehnendes Universum gesorgt hat, mit Milliarden von Galaxien, in denen sich unser Sonnensystem (geschätztes Alter 4,5 Milliarden Jahre) wie ein Fleck in der Milchstraße ausnimmt. Genauso wenig können wir nachvollziehen, dass diese unsere Sonne in mutmaßlich 5 Milliarden Jahren verglühen wird. Stephen Hawking, wohl der Genialste dieser Zunft, beziffert die Zahl der Galaxien mit 100 Milliarden. Leider kann ich nicht einmal ansatzweise begreifen, wie so etwas berechnet wird oder beurteilen, ob er sich um ein paar Milliarden verrechnet hat. In einem sind sich die Astrophysiker landauf landab einigermaßen einig. Organische Elemente, Ursprung allen Lebens auf unserem Planeten, erreichten unseren Himmelskörper vor Milliarden Jahren per Asteroid. Von diesen Trümmerstücken schweben gegenwärtig circa 20.000 in unserem Sonnensystem. Einer dieser herrenlosen Steinbrocken löschte bei seinem Einschlag vor 65 Millionen Jahren die damals unseren Planeten dominierenden Saurier aus. Sollten wir uns nicht bereits vorher mittels der Kraft von Atombomben selbst ausrotten, und sollte uns der Ausbruch einer der 23 Supervulkane erspart bleiben, die derzeit schlummern, dann sind die Chancen relativ groß, dass irgendeine der nachfolgenden Generationen die letzte der Gattung Homo sapiens sein wird, da ein erneuter Einschlag eines Asteroiden nach Einschätzung der Wissenschaftler noch wahrscheinlicher ist als das gegenwärtige Amen in der Kirche. Allerdings wohl erst in circa 35 Millionen Jahren, denn eine solche Heimsuchung, so die heutigen Experten, passiert nur alle 100 Millionen Jahre.

Soweit die Erkenntnisse, teilweise sicher auch Spekulationen der Astrophysiker. Begleiten Sie mich nun auf einen Ausflug in die Zeit vor 2 Milliarden Jahren.

Unsere Vergangenheit hatte einen lange Zeit gänzlich unbekannten Stammbaum: Bakterien, Archaea (Urbakterien) und Eukaryoten (Zellorganellen). Aus diesen ersten Lebensformen entstanden komplexe Organismen, die sich letztendlich zu uns Menschen entwickelt haben. Im Jahr 2015 entdeckten Forscher auf dem Grund des Atlantischen Ozeans in rund 3000 Metern Tiefe Spuren eines einzelligen Lebewesens, das seine Existenz eben diesem Stammbaum verdankt: ein Urbakterium, das aber schon Eigenschaften echter Zellen entwickelt hat, sozusagen ein Vorfahre der menschlichen Spezies. Das entzifferte Erbgut dieses Urbakteriums, das den Namen Lokiarcheota erhielt, bewies, dass es über Gene verfügt, die den Weg zu komplexen Lebewesen ermöglicht haben. Die Forschungsergebnisse erklären, welchen Weg das Leben vor mehr als 2 Milliarden Jahren eingeschlagen hat. Ohne diese primitive Form von Leben gäbe es den Menschen nicht. Es ist dieses wohl das erste (bekannte) Kapitel in der Geschichte der Evolution.

Ungefähr zeitgleich, also vor rund 1,5 bis 2 Milliarden Jahren bescherte uns das Sonnenlicht – in Kooperation mit Mikroben – die Fotosynthese und ermöglichte damit die Bildung von Sauerstoff, zunächst in den Ozeanen, dann in der Atmosphäre. Damit war die Voraussetzung für alles heutige Leben geschaffen. Ohne Sauerstoff gäbe es keine Ozonschicht und keine Entwicklung, die wir ohne die Unterstützung der mikrobiellen Vorfahren unserer Spezies erlebt hätten. Diese Mikroben sind heute so unentbehrlich wie damals. In Form von Bakterien, Viren und Pilzen gehören sie zur Existenz des menschlichen Körpers, ohne sie fehlen ihm lebensnotwendige Vitamine.

Das also ist der Ursprung des Menschen, der vor rund 800 Millionen Jahren ein weiteres Etappenziel in der Evolution erreichte: die Entstehung komplexer Zellen, eine Voraussetzung, ohne welche die Geburt von Säugetieren (wesentlich später) nicht möglich gewesen wäre. Es erscheint angebracht, auf diese Vergangenheit zu schauen, wenn es um den Glauben geht, dass unsere Spezies den

Sinn des Lebens erklären kann. Das höchst unvollkommene Wesen Mensch, dessen Entscheidungen und Handlungen nicht unerheblich (unbewusst) fremdgesteuert – jedenfalls nicht maßgeblich autonom – sind, glaubt, den Sinn seiner Existenz zu kennen. Und gelegentlich war und ist seine Überzeugung so fundamental, dass er bereit ist, für diese Überzeugung andere oder sich selbst zu töten. Auch solche »Überzeugungstaten« fallen möglicherweise in die Kategorie »nicht schuldig«, zumindest in der naturalistischen Hirnforschungslehre. Dazu mehr im Kapitel über die Hirnforschung.

Die eigene Biografie, Vorurteile, Stereotypen und Meinungen, die das unmittelbare Umfeld geprägt haben, leiten diese »Überzeugungstäter« in ihrem Glaubensverlangen. Es handelt sich um äußere Faktoren, die uns ohne Gelegenheit zur Reflexion wie ein Mantel übergezogen wurden. Fakt ist wohl, dass die Mehrheit der Menschen an ein Leben nach dem Tod glaubt, hierzulande jedenfalls 50 Prozent aller Deutschen, 70 Prozent der Protestanten, 78 Prozent der Katholiken, 14 Prozent der Konfessionslosen, 69 Prozent anderer Religionen. Andere halten diese Vorstellung kategorisch für eine Illusion. Die Zahl der Agnostiker wächst beachtlich, glauben können sie nur, was sich dem Erkenntnisapparat erschließt. Allerdings gibt es zahlreiche Phänomene, die wir mit unseren Sinnen wahrnehmen, jedoch nicht erklären können. Deshalb erscheint es mir überheblich, auf jeden Fall intolerant, Hypothesen (und damit auch einen Glauben) zurückzuweisen, die zwar spekulativ erscheinen, dennoch nicht widerlegt werden können. Daher wäre es intellektuell unredlich, das Fortbestehen einer wie auch immer gearteten Energie, die Teil unseres Lebens ist, auszuschließen, wenn der Körper das Zeitliche gesegnet hat.

Aber wenn wir schon meinen, in unseren (menschlichen) Kategorien von Ursache und Wirkung denken und räsonieren zu dürfen, dann muss die Frage erlaubt sein, warum »unser« Gott (oder Allah) sich die Mühe gemacht hat, die Krone der Schöpfung auf einem so langwierigen, komplizierten Weg zu erschaffen? Vom

Urknall über den Einschlag von Asteroiden, die langsame Entwicklung von anfangs Eukaryoten bis hin zum Homo sapiens? Das ist wohl eine legitime, jedenfalls sich aufdrängende Frage, die einer von Glaubensanhängern aller Religionen gepredigten Logik folgt. Der gestrenge Philosoph Ludwig Wittgenstein hat es einmal so formuliert:»Worüber man nicht sprechen kann, darüber muss man schweigen.« Was nicht bewiesen werden kann, sollte nicht Gegenstand von Spekulationen – oder gar Glaubensüberzeugungen – sein.

Vertreter der monotheistischen Religionen (bei den Christen die der Kirchen) predigen den Glauben an ein »Weiterleben« nach dem Tod, an einen Gott, der all dieses so will und geplant hat, der streng und gütig zugleich ist. Und diese Vertreter bemühen unter anderem die Größe ihrer Gefolgschaft (zwei Milliarden Christen) als Argument dafür, dass nur diesem und keinem anderen Gott zu glauben ist, und – darauf kommt es mir im Kontext dieses Kapitels an –, dass jeder seinen Geboten zu gehorchen hat. Es handelt sich jedoch um eine trügerische Logik. Und, wer sich den religiösen Geboten verweigert, so die irdischen Vertreter der jeweiligen Religion, macht sich schuldig! Abgesehen davon, dass die Ideale des Humanismus nicht nur nahezu deckungsgleich sind und einige Zeit vor Jesus »geboren« wurden, ist ein Blick in Geschichtsbücher ratsam, um das Argument von der Größe der religiösen Gefolgschaft als Beleg für die »Richtigkeit« dieses Glaubens zumindest zu hinterfragen. Warum? Es ist letztendlich ausgerechnet einem Aberglauben zu verdanken, dass christliche Glaubensüberzeugungen ab dem 4. Jahrhundert einen weltweiten Siegeszug antreten konnten und heute von einem Drittel der Weltbevölkerung vertreten werden. Kaiser Konstantin, bis zum Jahr 310 noch ein Anbeter des Kriegsgottes Mars und des Sonnengottes Sol Invictus, zeigte auf einem Feldzug im Jahr 311 statt des üblichen römischen Legionsadlers das Christusmonogramm auf den Schildern seiner Soldaten. Warum er diese Änderung veranlasste, ist Gegenstand von Spekulationen. Bekannt hingegen ist, dass Konstantin diesen Feldzug gewann und den Sieg dem Gott der Christen zurechnete, eben weil er mit deren Monogramm in den Krieg gezogen war. Sein Aberglaube sollte weitreichenden Folgen für die Menschheit haben: Das Römische Reich erhielt einen einheitlichen ideologischen Überbau. Die bis dahin brutal verfolgten Christen durften ihren Glauben, ihre Religion in weiterer Folge als eine Art Staatsreligion leben. Es entstand das »Heilige Römische Reich«. Konstantin betrachtete sich als von Gott auserwählten Herrscher. Sein »Heilsauftrag«, den er glaubte von Gott erhalten zu haben, lautete: Förderung und Verbreitung des Christentums. Es folgte eine nutzbringende Symbiose von Staat und Kirche. Ein Fundament für eine exponentielle Verbreitung des Christentums, vor allem aber ein »Segen« für weltliche Vertreter, für deren Macht und Einfluss – bis heute.

Der Publizist und Philosoph Richard David Precht nannte in einem Interview mit der »Münchner Abendzeitung« noch eine andere Erklärung für den Erfolg des Christentums: »Das Christentum entwickelte den personellen Gottesbezug, das hat die Menschen extrem angesprochen. Und man durfte alle töten, die nicht an Gott glaubten. Bei den Juden war das anders. Es gab ja andere Götter neben Jahwe, die waren aber schwächer. Im Christentum gibt es nur den einen Gott, und wer nicht an den glaubt, der hat sein Leben verwirkt. Die Radikalität der Frühchristen findet man heute wieder bei denen, die sich für den IS rekrutieren lassen. Glücklicherweise hat sich das Christentum weiterentwickelt« (Abendzeitung Online: 28.12.2015: http://bit.ly/Abendzeitung-Precht).

Naturwissenschaftlich lässt sich die Existenz eines Gottes nicht begründen beziehungsweise beweisen. Wenn jedoch diese Prämisse fragwürdig ist, dann sind es wohl auch die daraus abgeleiteten Vorschriften. Fehlt jenen Geboten ein verlässliches Fundament, muss die Frage erlaubt sein, mit welcher (glaubwürdigen) Autorität, Kirchen und andere religiöse Institutionen meinen, urteilen und richten zu dürfen.

Um Gläubige zu disziplinieren, haben Religionsführer unterschiedlichste Vorschriften beziehungsweise Gebote und Verbote postuliert. Für Muslime beispielsweise ist die voreheliche Liebe ebenso wie der noch verwerflichere Ehebruch »Haram« streng verboten, was auch für den Genuss von Alkohol und Drogen oder das Ablegen eines falschen Zeugnisses gegen Muslime gilt. Der Prophet Mohammed ließ aber auch Reue und Buße als »Schlupfloch« zu. Im Buddhismus gibt es die Vorstellung, dass ein Mensch, der das ihm zugedachte Leben schlecht ausfüllt, auch in einer schlechteren Seinsform wiedergeboren wird, beispielsweise als Ameise. Der Hinduismus kennt zwar keinen strafenden Gott, allerdings die Vorgabe, gottgeweihtes Handeln führe zur Befreiung aus dem ewigen Kreislauf der Wiedergeburten. Das Ziel eines Hindus besteht darin, nicht immer wiedergeboren zu werden. Dessen ungeachtet besteht die Drohung, derjenige werde bucklig, der eine Kuh tötet. Die Juden kennen zwei Arten von religiösen Regeln: die rituellen und die ethischen. Die Vorstellung von einem Jenseits, in dem Gott mit einer Bestrafung wartet, wenn Regeln nicht eingehalten werden, ist ihnen aber fremd. Stattdessen sind die Gläubigen aufgefordert, einmal im Jahr, am »Tag der Versöhnung« (Jom Kippur) ihre Fehltritte zu bekennen, jedoch nicht etwa in einer Beichte gegenüber einem Rabbiner, sondern mit Gesten der Verzeihung und Wiedergutmachung direkt gegenüber denjenigen Menschen, denen sie Unrecht getan haben. Neben diesen Religionen nimmt sich das »Strafregister« der Christen wie ein Folterkatalog aus. In keiner anderen Weltreligion spielt die Sünde – und die drohende Bestrafung durch Gott – eine so große Rolle. Allerdings hat die Fixierung auf Sünden wiederum einige Sünden hervorgebracht, zum Beispiel den mittelalterlichen Ablasshandel oder den Beichtspiegel, der gerne auch mal nach dem Sexualleben fragt.

Allen Weltreligionen gemeinsam sind das Verlangen nach Gehorsam und der Schuldvorwurf an jene, die ihre jeweiligen Regeln ignorieren oder verletzen. Der Vorwurf eines sündigen Verhaltens, das im ungünstigen Fall (bei den Christen) vermeintlich den Weg zur Hölle ebnet, unterstellt dem Sünder einen bewussten Verstoß gegen kirchliche (göttliche?) Gebote und Verbote. Es handelt sich immerhin um eine schwerwiegende Konsequenz, länger als nur lebenslänglich büßen zu müssen. Und für so manchen Fundamentalisten genügt allein der Vorwurf der »Andersgläubigkeit«, um Mord oder Totschlag rechtfertigen zu dürfen – wohlgemerkt: im Namen Allahs. Eine programmierte Apokalypse für zahlreiche gottesfürchtige Mitmenschen, die sich in jenen Krisengebieten aufhalten, in denen sogenannte Gotteskrieger ihr Unwesen treiben.

Bei aller Toleranz gegenüber Gläubigen jedweder Glaubensrichtung: Die Kategorie »Schuld« ist eine irdische. Mit der Idee von einer friedlichen Koexistenz von Völkern, Kulturen und Glaubensgemeinschaften verträgt es sich nicht, wenn eine Religion oder Weltanschauung die alleinige Wahrheit für sich beansprucht. Nicht jene machen sich schuldig, wenn sie fragwürdige Kirchenregeln ignorieren. Eigentlich verhält es sich umgekehrt: Jene, die intolerante, religiöse Regeln und Alleinvertretungsansprüche predigen, trifft eine tiefgreifende Schuld an zahlreichen Tragödien.

DIE VERHEERENDE MACHT DER SUCHT

Die Befriedigung von Bedürfnissen als konstante Bedingung für das Belohnungssystem kann krank, sogar süchtig machen. Manchmal leisten genetische Defekte einer Sucht Vorschub. Oder der trostlose Verlauf einer Biografie verleitet dazu, die Trostlosigkeit beispielsweise mit Alkohol oder Drogen zu überwinden. Es kann viel Zeit vergehen, bis ein Mensch versteht, dass er dem krankmachenden Kreislauf nicht mehr aus eigener Kraft entkommen kann. Ist er schuldig, weil er seine Sucht so weit hat kommen lassen? Dürfen wir, wenn ein Mensch aufgrund seiner Sucht die Kontrolle über sein Leben verliert, jene Maßstäbe anlegen, die für gesunde gelten?

Welche Rolle die Befriedigung elementarer Bedürfnisse für das Verhalten der Menschen spielen kann, im sexuellen Bereich, bei der Suche nach Anerkennung oder beim Glaubensverlangen, wurde hinreichend ausgeführt. Und vielleicht dienen die angeführten Beispiele dazu, ein Verständnis dafür zu entwickeln, so mancher »Bedürfnisbefriedigung« mit Nachsicht zu begegnen. Jedenfalls dürfte einleuchten, dass die darauf zurückzuführende Verhaltensweise nicht immer absichtsvoll oder planmäßig entschieden wird, sondern oft der Steuerung eines kognitiven Apparats zu verdanken ist, nämlich dem Gehirn, das zuweilen wie eine eigenständige, vom Bewusstsein losgelöste Instanz operiert. Das, so meine ich, relativiert bereits so manche Schuldzuweisung. Noch viel mehr Verständnis und Nachsicht ist aufzubringen, wenn die Bedürfnisbefriedigung zur Sucht geworden ist, denn die Ursache dafür kann genetisch bedingt sein oder das Resultat einer tiefen psychischen Krise.

Jeder kennt wohl aus eigener Erfahrung oder aus dem persönlichen Umfeld das Phänomen der Suchtkrankheit, egal ob es um Alkohol, Glücksspiel, Nikotin, Drogen, ja sogar um Fernsehen geht. Allen gemein ist eine gewisse Verkümmerung des Belohnungssystems – durch dauerhafte Wiederholung. Einen – ehemals alkoholkranken – Freund fragte ich unlängst, welche Erfahrung seiner Sucht vorausging beziehungsweise was nach seiner Auffassung die Gefahr einer Alkoholabhängigkeit signalisiert hatte. Er zögerte nicht eine Sekunde mit der frappierenden Antwort: Wenn allein die Vorstellung von einem bevorstehenden Alkoholgenuss zu einer euphemischen, glückseligen Stimmung führt, sei die Gefahr konkret.

Hirnforscher fanden das im Scan, also in einem bildgebenden Verfahren, bestätigt: Das Belohnungssystem, welches das Wohlgefühl verursacht, wurde bei den alkoholkranken Probanden aktiviert, sobald sie sich gedanklich mit dem Konsum von Alkohol befassten. Was aber geschieht im Körper, wenn das Belohnungssystem aktiviert wird? Wie ist es möglich, dass der Genuss oder allein der Gedanke daran Wohlbefinden auslöst und das Verlangen nach mehr Genuss? Die Antwort darauf ist nicht ganz unwichtig, wenn es um die Frage geht, ob und wie wir ein Verhalten steuern können, wenn das Belohnungssystem keine Ruhe gibt, sondern uns ständig herausfordert. Das bereits erwähnte »Glückshormon« Dopamin spielt auch hierbei eine wesentliche Rolle. Wenn beispielsweise der Gedanke an Alkohol oder sein Genuss für eine euphorische Stimmung sorgt, dann ist Dopamin beteiligt, denn die Stimulation (der Gedanke) führt zur Ausschüttung. Sozusagen ein »warmer Regen« im Lustzentrum, im Belohnungssystem.

EINE ERKLÄRUNG FÜR SUCHTVERHALTEN

Aber Dopamin braucht, um Glücksgefühle auslösen zu können, »Empfangsgeräte«, sogenannte Rezeptoren, an die sie andocken können. Dann erfolgt eine Wechselwirkung zwischen der Dopaminausschüttung (nach entsprechender Stimulation) und der Aufnahme sowie Verarbeitung des Dopamins.

Und vielleicht ist diese Wechselwirkung von Dopaminausschüttung (nach entsprechender Stimulation) und Aufnahme, Verarbeitung des Dopamins ein besonders wichtiger Schlüssel für das Rätsel, ob und wie sich ein Hormon auf Verhaltensweisen auswirken kann. Insbesondere eine Antwort auf die Frage, ob wir in der Lage sind, unser Verhalten zu kontrollieren oder zu steuern.

Bei der Antwort auf diese Frage spielt auch der Umstand eine Rolle, dass nicht alle Zeitgenossen mit der gleichen Anzahl von Dopaminrezeptoren ausgestattet sind.

Ein bekannter Neurologe, der einen in Deutschland populären Fußballspieler wegen Depressionen behandelt hatte, bestätigte mir gegenüber Erkenntnisse, welche die Wissenschaft bestätigt hat, nämlich: Die Qualität der Dopaminrezeptoren ist anfangs, also nach der Geburt, genetisch bedingt. Träger einer bestimmten Genvariante (A 1) haben das Pech, nur über schwache Dopaminrezeptoren zu verfügen. Pech deshalb, weil die Wahrscheinlichkeit, einer Sucht zu erliegen, bei ihnen größer ist. Das gilt auch für die Gefahr einer depressiven Erkrankung. Um sich diesen Vorgang vorstellen zu können, sei als Vergleich ein Bewässerungssystem mit zahlreichen nebeneinander aufgereihten Trichtern genannt, die Regen auffangen und weiterleiten sollen. Je mehr Trichter zur Verfügung stehen und je dichter sie stehen, desto mehr Regenwasser kann der Bewässerung dienen. Ähnlich verhält es sich mit Dopaminrezeptoren, im menschlichen Gehirn: je weniger Rezeptoren, desto geringer die Aufnahmekapazität. Wer also das Belohnungssystem so füttern möchte, dass er sich wohlfühlt, muss es intensiver stimulieren als jemand, der reichlich mit Rezeptoren ausgestattet ist. Doch die ständige, zwanghafte Stimulation des Belohnungssystems führt zur Abstumpfung, was eine ständige Wiederholung provoziert, und sie wiederum verschlimmert die Situation weiter. Ein fataler Teufelskreis.

Der individuelle genetische Code, also die bei Geburt mitgelieferte Geninformation eines Menschen, bestimmt die Quantität und Qualität der Dopaminrezeptoren. Dieser Code übt Einfluss darauf aus, wie das Belohnungssystem – der Wohlfühlkreislauf – aktiviert werden kann, was wiederum ursächlich für diverse Verhaltensweisen ist (z. B. Konsum von Alkohol, Nikotin, Drogen, aber auch Glücksspiel oder sogar Spendenbereitschaft usw.). Wir neigen dazu, Süchtigen ein schuldhaftes Versagen vorzuwerfen. Gelegentlich dient ein solcher Vorwurf wohl auch dem zweifelhaften Bedürfnis, die eigene Selbstgefälligkeit zu bedienen.

Bestenfalls ist es nur ein frommer Gedanke, jeder könne mit Disziplin den Versuchungen widerstehen, die zur Sucht führen. Oder der Süchtige könne mit Willenskraft seine Sucht besiegen.

Wenn es denn so einfach wäre ...

Fakt ist, jedenfalls aus der Sicht der Betroffenen, das Schicksal ungenügender oder fehlender Dopaminrezeptoren hat Einfluss auf die Lebenslinie, auf den Verlauf des Lebens.

Im Hinblick auf das Thema Spielsucht hatte ich im Jahr 2014 für die Münchner Tageszeitung »tz« den Strafprozess gegen den ehemaligen FC-Bayern-Präsidenten Uli Hoeneß in einer Kolumne analysiert. Heute bezweifle ich nicht im Geringsten, dass er seiner Spielsucht erlegen war. Er selbst sprach davon, dass die Beträge »virtuelles Geld« für ihn gewesen sind, so als ob er Monopoly spielte. Hoeneß hatte jeglichen Bezug zum Geld verloren, schaute nicht einmal mehr auf sein Konto. Es war der Kick, das pure Adrenalin. Er hatte insgesamt 52.000 Transaktionen oder mehr ausgeführt, doch nach einer Saldierung der Verlust- und Gewinnpositionen aus den Jahren seiner Spielsucht blieb ihm kein Gewinn. Steuern musste er trotzdem zahlen, da das deutsche Steuerrecht eine Verrechnung von Verlusten mit Gewinnen untersagt, wenn man auf Ehrlichkeit und die Abgabe von Steuererklärungen verzichtet hat. Diese Folge ist angesichts der aufgeregten Debatte untergegangen. Handelt es sich um eine gerechtes Urteil, das Hoeneß eine 3,5-jährige Haftstrafe auferlegte? War er eigentlich schuldig? Der Verurteilte gab zu, er habe lange gebraucht, um ein Unrechtsgefühl zu entwickeln.

Beginnen wir mit der Analyse der positiven Seite dieses aufsehenerregenden Prozesses, die sich selbstverständlich nicht strafmildernd für Hoeneß ausgewirkt hat. Sein Fall hat zu Tausenden Selbstanzeigen geführt und somit zu einer beachtlichen Auffüllung von Staats- und Gemeindekassen. Auch Hoeneß selbst hat über 50 Millionen Euro an Steuern nachgezahlt. Die abschreckende Wirkung seines Prozesses wird für die kommenden Jahre zu einer größeren Steuerehrlichkeit führen. Ein Argument übrigens für jene Vertreter der Hirnforscher, die einen freien Willen, also die Entscheidungsfreiheit, generell ausschließen und deshalb einen Paradigmenwechsel im Strafrecht fordern. Denn sie gehen davon aus, dass Ordnungsrecht und Abschreckung ausreichen, um die Menschen zu disziplinieren.

Also war es rechtens, Hoeneß wegzusperren? Ich möchte die Antwort auf diese Frage einem späteren Kapitel vorbehalten. Nur soviel schon hier und jetzt: Ein Suchtverhalten verdient bereits nach dem derzeit geltenden Strafrecht eine Strafmilderung, wenn eine entsprechende ärztliche Diagnose vorliegt. Das aber ist in diesem Fall jedoch nicht geschehen. Hoeneß war zwar davon ausgegangen, dass ihm Straffreiheit wegen einer rechtzeitigen Selbstanzeige zustehe. Das Gericht beurteilte den Sachverhalt jedoch anders. Aber als »kranker« Mann wollte er nicht gelten. Es war von der Verteidigung möglicherweise klug, keine Diagnose vornehmen zu lassen. Warum? Der Vorwurf betraf den Tatbestand der Steuerhinterziehung. Kein deutsches Gericht kann davon überzeugt werden, dass es einen (zu berücksichtigenden) Zusammenhang gibt zwischen einer Spielsucht und der Nichtabgabe richtiger, vollständiger Steuererklärungen. Für Hoeneß hatte es sich nur um »virtuelles« Geld gehandelt, dessen Mehrung eher mit dem Wohlgefühl bei einem Monopoly-Spiel verbunden gewesen sein dürfte. Er hätte ohne für ihn spürbar nachteilige Folgen auch Steuern abführen können. Es war für ihn nicht spürbar nachteilig, weil ihn, wie er sagte, der reale Wert des erspielten Vermögens nicht interessierte. Daher ist es umso unverständlicher, dass er auf Steuerehrlichkeit verzichtet hat. Vielleicht war es aber auch »nur« grobe Nachlässigkeit.

Die Alkoholsucht und die Drogensucht führen sicherlich zu gravierenderen Auswirkungen als die Spielsucht oder die Nikotinsucht. Sie gefährden – und ruinieren relativ häufig – nicht nur den Süchtigen selbst, sondern auch sein (vor allem familiäres) Umfeld. Kaum eine andere Sucht spielt bei der Schuld und Schuldzuweisung sowohl wegen des Suchtverhaltens als auch wegen der Auswirkungen eine so zentrale Rolle in zwischenmenschlichen Beziehungen. Jeder, der nach dem überproportionalen Verzehr von Alkohol einen Rausch erlebt hat, dürfte die Erfahrung gemacht haben, dass die eigene Steuerungsfähigkeit eingeschränkt war. Gemeint ist nicht die körperliche, sondern die bewusste Steuerung des eigenen Verhaltens. Hemmungs- und Sorglosigkeit reduzieren oder verdrängen spätestens ab einem Promille die anerzogenen Barrieren, es sei denn, man gehört zu der von der Natur bevorzugten Spezies, die ausschließlich fröhlich, gütig und im weiteren Verlauf des übermäßigen Alkoholgenusses lediglich müde und apathisch werden. Wer jedoch in alkoholisiertem Zustand die Promillegrenze von 2,5 überschreitet und dann Unfug treibt, kann in Ausnahmefällen sogar auf Gnade beim Strafrichter hoffen, denn in dieser Höhe etwa liegt die Messlatte für Schuldunfähigkeit. Allerdings muss ein geschulter Verteidiger den Strafrichter davon überzeugen, dass sein Mandant sich ohne eigenes Verschulden in diesen Zustand der Unzurechnungsfähigkeit bugsiert hat. Allzu viel Hoffnung möchte ich aber mit diesem Tipp nicht verbinden.

Alkoholismus ist nicht zu verwechseln mit einem gelegentlichen Rausch, denn Ersteres ist eine ernst zu nehmende Krankheit. Bei ihr verbietet sich – je nach Fall – selbst dann ein Schuldvorwurf für ein nicht normgerechtes Verhalten, wenn der Alkoholiker nüchtern ist. Der regelmäßige Alkoholgenuss führt nämlich zu hirnorganischen Veränderungen, die ohne Therapie irreparabel bleiben.

WISSENSCHAFTLER BEMÜHEN SICH, MIT NEUEN METHODEN DIE SUCHT ZU BESIEGEN

Der US-amerikanische Gehirnforscher David M. Eagleman hat ein ungewöhnliches Experiment unternommen, um Nikotinsucht zu eliminieren. Mithilfe des bildgebenden Verfahrens (Scan) zeigte er seinen Testpersonen die Gehirnaktivität, die dem Raucher das Verlangen nach Nikotin suggeriert. Die Raucher können so das Ausmaß ihres Bedürfnisses in Echtzeit auf einer Skala betrachten. Ziel des Experiments ist es, dass sie ihr Bedürfnis nach einer Zigarette per Gedankenkraft steuern, idealerweise verringern. Und in der Tat sehen die Probanden anhand sinkender Messwerte, ob ein solcher Gedanke oder eine dementsprechende Vorstellung funktioniert. Eagleman: »Vielleicht haben wir mit diesem Experiment Erfolg. Dann könnte die Methode eine Möglichkeit bieten, die Sucht erst zu beherrschen und sich dann ganz von ihr zu lösen. Diese Experimente sind deshalb so spannend, weil wir damit

Menschen helfen könnten, ihre Süchte langfristig zu überwinden – anstatt sie ins Gefängnis zu sperren, wenn sie wegen ihrer Sucht straffällig werden. Aber unsere Methode könnte nicht nur Drogensüchtigen helfen« (Zeit Online: 06.12.2011: http://bit.ly/zeit-Hirnforschung). Und in puncto Drogen dürfte sich die Sucht noch gravierender auswirken.

Die Bedürfnisbefriedigung hat also eine Licht- und eine Schattenseite. Zur Lichtseite gehört der Wohlfühlkreislauf, der uns antreibt und beflügelt. Ohne ihn wäre es kaum bis gar nicht möglich, die vielfältigen Herausforderungen des Lebens zu bewältigen und Dopamin auszuschütten, das uns ein Glücksgefühl beschert, um beispielsweise destruktive Depressionen zu verhindern. Die Schattenseite ist verantwortlich dafür, Menschen in den Abgrund zu treiben und Opfer einer ungezügelten, oft aus Verzweiflung angetriebenen Befriedigung von Bedürfnissen, zu werden.

MORAL, GERECHTIGKEITSSINN, EMPATHIE

Wir werden nicht »böse« geboren. Jeder Mensch hat einen – allerdings unterschiedlich ausgeprägten – Sinn für Moral. Was mit diesem Potenzial passiert, hängt, jedenfalls in den ersten Lebensjahren, nicht von uns ab. Daher ist im Einzelfall die »Schuld« auch bei anderen zu finden, wenn Moral, Empathie und Gerechtigkeitssinn auf der Strecke bleiben.

Es gibt Verbrechen, bei denen keine psychologischen oder sozialen Erklärungen mehr greifen. Und es gibt Täter, die zu unbegreiflichen, unmenschlichen Taten fähig waren. Zu ihnen zählten in der Vergangenheit Diktatoren wie Idi Amin aus Uganda, der in den 1970er-Jahren neben der Ermordung von schätzungsweise über vierhunderttausend Menschen auch seine verstoßenen Ehefrauen töten, eine von ihnen sogar zerstückeln ließ. Zur Abschreckung veranlasste er, deren Leichenteile wieder zusammenzunähen und anschließend sowohl der Öffentlichkeit als auch den Kindern der ermordeten Ehefrauen zu präsentieren. Ein anderes Beispiel ist Muammar al-Gaddafi, früherer Machthaber in Libyen, der 1996 mehr als 1200 Gefangene im Abu-Salim-Gefängnis ermorden ließ, der 1988 verantwortlich war für den Abschuss einer Passagiermaschine über der schottischen Ortschaft Lockerbie mit 270 Toten, der willkürlich foltern und morden ließ. Zu den grausamsten Tyrannen zählte zweifelsohne auch Josef Stalin, uneingeschränkter Alleinherrscher in der ehemaligen Sowjetunion, der nicht nur

Hunderttausende vermeintliche politische Gegner, sondern auch Familienmitglieder verbannen oder hinrichten ließ.

Psychologen attestieren diesen drei Tyrannen eine sogenannte Psychopathie: das gänzliche Fehlen von Empathie und Mitgefühl für das Leiden anderer. Ferner diagnostizierten Mediziner bei allen eine sogenannte dissoziale Persönlichkeitsstörung, ein Krankheitsbild. Gemeinsam war allen drei Psychopathen ein äußerst gestörtes Verhältnis zu ihren Vätern, was eine Auffälligkeit bedeutet, jedoch keine Erklärung und erst recht keine Entschuldigung.

Geht es um psychopathisch anmutende Gräueltaten, kehren Erinnerungen an das irakische Foltergefängnis Abu Ghraib zurück und auch jene Bilder von marodierenden Milizen der Terrororganisation IS, die Christen, Jesiden, Frauen wie Männer töten. Nicht nur die Geschichtsbücher sind voller Grausamkeiten in allen Epochen, sondern auch die Gegenwart.

PSYCHOPATHEN HABEN HIRNORGANISCHE FUNKTIONSSTÖRUNGEN

Wer das »Böse« im Homo sapiens ergründen will, findet Aufschlussreiches bei Michael Stone, Professor der Psychiatrie an der Columbia University und spezialisiert auf Persönlichkeitsstörungen. Er untersuchte die Fälle von Serienmördern, zum Beispiel den von Ted Bundy, der von 1974 bis 1978 28 junge Frauen und Mädchen ermordete. Stone beschäftigte sich auch mit dem Fall des rassistischen Sektenführers Charles Manson, der als Kind von seiner Mutter für eine Flasche Bier verkauft worden war. Manson ordnete die Ermordung mehrerer Menschen an, darunter die beliebte, damals hochschwangere Schauspielerin Sharon Tate. Zu Stones Fallstudien gehörte ferner der von Issei Sagawas, einem Frauenmörder aus Japan, der die von ihm 1981 in Paris erschossene Frau anschließend in mehrere Teile zerschnitt, die Leichenteile röstete und mit Senf verspeiste. »Eine böse Tat, aber noch kein böser Mensch«, meinte Stone, und tatsächlich wurde der Kannibale wegen erwiesener Schuldunfähigkeit 1983 von französischen Ermittlungsrichtern nicht ins Gefängnis, sondern in die Psychiatrie verbannt (Süddeutsche Online: 19.05.2010: http://bit.ly/süddeutsche-Böse). Die Riege der mordenden Frauen führt die ungarische Gräfin Erzsébet Báthory (Elisabeth Báthory) an, die im 16. Jahrhundert mehr als 600 Jungfrauen ermordete, dabei Orgasmen empfand und sich im Blut ihrer Opfer badete, fest überzeugt davon, ihr ermöglichten diese »Bäder« ewige Jugend. Zu Stones Liste der monströsen Verbrecher gehört auch der belgische Massenmörder Marc Dutrout, in dessen Keller zahlreiche Kinder verhungerten, oder der Russe Andreji Chikatilo, der seinen über 60 Opfern zunächst Lippen, Penisse oder Brüste abbiss, bevor er sie schließlich tötete.

Stones Recherchen führten zu einem Ergebnis, das nachdenklich stimmt: 63 Prozent der Serienkiller wurden in ihrer Kindheit sexuell missbraucht oder misshandelt, 45 Prozent erlitten dabei schwere Kopfverletzungen oder andere körperliche Schäden.

Aber es sind nicht nur die Biografie und die Taten von Psychopathen, die uns erschaudern lassen beziehungsweise nachdenklich stimmen. Adrian Raine, Neurokriminologe an der University of Pennsylvania, aber auch andere Gehirnforscher verorten den für Empathie zuständigen Bereich im sogenannten präfrontalen Kortex hinter der Stirn. In dieser Region befinden sich die für das Empfinden von Moral und Gewissen maßgeblichen hirnorganischen Verschaltungen. Nach Schätzungen von Neuropsychologen leiden fünf Prozent der Bevölkerung in diesem Bereich an Funktionsstörungen, eine Zahl die erschreckend erscheint. Die Forscher fanden ebenfalls heraus, dass 70 Prozent der schweren Verbrechen von Menschen begangen werden, die solche Funktionsstörungen haben. Es handelt sich bei ihnen um Psychopathen, also Menschen ohne eine »Gefühlsbremse«.

Die Techniken zur Untersuchung der für die Empathie zuständigen Hirnregionen haben sich seit Jahren bewährt: Die Durchleuchtung im Kernspintomograf und die Messung elektrischer Hirnströme, des Pulses oder der Schweißbildung zeigen, wie Testpersonen reagieren, wenn sie einmal belanglose Bilder, einmal diejenigen mit Leichnamen sehen. Bei einem »normalen« Menschen führen Schockbilder zu einer roten Färbung im vegetativen Nervensystem, bei einem Psychopaten bleiben die Bilder auf dem Bildschirm blau. In anderen Experimenten wurde festgestellt, dass das Hirnvolumen einiger auffälliger Soziopathen im präfrontalen Kortex 11 bis 14 Prozent geringer war, als bei »normalen« Menschen.

Humangenetiker halten noch eine weitere Erklärung für das »Böse« im Menschen bereit. Von einem ungewöhnlichen Fall berichtete Han G. Brunner von der Universität in Nimwegen: Er erhielt 1987 Besuch von einer Frau, die darüber klagte, die Männer ihrer Familie neigten seit Generationen zu Aggressionsschüben, Brandstiftung, Exhibitionismus, Vergewaltigung. Bei der Untersuchung ihrer Gene entdeckte er eine bedeutsame Mutation, eine Abweichung von der genetischen Norm. Seine Forschungsergebnisse wurden als Entdeckung des »Aggressionsgens« gefeiert. Ähnlich eindrucksvoll war die Arbeit einer Kollegin, die herausfand, dass zahlreiche Insassen eines Hochsicherheitsgefängnisses eine Chromosomenanomalie hatten.

Solche und ähnliche Befunde erklären vielleicht den zynisch anmutenden Aufruf des deutschen Hirnforschers Gerhard Roth, Professor für Verhaltenspsychologie, aber auch den weiterer namhafte Wissenschaftler: Sie fordern die Abschaffung des (moralischen) Schuldprinzips. Aber: Bedeutet das nicht zugleich, alle Tyrannen seien unschuldig? Mit einer solchen These macht sich jeder noch so versierte anerkannte und gewissenhafte Wissenschaftler fernsehuntauglich, für jede Talkrunde. Keine Sorge, auch jene, die als Konsequenz wissenschaftlicher Befunde eine fehlende Moral als krankhafte Normabweichung diagnostizieren, sind mitnichten der Meinung, Gräueltaten verdienten kein Unwerturteil und keine Sanktion. Näheres dazu im Kapitel Strafrecht.

Allerdings wird man wohl nachvollziehen müssen, dass ein fehlendes Empfinden für Moral, Gerechtigkeit und mangelndes Mitgefühl jedenfalls dann mit anderen Maßstäben beurteilt werden sollte, wenn eine angeborene und erlittene hirnorganische Benachteiligung vorliegt. Die Schwierigkeit besteht darin, dass eine solche Benachteiligung heutzutage zwar messbar ist, einen Anlass für diese Messung gibt es jedoch erst, wenn es zu spät ist, also wenn beispielsweise nach einem Verbrechen die Prüfung erfolgt, ob der Täter überhaupt so etwas wie ein Moralempfinden hat.

Die Regel ist es natürlich nicht, dass Menschen mit einem fehlenden Moralempfinden geboren werden oder aufgrund einer frühkindlichen Lebenssituation, die man getrost als Verwahrlosung bezeichnen darf, nur über ein verkümmertes Moralempfinden verfügen. Nein, Menschen steht normalerweise bereits bei der Geburt ein Potenzial für Gerechtigkeitssinn, Moralempfinden und Empathie zur Verfügung. Selbst einige Spezies in der Tierwelt verfügen über ein aufopferungsbereites Mitgefühl, und zwar auch gegenüber der Gattung Homo sapiens.

SELBST TIERE VERFÜGEN ÜBER EIN MITGEFÜHL

Gibt es Empathie bei Tieren? War das »Dschungelbuch«, in dem das Baby Mogli von Wölfen gerettet wurde, mehr als nur ein fantasievolles Märchen? Über einige solcher Vorfälle berichtete die »Süddeutsche Zeitung« im Jahr 2015: Die Schäferhündin namens China hatte 2008 am Stadtrand von Buenos Aires ein wimmerndes Baby gefunden, das von seiner 14-jährigen Mutter nach der Geburt ausgesetzt worden war. Das Neugeborene wäre bei einer Temperatur knapp über dem Gefrierpunkt erfroren, wenn China das Baby mit ihrer Schnauze nicht zu ihren eigenen sechs Welpen getragen hätte, wo es wärmer war. Dieses Verhalten bedeutete die Rettung für das Menschenkind, das einige Stunden später von Anwohnern entdeckt wurde. Oder eine andere Geschichte: Im kalifornischen Roseville rettete der Labrador Jet einem sechsjäh-rigen Jungen das Leben, als dieser von einer Klapperschlange an-gegriffen wurde. Sie biss zwar den Hund, der dann gerettet werden musste, aber der Junge konnte davonlaufen und blieb unverletzt. Auch Delfine bewähren sich immer wieder als Menschenretter. An der Nordküste Neuseelands umkreisten sie 2004 vier Schwimmer, um sie vor einem angriffslustigen Hai zu schützen. Nach 40 Minu-ten verschwand er schließlich, sodass sich die jungen Männer ans Ufer retten konnten.

Besonders ausgeprägt ist das Mitgefühl der Tiere für ihre Art-genossen. Beispielsweise von Orang-Utans ist bekannt, dass sie nicht nur wie Schimpansen bereit sind, ihr Futter mit Artgenossen zu teilen, sie bieten es ihnen sogar aktiv an. Ein Fall von Nächsten-liebe? Jedenfalls äußerst moralisch, wie ich finde.

Im Fachmagazin Science wurde im Jahre 2015 von einem Ex-periment mit Präriewühlmäusen berichtet. Die Artgenossen spen-den Trost und Zuneigung, wenn eine Wühlmaus (nach mehreren Elektroschocks) unter Stress und Angstzuständen leidet. Auch bei den Mäusen war das Kuschelhormon Oxytocin verantwortlich für empathisches Verhalten.

Es ist verständlich, dass einige Tierfreunde, darunter auch Wis-senschaftler, gewisse Grundrechte für große Menschenaffen einfor-dern. Beispielhaft vorangegangen ist Neuseeland, wo Experimente an »nicht humanen Homiden« nur dann noch erfolgen dürfen, wenn ihnen die Ergebnisse selbst zugutekommen. Man darf aber in diesem Zusammenhang nicht unterschlagen, dass so manches Forschungsergebnis ohne Tierexperimente nicht möglich gewesen wäre. Forschungsergebnisse, die letztendlich den Menschen gehol-fen haben.

Die Hirnforschung hat die für das Mitgefühl »zuständige« Re-gion im Gehirn von Menschen und Primaten gefunden: Es ist die Amygdala im sogenannten limbischen System. »Wenn das Areal, in dem die für Mitgefühl verantwortlichen Neuronen verortet wer-den, funktioniert, entstehen darin Empfindungen wie Mitgefühl,

Scham und Schuld, die maßgeblich sind für unser soziales Verhalten«, so der Neuropsychologe António Damásio. Solche Erkenntnisse verdanken wir ebenfalls dem bereits erwähnten bildgebenden Verfahren (Neuro Imaging), das die Kernspintomografie ermöglicht.

MITGEFÜHL IST FÜR DEN ZUSAMMENHALT VON GEMEINSCHAFTEN NOTWENDIG

Verhaltensforscher und Evolutionsbiologen erklären unter anderem, warum wir ein Gefühl der Genugtuung und der Freude empfinden, wenn wir – aufgrund unseres Mitgefühls – animiert werden und es auch schaffen, einem anderen Menschen zu helfen: Was der Gemeinschaft dient, lohnt sich auch für den Einzelnen. Moral und Gerechtigkeitssinn sind nützlich für das soziale Leben in einer Gruppe. Wir verdanken es der evolutionären Kraft, dass sich im Laufe der Stammesgeschichte eine Fähigkeit entwickelt hat, Gefühle anderer Gruppenmitglieder zu verstehen, ihre Gedanken und Wünsche nachzuvollziehen.

Eine neue Hypothese weist den Religionen eine Schlüsselrolle zu: Mit der Entwicklung komplexer Gesellschaften, die auf Kooperation angewiesen waren, um Projekte zu realisieren, zu denen ein Einzelner nicht fähig gewesen wäre, wuchs die Notwendigkeit, egoistische Bedürfnisse von Jägern und Sammlern zu reduzieren. Die für die Gruppe notwendigen Spielregeln bedurften aber der Kontrolle: Das war die Geburtsstunde der »strafenden Götter«. Der bis dahin noch nicht sesshafte Mensch, der sich allenfalls für einen familiären Mikrokosmos verantwortlich fühlte, wusste seitdem, dass er unter Beobachtung stand und mit einer Strafe zu rechnen hatte, wenn er die (göttlichen) Regeln der Gemeinschaft missachtete.

Das Fazit der Wissenschaftler: Der Homo sapiens kommt normalerweise mit einem moralischen Kompass auf die Welt. Dieser

Sinn, so die Neurobiologen, bildet eine angeborene Struktur, die sich jedoch nur unter günstigen Bedingungen richtig entwickelt. Der angeborene Sinn für Moral kann jedoch im weiteren Verlauf eines Lebens von psychologischen Mechanismen und Einflüssen aus der Umwelt derart überlagert werden, dass der Mensch zu Mord und Totschlag fähig wird. Und fähig, sich einer Terrororganisation anzuschließen.

Wir neigen also nicht zum Bösen, wie die katholische Kirche es predigt, sondern besitzen vielmehr von Anfang an ein moralisches Bewusstsein, das uns bei einer normalen Entwicklung in Kindheit und Jugend zu einem sozialverträglichen »Kompass« verhilft.

Ein relativ junger Forschungszweig (Theory of mind) beschäftigt sich mit der Frage, ab welchem Alter die Weichen des angeborenen Moralinstinkts in die eine oder andere Richtung gestellt werden.

KLEINKINDER BESITZEN EIN GEFÜHL FÜR GERECHTIGKEIT

Das Fachgebiet »Theory of mind« heißt frei übersetzt: Theorie des Geistes. In mittlerweile zahlreichen Studien wurde untersucht, ab welchem Alter der Mensch in der Lage ist, sich in die Gedankenwelt eines Mitmenschen hineinzuversetzen. Es handelt sich um eine unverzichtbare Voraussetzung dafür, nicht nur auf die Gefühle anderer zu schließen, sondern diese auch nachempfinden zu können. Ohne diese soziale Fähigkeit der Emphatie, Menschlichkeit, Anteilnahme und Rücksicht wäre ein zivilisiertes Zusammenleben von Menschen nicht möglich.

Die Forschungsergebnisse belegen, dass Empathie vererbt wird, und ferner, dass bereits Kinder im Alter von eineinhalb Jahren (manchmal sogar jünger) es schaffen, die Absichten ihrer Spielkameraden oder die ihrer Eltern zu erkennen. »Man hat viele Jahre einfach angenommen, jüngere Kinder wären nicht in der Lage, wirklich moralisch zu denken, oder zu handeln«, so Monika Keller vom Max-Planck-Institut für Bildungsforschung in der »Süddeutschen Zeitung« (Süddeutsche Online: 07.11.2015: http://bit.ly/sz-Moral). Dabei, so Keller, wurde übersehen, dass zur Entstehung eines Moralgefühls nicht nur ein Verständnis von Regeln, sondern vor allem Empathie gehöre, die auch Kleinkinder entwickelten: durch Erfahrung, durch Beobachtung ihrer Umwelt, durch Erziehung und dadurch, wie gerecht und fürsorglich sie selbst behandelt werden. Nicht nur Verbote, so Keller weiter, auch das Mitempfinden regelt die Vorstellungen der Kinder für das, was moralisch richtig ist und was nicht. Warum die Menschen (aber eben auch manche Tiere), über dieses Potenzial verfügen, liegt aus anthropologischer Sicht auf der Hand. Keller sieht es ähnlich wie die Verhaltensforscher und Evolutionsbiologen:»Menschen sind Gemeinschaftswesen, das hat sich über die Evolution auch in unseren Genen eingeprägt. Ohne Empathie und Kooperation könnten wir gar nicht in einer Gruppe zusammenleben. Also versuchen Kinder von klein an, die Regeln dieser Gruppe zu verstehen und sie auch einzuhalten« (ebenda).

WIE SICH DAS ANGEBORENE POTENZIAL FÜR EMPATHIE ENTWICKELT, HÄNGT VON MEHREREN FAKTOREN AB

Wie sich das vererbte Potenzial der Empathie beim Homo sapiens entwickelt, hängt also davon ab, welche moralischen Wegweiser den weiteren Lebensweg begleiten. Roth beschreibt in der »Frankfurter Allgemeine Zeitung« die Bedeutung von Familie, Kindergarten, Schule usw.:»Das Fühlen, Denken und Handeln des Kleinkindes nach dem Prinzip ›ich will alles, und zwar sofort‹ wird den Erfordernissen des familiären und gesellschaftlichen Zusammenlebens angepasst, soweit das Temperament und die frühkindliche Prägung dies zulässt. Es entwickeln sich Fähigkeiten zur Kooperation, zur Empathie, zum Einhalten gesellschaftlich-moralischer Regeln und zur Berücksichtigung der Konsequenzen des eigenen

Handelns für einen selbst und die anderen. Diese Ebene entwickelt sich bis zum Erwachsenenalter und darüber hinaus« (FAZ Online: 16.04.2016: http://bit.ly/faz-Bindung).

Aber nicht nur die Biografie eines Menschen justiert seine Kompassnadel für ein moralisches Handeln, auch vorgeburtliche Erfahrungen der Mutter, die zur Ausschüttung von Stresshormonen führen – beispielsweise bei einer Misshandlung oder dem Erlebnis eines schmerzhaften Verlustes –, die ihren Weg über die Blutbahn auch zum Gehirn des Ungeborenen finden, können sich auf dieses auswirken. Für das Kind erhöhen solche pränatalen Einflüsse das Risiko von Persönlichkeitsstörungen, und das kann in späteren Jahren durchaus ein normgerechtes, moralisches Verhalten einschränken.

Die Theorie des angeborenen Moralinstinkts widerspricht zwar diametral der vorherrschenden Lehrmeinung von Philosophen, Psychologen und Juristen. Sie gehen weiterhin davon aus, dass moralisches Handeln vom Bewusstsein gesteuert wird. Und die Rechtsprechung beharrt (vorerst) weiterhin auf dem Standpunkt, ein jeder sei selbst dafür verantwortlich, sich eine sozialverträgliche und rechtstreue Moral anzueignen.

Aber es gibt auch Ausnahmen bei den Philosophen. Der Schotte David Hume ordnete den Sinn für Moral nicht dem Verstand beziehungsweise dem Bewusstsein zu. Er argumentierte vielmehr, Moral sei eher gefühlt als geurteilt und gab diesem Moralsinn die Bedeutung eines sechsten Sinnes, den für Sittlichkeit und Gerechtigkeit. Seine Weisheit kommt dem Ergebnis einiger Hirnforscher sehr nahe.

Der bei der Geburt mitgelieferte moralische Kompass reicht also nicht, um im moralischen Sinne gut, also »normgerecht« handeln zu können. Wer das Pech hat, in schwierigen Familienverhältnissen aufzuwachsen, sozusagen mit einer gekrümmten Kompassnadel, ist zunächst (potenziell) schwerwiegend benachteiligt. Eine »schiefe Bahn« ist jedoch nicht immer das zwangsläufige Ergebnis eines unglücklichen Starts ins Leben, doch eine grundlegende »Verhaltensstörung« ist oft genug das unerfreuliche Resultat.

Und wie steht es um die Bedeutung der Biografie? Wie beschrieben belegen unzählige Forschungsergebnisse aus allen denkbaren Fachbereichen den Einfluss von Umwelt und Herkunft, von Erziehung und Umgang mit Freunden und anderen Menschen. Die damit verbundene Konditionierung ist für das Verhalten des Einzelnen, also dafür, ob seine »Kompassnadel« die richtige Richtung vorgibt, von vergleichbarer Bedeutung wie die individuelle genetische Ausstattung. Daher bedarf es der Berücksichtigung, wenn eilfertig das Verdikt einer persönlichen, vorwerfbaren Schuld proklamiert wird. Es sind zuweilen Umstände, die mangels eigenen Zutuns in die Kategorie Schicksal gehören.

Die Neurogenese erklärt, warum sich unser Verhalten mit unserer Persönlichkeit verändern kann. Verhaltensmuster oder Vorurteile, die genetisch oder in der frühkindlichen Phase verankert wurden, können sich ändern. Unser Gehirn ist ein Organ, das mit einer gewissen Wandlungsfähigkeit ausgestattet ist, und zwar bis ins hohe Alter. Die Vermutung, es handle sich um eine relativ starre graue Masse, die im Laufe der Zeit an Effizienz nachlässt, weil die Nervenzellen unwiederbringlich absterben, gehört der Vergangenheit an. Im Gegenteil: Die Neubildung von Nervenzellen, also die Neurogenese, ist aufgrund der ständigen Teilung von neuralen Stammzellen der Garant für geistige Fitness und bessere Lebensqualität, aber eben auch für ein einigermaßen gut funktionierendes Gedächtnis und die Fähigkeit, sein Verhalten zu ändern. Von den Epigenetikern wissen wir, dass sich sogar Persönlichkeit und Charakter im Laufe eines jeden Lebens ändern können.

Roth sagte dazu im Gespräch mit der »ZEIT«: »Selbst wenn unsere genetische Ausrüstung unsere Psyche zu 50 Prozent determinieren mag und die frühkindliche Erfahrung zu 30 Prozent, dann bleiben immer noch 20 Prozent, die sich im Laufe des Lebens verändern.« Das Fazit der Wissenschaftsjournalisten Werner Siefer und Christian Weber lautet: »Egal, ob angeborene Fähigkeiten und Erfahrungen sich während der Lebenszeit die Waage halten, die Wandelbarkeit des Gehirns lässt genügend Spielraum für die Entfaltung der Persönlichkeit« (Werner Siefer, Christian Weber: Ich. Wie wir uns selbst erfinden. 2006).

Gesichert erscheint jedenfalls, dass sich die Persönlichkeit eines Menschen nicht in den ersten Lebensjahren endgültig manifestiert. In jedem Fall sind es vorentscheidende Lebensjahre. Wenn es also wahr ist – so zumindest die einhellige Meinung der Neurowissenschaftler –, dass die einzelnen Hirnareale über eine Art Schaltapparatur mit Rückkoppelungsschleifen und Querverbindungen mithilfe von Neurotransmittern und Botenstoffen zusammenwirken und auf diese Weise eine neuronale Verarbeitung von Reizen und Eindrücken erfolgt, aus denen das Gehirn im Laufe der Zeit mehr oder weniger sinnvolle Wahrnehmungen und Erkenntnismuster bildet, dann bedeutet die funktionierende Neurogenese unter anderem: Wir erhalten uns die Fähigkeit, uns zu verändern, Vorurteile abzubauen, Meinungen und Vorlieben zu ändern, zum Beispiel für Mode, Kultur und Kunst aber auch für politische oder religiöse Ansichten.

Fassen wir zusammen: Abgesehen von genetischen Defekten besitzt der Mensch von Geburt an das Potenzial für ein moralisch einwandfreies Verhalten. Von der Biografie, von sozialen Rahmenbedingungen (Erziehung, Freundeskreis, Schule, Erlebnisse usw.) hängt es ab, wie sich dieses Potenzial entwickelt. Sowohl der Lebensverlauf als auch Erlebnisse üben einen prägenden Einfluss aus, unterliegen jedoch nicht immer der eigenen Kontrolle, denn die Lebensbedingungen erlauben es zuweilen nicht, den eigenen, gewollten Lebensplan zu realisieren. Viele Faktoren ändern sich zufallsbedingt aufgrund von Umständen, die wir nicht vorhersehen und schon gar nicht dirigieren können.

WAS BEEINTRÄCHTIGT DIE MÖGLICHKEIT, EIGENE LEBENSENTWÜRFE ZU REALISIEREN?

Fremde, ungeplante, ungewollte Einflüsse wie Krankheiten, Unfälle, Naturkatastrophen und Kriege können die Lebenslinie dramatisch verändern, wie zum Beispiel der von George W. Bush und seinen Helfershelfern angezettelte Krieg im Irak. Ein Verbrechen, das für die Betroffenen als schicksalhafter Zufall daherkam und bei manchen die Möglichkeit reduziert hat, ihr Leben eigenverantwortlich so zu gestalten, wie sie es geplant hatten. Die Not hat sie zu Flüchtlingen gemacht, sie einer elementaren Entscheidungsfreiheit beraubt. Der Zufall kann aber auch anders. Er kann die Weichen für Glück stellen, beispielsweise für ein Millionenvermögen. Der Zufall ist schließlich Beleg dafür, dass wir nicht immer und ausschließlich verantwortlich für eine ungerade Lebenslinie sind, dass zuweilen die Ursache, manchmal sogar die Schuld bei anderen zu suchen und zu finden ist.

537 Wählerstimmen anlässlich der Präsidentenwahl, die in Florida möglicherweise falsch ausgezählt wurden, haben im Jahr 2000 das Leben zahlreicher Menschen weltweit, nicht nur im Irak, dramatisch verändert. 537 Stimmen fehlten dem kandidierenden Demokraten Al Gore für einen Sieg, stattdessen gewann George W. Bush. Der (mehrheitlich republikanisch besetzte) Supreme Court hatte zuvor die erneute Auszählung der Stimmen in Florida verboten

und damit ein gegenteiliges Urteil des obersten Gerichtshofs von Florida verworfen. So weit, so irrelevant ist dieser Vorgang für die Frage, wie ein Einfluss von außen eine geplante Lebenslinie verändern kann, jedenfalls zunächst. Bush marschierte in den Irak ein, um die Bürger dort zu »befreien«, wie er es nannte. Sein ehemaliger Kontrahent im Wahlkampf Al Gore, soviel ist verbürgt, wäre nicht einmarschiert. Wie wäre der Verlauf der Geschichte dann gewesen?

Für zahlreiche Bürger im Irak, und nicht nur dort, bedeutete der Krieg Verlust von Hab und Gut, von Angehörigen oder gar Verlust des eigenen Lebens. Für sie hatte dieser Einfluss eine zum Teil dramatisch »unfreiwillige« Änderung ihrer Lebenslinie zur Folge. Betroffen waren zweifellos all jene Menschen, die weder direkt noch indirekt einen Beitrag zur Invasion geleistet hatten, die schlicht von einem anderen Lebensplan als dem einer amerikanischen Okkupation geträumt hatten. 537 Wählerstimmen im Jahr 2000 haben eine Entwicklung bewirkt, auf die die irakische Bevölkerung keinen Einfluss nehmen konnte. So gesehen übt der Zufall (den Gläubige gelegentlich für göttliche Fügung halten) Einfluss auf unser aller Leben aus. Dieses Beispiel soll nur eines verdeutlichen: Wer den Lebensweg einzelner Mitmenschen zuweilen mit dem Argument kritisiert, er »sei ja selbst schuld«, sollte nicht aus den Augen verlieren, welche Rolle äußere Einflüsse und Zufälle spielen, einmal für das Glück des Einzelnen, einmal für ein Unglück oder gar für ein existenzielles Desaster. Es sind also nicht nur Gene, Hormone und Belohnungssysteme, die unsere Lebenslinie bestimmen. Es sind auch Ereignisse, denen wir nicht immer entgehen können. Wie hätte sich beispielsweise die Lebenslinie von unzähligen Muslimen und Arabern entwickelt, im Irak, in Syrien, in Libyen und in anderen Ländern, wären die Stimmen in Florida nochmals ausgezählt worden?

SCHICKSALHAFTE EREIGNISSE, DIE NICHT NUR LEBENSLINIEN, SONDERN DEN VERLAUF DER GESCHICHTE BESTIMMT HABEN

Welchen Verlauf hätte die Weltgeschichte genommen, wenn Al Gore im Jahr 2000 Präsident der USA geworden wäre? Gäbe es dann überhaupt so eine Bewegung wie Pegida? Gäbe es Millionen von Flüchtlingen, die für die Flucht ihr Leben riskieren? Nein, es sind nicht nur die eigenen, persönlichen Determinanten, die Einfluss auf unsere Lebenslinie nehmen, es ist auch das Phänomen Zufall. Mit wem kreuzen sich unsere Wege? Welche äußeren Einflussfaktoren wie Umweltkatastrophen, Krieg oder Epidemien ereilen uns, ohne die Möglichkeit, diese Ereignisse zu verhindern? Tragen die Flüchtlinge Schuld daran, dass sie versuchen, den zufällig über sie hereinbrechenden Schicksalsschlägen zu entkommen und auf der Flucht ihr Leben verlieren? Sicherlich nicht.

Und noch ein paar Beispiele, die zum Nachdenken einladen:

Der Einschlag eines riesigen Meteoriten auf der Erde vor rund 65 Millionen Jahren hatte zur Folge, dass die Saurier ausstarben. Diese Entwicklung machte den Weg frei für den Aufstieg der Säugetiere, für den Homo sapiens und dessen Dominanz auf dem Globus. Ob alles auch so gekommen wäre, wenn der Meteorit an der Erde vorbeigeflogen wäre? Was wäre aus unserem Planeten ohne diesen Meteoriteneinschlag geworden?

Im Jahr 536 n. Chr. explodierte der Vulkan Ilopango in El Salvador. Er katapultierte circa 30 Kubikkilometer pyroklastisches Sediment (Vulkangestein und Asche) in den Himmel. Überall auf der Welt verdunkelte sich der Himmel. Die Temperaturen sanken ständig, die Sonne war für mehr als 18 Monate hinter einem Wolkenschleier verschwunden. Die Ernten fielen aus. Die weltweite Klimaveränderung verursachte nicht nur Hungersnöte. Der Ausbruch der Beulenpest im Jahr 542 n. Chr. in Konstantinopel wird ursächlich auf diesen Vulkanausbruch zurückgeführt. Das bedeutete in weiterer Folge das Ende von Kaiser Justinian und trug damit langfristig zum Untergang des Römischen Reiches bei. Ein Naturereignis von epochaler Bedeutung für die Menschheit.

Welche Folgen der Tsunami im Jahr 2000 für Hunderttausende hatte, ist wohl den meisten noch in Erinnerung.

Wie lange hätte die Berliner Mauer noch gestanden, wenn nicht Günter Schabowski aus dem DDR-Politbüro auf einer Pressekonferenz am 9. November 1989 die nur scheinbar bedeutungslosen Worte ausgesprochen hätte: »... nach meiner Information ab sofort, unverzüglich« als Antwort auf die Frage, ob die ständigen Ausreisen über die Grenzübergangsstellen der DDR auch für Westberlin gelten würden.

Der Mediziner Alexander Fleming hat das überlebenswichtige Penicillin nur deshalb entdeckt, weil eine Bakterienkultur in seinem Londoner Labor verschimmelt war. Dort, wo der Schimmel wucherte, waren die Bakterien plötzlich verschwunden. Aufgrund dieses Zufalls konnte endlich ein Mittel gegen Bakterien entwickelt werden, nach dem Forscher mehr als ein Jahrzehntlang gesucht hatten.

Alle diese Beispiele zeigen, dass eben nicht nur Gene und Erziehung Einfluss auf unsere Lebenslinie haben, sondern auch solche Erlebnisse und Begegnungen, die von uns ungeplant und unbeeinflusst geschehen und dem Zufall zugeschrieben werden müssen, jedenfalls aus der Sicht des jeweils Betroffenen.

Oft genug sind es ebensolche unerwarteten (und natürlich unverschuldeten) Ereignisse, die in letzter Konsequenz zu einem Verhalten nötigen, das wiederum vorwurfsvolle Schuldzuweisungen auslöst. Tägliche Beispiele liefern jene »besorgten Bürger« hierzulade, die selbst jene als »Wirtschaftsflüchtlinge« glauben diskreditieren zu dürfen, die nach dem Bombenhagel in Aleppo (Syrien) die lebensgefährliche Flucht über das Mittelmeer nach Europa riskiert haben.

DER ZUFALL ERÖFFNET MÖGLICHKEITEN

Lassen Sie mich die genannten Beispiele um ein weiteres persönliches ergänzen, das aus meiner Sicht in die Kategorie »glücklicher Zufall« gehört. Ein regnerischer Sommerabend im Jahr 1977 hat, so sehe ich es heute, meine zu erwartende Lebenslinie verändert. War es schicksalhaft oder war das, was sich in weiterer Folge ergab, Ergebnis meiner »freien Entscheidung«? An diesem Abend wurde ein junger Mann am Grenzübergang in Konstanz von Polizeibeamten routinemäßig überprüft. Nach einem Blick in seinen Reisepass begannen die Beamten hektisch, jeden Winkel seines Cabrios zu filzen. Den jungen Mann beschlich eine böse Ahnung. Seine Flucht in Richtung Stadtmitte war eher ein Reflex denn Kalkül. Er musste seinen Häschern entkommen. Die aber zögerten nur wenige Augenblicke und nahmen dann die Verfolgung auf. Nach zwei Warnschüssen traf der dritte Schuss den Flüchtenden in den rechten Oberarm. Den glatten Durchschuss bemerkte dieser jedoch erst, als er sich im Lokal eines Bekannten in Sicherheit glaubte. Die Adrenalinschübe hatten ihn schmerzunempfindlich gemacht. Die Beamten gaben die Suche auf, der Regen hatte die Blutspuren verwischt. Wenige Wochen später saß der junge Mann in meiner Kanzlei in München. Er wollte auswandern, ihm fehlte jedoch ein Reisepass, einen Personalausweis besaß er. Als Grund für seinen Wunsch auszuwandern, nannte er unbestimmt »Ärger mit der Steuer«. Er hatte bereits den Plan, als Investor auf den Seychellen tätig zu werden. Daher reiste ich in seinem Auftrag einen Monat später dorthin. Es kam zu einem Treffen mit dem noch jungen Präsidenten und allen seinen Ministern. Und mit der Zusage, mein investitionswilliger Mandant dürfe auch ohne Pass einreisen, kehrte ich zurück. Obwohl er sich dann trotz der positiven Zusage für Investitionen auf einer Karibikinsel entschied, blieb mein Kontakt zum Präsidenten des Inselstaats bestehen. Daraus resultierte 1979 meine Akkreditierung als Honorarkonsul der Republik Seychellen mit dem Konsularbezirk Bundesrepublik Deutschland sowie die

Mitgliedschaft im elitären Konsularkorps des Freistaates Bayern. Irgendwann, als meine erste Ehe endgültig scheiterte, traf ich bei einer meiner Dienstreisen dort auf dieses anmutige Wesen, eine temperamentvolle Kreolin. Spätestens jetzt, Ende der 80er Jahre und nicht zuletzt wohl auch durch die Geburt unserer gemeinsamen Kinder, war es eine Lebenslinie geworden, die heute zum Nachdenken einlädt.

Ist eine solcher Lebensweg quasi unausweichlich oder das Ergebnis selbstbestimmter Lebensabläufe? Können wir »freiwillig« Stellschrauben für eine Veränderung unserer Lebenslinie setzen, oder ist das, was wir für eine Veränderung halten, tatsächlich vorherbestimmt? Gibt es unbeeinflussbare Zufälle, die eine Ereigniskette in Gang setzen?

Den Anfang der Ursachenkette, die meine Lebenslinie veränderte, verdanke ich der Begegnung mit dem Mandanten, der auf die Seychellen auswandern wollte, und das war sicherlich ein Zufall. Wäre er nicht an der deutsch-schweizerischen Grenze angeschossen worden, hätte er nicht das dringende Bedürfnis gehabt, auszuwandern. Und wäre er nicht mir, sondern einem anderen Anwalt empfohlen worden, dann wäre meine Lebenslinie sicher anders verlaufen. Von dem Moment an, als er mich um Hilfe bat, zwang mich der Zufall nicht, das Mandat anzunehmen, auf die Seychellen zu reisen und so weiter. Der Zufall war lediglich der Stein des Anstoßes gewesen. Um aber den Zufall walten zu lassen und die sich zufallsbedingt ergebenden Möglichkeiten zu nutzen, braucht man Gelassenheit und Fantasie, um seinen Lebensplan offen zu gestalten – für mehr als nur eine einzige Erfolgsoption.

An dieser Stelle kommen wieder die Determinanten ins Spiel, die genetisch bedingte Veranlagung, die äußeren Einflüsse (insbesondere in den ersten Lebensjahren), die Vorurteile und Stereotypen. Diese Determinanten waren entscheidend – zumindest mitentscheidend – dafür, die »Einladung«, die der Zufall offeriert hatte, anzunehmen. Der Philosoph Søren Kierkegaard hätte es –

sinngemäß – so formuliert: Will der Mensch ganz zu sich selbst kommen, darf er nicht darin verharren, alle die ihm offen stehenden Möglichkeiten lediglich zu betrachten. Er muss sich für einen Weg entscheiden.

DIE DATENINDUSTRIE »ERSCHAFFT« ZUFÄLLE, AUCH GEGEN UNSEREN WILLEN

Den Flüchtlingen aus den Krisengebieten ist allerdings zuzugestehen, dass ihnen alternative Entscheidungsmöglichkeiten nicht zur Verfügung standen. Sie mussten vor Kriegen oder religiöser Verfolgung fliehen.

Eine ketzerisch wirkende Frage erscheint angebracht: Hat der Zufall noch für eine Weile Bedeutung für jedermanns Lebenslinie? Ich habe da so meine Zweifel. Die Datenindustrie ist längst damit beschäftigt, unsere Daten mittels Algorithmen so zu verarbeiten, dass jeder von uns bis ins private Detail hinein analysiert werden kann. Mit der Nutzung der neuesten technischen Errungenschaften, wie beispielsweise der »Apple Watch«, liefern wir bereitwillig eine tatkräftige Unterstützung für die Datensammlung und -speicherung. Auch die beschlossene sogenannte Vorratsdatenspeicherung könne für solche Ambitionen durchaus förderlich sein, beschreibt »Zeit Online« mit folgendem Vergleich: »Es sei, als würde man jedes Gespräch in jeder Kneipe des Landes registrieren. Man archiviert zwar nicht den Wortlaut der Unterhaltung, wohl aber Datum und Uhrzeit, Dauer, Gesprächspartner und den Name der Kneipe« (Zeit Online: Kai Biermann (15.04.2015): http://bit.ly/zeit-Überwachung).

Einer Untersuchung der amerikanischen Eliteuniversität MIT zufolge lassen sich Personen mit den vermeintlich harmlosen Verbindungsdaten ebenso zweifelsfrei identifizieren wie mit einem Fingerabdruck. Forscher der Universität in Stanford konnten in einem Experiment Rückschlüsse auf intime Details wie Religionszugehörigkeit, Geschlechtskrankheiten, außereheliche Affären, Waffenbesitz oder Drogenhandel ziehen, indem sie die Metadaten der Probanden auswerteten.

Unsere gesammelten Daten ergeben ein lückenloses Profil, ein nahezu vollständiges Abziehbild von uns als Individuen, von unserem Leben. In absehbarer Zeit wird eine Überwachungskamera mit Gesichtserkennungsfunktion auf den Markt kommen, diese Technologie steht bereits einsatzbereit zur Verfügung. Das Gerät wird beispielsweise in Kaufhäusern eingesetzt, um Kunden mithilfe eines biometrischen Erkennungsverfahrens zu identifizieren und um ihr Kaufverhalten dirigieren zu können. Sorgfältig zusammengestellte Algorithmen rechnen in Sekundenschnelle aus, welche Vorlieben ein Kunde hat. Über LED-Werbetafeln sieht er die auf ihn zugeschnittenen Botschaften, die er eher unbewusst wahrnimmt. Sie beeinflussen ihn unterschwellig und führen ihn dorthin, wo der Computer »glaubt«, seine Kaufentscheidung fördern zu können. Stephan Humer, Internetsoziologe an der Universität der Künste in Berlin: »Die Software ist da, die Algorithmen sind einsatzbereit, es fehlt nur noch die Massenverbreitung. Und verschiedene Nutzergruppen wollen und werden das einsetzen« (FAZ online: 23.6.2015: http://bit.ly/faz-humer).

Die Folge der weltweiten Datensammlung ist absehbar: Wir werden von anonymen, unsichtbaren Computern, die unsere Vorlieben, Fehler und Bedürfnisse errechnet haben, gezielt durchs Leben gelenkt. Wer eine Trennung gerade bewältigt hat, darf sich eines Tages also nicht wundern, wenn er kurze Zeit später Informationen und Fotos zu einem potenziellen künftigen Partner per E-Mail erhält. Denn Algorithmen aus weltweiten Datenschätzen haben unbemerkt und – wichtig – unaufgefordert alles dafür gesammelt. Der Zufall, der mich einst an die Strände der Seychellen und in die Arme einer kreolischen Schönheit gespült hat, wird möglicherweise künftig von Computerprogrammen übernommen. Dann allerdings hat der Zufall diese Bezeichnung nicht mehr verdient. Man könnte es auch anders formulieren: Die technische, von Menschenhand initiierte »Evolution« gewinnt mehr und mehr an Bedeutung für Schicksale der Individuen. Sie könnte eines Tages jene Rolle spielen, die derzeit noch der natürliche, nicht programmierte Zufall spielt. Wir würden, um es etwas drastischer zu formulieren, dann von einer für uns unsichtbaren Macht gesteuert.

Last but not least: Eine weitere für uns unsichtbare Macht hat einen Einfluss auf unser aller Lebenslinie. Die Rede ist vom Chaos!

Bis vor Kurzem schien die Welt nur aus zwei Arten Phänomene zu bestehen, dem völlig geordneten und dem zufälligen. Ein neuer Wissenschaftszweig widmet sich mit aufsehenerregenden Erkenntnissen der sogenannten Chaostheorie. Der Kern dieser Theorie ist mit dem Titel einer Vorlesung auf den Punkt gebracht, die der Wissenschaftler Edward Lorenz vom Massachusetts Institute of Technology bei einer Veranstaltung der American Association for the Advancement of Science hielt:

»Löst das Flattern eines Schmetterlings in Brasilien einen Tornado in Texas aus?«

Die Theorie beschreibt die zuweilen exponentielle Bedeutung von scheinbaren Geringfügigkeiten oder, um es in der Sprache der Wissenschaftler zu formulieren, die »nicht-linearen« Effekte, die durch eine scheinbar unbedeutende Abweichung (vom geplanten Verlauf) verursacht werden. Ein banales Beispiel: Am Tag eines Überseeflugs verschläft man 10 Minuten. Man rennt zu seinem Wagen und stellt fest, dass die Ampeln es nicht gut meinen. Man kommt 15 Minuten zu spät zum Bahnhof und verpasst seinen Zug. Der nächste kommt erst nach einer halben Stunde, und man verpasst den einen täglichen Flug. Obwohl alle Faktoren nach einem festen Zeitplan funktionieren, sind aus anfänglich zehn Minuten 24 Stunden geworden.

Es sind solche »Kleinigkeiten«, die, so die Wissenschaftler, den Lauf der Geschichte unberechenbar beeinflussen, egal ob es um klimatische Veränderungen geht, oder um die Umlaufbahnen von Asteroiden. Diese Wissenschaftler, so vermute ich, würden die fehlenden 537 Wählerstimmen in Florida, die im Ergebnis zur Präsidentschaft von George W. Bush führten, eher dem Phänomen Chaos, denn dem Phänomen Zufall zuordnen.

DIE SUCHE NACH SCHULD UND SCHULDIGEN IST ZWANGHAFT

Auch ohne Kenntnis von Ergebnissen der Hirn- und Verhaltensforschung erschließt sich dem gesunden Menschenverstand, dass unser Gehirn unvollkommen und fehleranfällig ist. Der Homo sapiens ist freimütig bereit, anderen solch einen Mangel zu bescheinigen, während er gleichzeitig seine eigene Unfehlbarkeit beansprucht. Bei einer (empfundenen) Ungerechtigkeit begibt er sich auf die Suche nach dem Schuldigen, da er zutiefst befriedigt ist, sobald er die Schuld bei anderen gefunden hat. Warum ist das so?

Zunächst ein aufschlussreicher historischer Rückblick in die vorchristliche Zeit:

Schuldzuweisungen beglücken uns gelegentlich, wenn der vermeintliche Missetäter nur Blitzableiter für eigene Frustrationen oder Verfehlungen ist. Dann ist der Schuldige so etwas wie ein »Sündenbock« für eigenes Versagen. Ein Blick in das 3. Buch Mose, dort Kapitel 16, hilft, den historischen Ursprung der Funktion des Sündenbocks zu verstehen. Damals nämlich war es das Schicksal des Ziegenbocks, für die Schuld anderer zu sühnen. Der Hohepriester »übertrug« am Tag Jom Kippur (Tag der Sündenvergebung im Judentum) dem Bock durch Handauflegen die Sünden seines Volkes und jagte ihn anschließend in die Wüste. Damit glaubte man, sich ein angstfreies Gewissen und Gottes Gnade

»erkaufen« zu können, so die Überlieferung. Diese archaischen Gefühlswurzeln haben offensichtlich Jahrtausende überdauert, denn: Es wird immer noch als Erleichterung empfunden, wenn die Schuld für eigenes Unglück, für eine wie auch immer empfundene Unzufriedenheit, bei anderen gefunden wird. Schuldzuweisungen sind also mitnichten ausschließlich einem altruistischen uneigennützigen Streben nach Gerechtigkeit geschuldet. Wir sprechen, wohl gemerkt, vom zwischenmenschlichen Bereich in der Zivilgesellschaft.

Aber es gibt noch andere Motive, die uns – eher unbewusst – bewegen, andere mit dem Makel der Schuld zu belegen. Die Rede ist von Neid und Eifersucht, um nur einige Gefühle zu nennen, die unseren Gerechtigkeitssinn benebeln. Von ganz besonderer Bedeutung ist das Ehrgefühl. Die Ehrverletzung verlangt mehr als nur Schuldzuweisung. Sie fordert im Extremfall Vergeltung, Rache.

Lassen Sie mich das grundsätzlicher unter die Lupe nehmen.

Wir sind als Primaten in eine hierarchische Ordnung eingebunden, so der amerikanische Psychologe Richard Smith von der University of Kentucky. Die soziale Position innerhalb dieser Ordnung entscheidet über die Lebenschancen. Das hat zur Folge, dass wir uns selbst ständig durch den Vergleich mit anderen definieren. Bewerten wir unsere Situation – im Vergleich – auf Augenhöhe mit dem jeweils anderen, so gehen wir mit Fehlern oder mit dem Versagen des jeweils anderen einigermaßen indifferent um. Die Beurteilung der Schuld erfolgt in solchen Fällen relativ emotionsfrei.

Anders verhält es sich jedoch, wenn der Betroffene entweder eine niedrigere soziale Position hat oder sich minderwertig fühlt. Dann evozieren Vorteile und Vorzüge des anderen Neid und Missgunst. Ähnlich sieht es Jens Lange, Psychologe an der Universität in Köln. Der Vergleich, so Lange, helfe dem Individuum, sich selbst und seine Leistungen zu bewerten und Unsicherheiten abzubauen. Fällt der Vergleich negativ aus, führt das Ergebnis zu einem niedrigen Selbstwertgefühl und mitunter zu Neid.

Das Verlangen, diese als schmerzhaft empfundenen Gefühle abzustreifen oder zu kompensieren, resultiert verdächtig schnell in Schuldzuweisungen, wenn auch nur der Hauch eines Verdachts auf den »Überflieger« fällt, er habe sich (moralisch) falsch oder ungerecht verhalten. Smith hat dieses Phänomen untersucht, indem er Testpersonen mit Videoaufzeichnungen zweier Studenten konfrontierte, die sich um einen Platz an einer medizinischen Hochschule bewarben. Der eine war ein Sunnyboy aus reichem Hause, der sich damit brüstete, ihm seien die guten Noten ohne Mühe zugeflogen. Der andere stammte aus bescheidenen Verhältnissen und hatte hart büffeln müssen, um einigermaßen gut abzuschneiden. Wie zu erwarten beneideten die Testpersonen den Begünstigten um seine Lebenschancen. Später erfuhren die Testpersonen, dass beide Anwärter abgewiesen worden waren, weil sie im Labor Drogen entwendet hatten. Aber allein das Straucheln des Sonnyboys führte bei den Testpersonen dazu, sich ins Fäustchen zu lachen.

EINEN SCHULDIGEN ZU FINDEN, BEFREIT DIE PSYCHE

Die Schadenfreude ist ebenso ein Ventil wie die Schuldzuweisung, die Genugtuung verschafft. Hirnforscher fanden Bemerkenswertes heraus: In den Gehirnen schadenfroher Probanden wurde eine erhöhte Hirnaktivität gemessen, und zwar im Belohnungszentrum. Das ist der Bereich, der uns mit dem Glückshormon auch dann zuschüttet, wenn wir Sex, Kokain und Glücksspiele genießen oder berufliche und gesellschaftliche Anerkennung erhalten. Wer sich rächen möchte, beispielsweise weil er sich in der Ehre verletzt fühlt, wird ebenfalls mit der Ausschüttung von Dopamin belohnt.

Ein in diesem Zusammenhang skurriles Urteil wurde im Mai 2015 in den USA gesprochen. Ein Richter in Ohio wollte das richtige Strafmaß für die Pfeffersprayattacke einer Frau finden. Sie hatte damit einen Nachbarn »ärgern« wollen, was dieser als reichlich unangenehm empfand. Vor die Wahl gestellt, 30 Tage Gefängnis oder Rache in Form einer »Gegenattacke«, ebenfalls mit Pfefferspray, und zwar noch im Gerichtssaal, entschied sich die Frau für Letzteres. Die Flasche enthielt aber nur ein Salzwassergemisch, was die Frau jedoch nicht wusste. Immerhin erhielt sie eine nachdenkenswerte Lektion, und der Nachbar zeigte sich äußerst glücklich darüber, dass er die Demütigung auf diese Art kompensieren durfte. Amerika, das Land der unbegrenzten Möglichkeiten.

Die Schuldzuweisung wirkt ebenso wie Schadenfreude psychisch entlastend und sozial regulierend. Sie stutzt den vermeintlichen Überflieger (oder Ehrverletzter) in den Augen jener, die sich benachteiligt oder beleidigt fühlen, auf sein menschliches Maß zurück. Dabei spielt die persönliche Abneigung gegen diese Person eine große Rolle. Diese Erkenntnisse erinnern an die Theorie des Philosophen Friedrich Nietzsche über »Die Rachsucht der Ohnmächtigen«. Ihr zufolge bewirkt das Leid über die Unterlegenheit der eigenen Gruppe den Ärger über eine erfolgreiche Gruppe selbst dann, wenn es keinen direkten Wettbewerb gibt. Und – das ist hier einschlägig relevant – der Ärger lässt den Betroffenen nach Gelegenheiten suchen, um sich abzureagieren. Man könnte auch sagen: Der Ärger bewirkt das Verlangen nach Schuldzuweisung. Das gilt ebenfalls für jene Nörgler, für die Eigenverantwortung ein Fremdwort ist, die für ihr eigenes Missgeschick stets »die da oben«, also vornehmlich die Politiker und andere Vertreter des Staates, verantwortlich machen. Es ist ein Reflex, den vor allem Egozentriker und Egoisten pflegen.

GEFÜHLE WIE NEID, MISSGUNST, EIFERSUCHT BEFLÜGELN DIE SCHULDZUWEISUNGEN

Die Schuldzuweisung bewirkt dieses Triumphgefühl, dieses Glücksempfinden, zumal dann, wenn es in einer Gruppe ausgelebt wird. Der im Konsens mit der Gruppe ausgesprochene »Schuldspruch«, die darüber gelegentlich ausgelöste, jedenfalls empfundene Schadenfreude oder Genugtuung, versöhnt den Menschen mit dem Leben in der Gemeinschaft, so der Psychologieprofessor Willibald Ruch. Es ist der »Kitt«, der eine Gruppe zusammenschweißt.

Halten wir also fest: Die Suche nach dem Schuldigen, die Etikettierung eines Verhaltens mit »Schuld« wird – im zwischenmenschlichen Bereich – regelmäßig von Emotionen begleitet, hauptsächlich von den wenig positiven Gefühlen wie Neid, Missgunst, Eifersucht oder auch von Selbstsucht und Egoismus. Angesichts der »schmerzstillenden«, ja glücklich stimmenden Ausschüttungen von Dopamin und anderen Hormonen, die für ein tiefes Gefühl der Befriedigung sorgen, gibt es wenig Hoffnung, dass ein Appell an Vernunft und Toleranz diese dunkle Seite des Verlangens reduzieren kann. Das Bedürfnis, bei zwischenmenschlichen Auseinandersetzungen und Meinungsverschiedenheiten einen Schuldigen auszumachen, ihn mit Verachtung, Ausgrenzung oder gar Mobbing abzustrafen, ist Ursache für Konflikte, die bei objektiver Bewertung ausbleiben könnten.

Das verhält sich deutlich anders, wenn das vermeintliche Fehlverhalten Gegenstand einer gerichtlichen Beurteilung ist.

Geht es um einen Rechtsbruch, eine Gesetzesverletzung, dann ist die Reaktion trotz richterlichem Ermessensspielraum eher formalistisch, quasi vorgeschrieben. Die unabhängigen Richter müssen, wenn gestohlen oder betrogen wurde, eine Strafe verhängen, und wer in der Arbeit schlampt, der muss damit rechnen, dass ein Gericht die Entlassung durch den Arbeitgeber für rechtens erklärt, schlimmstenfalls.

Ein Blick in das Geschichtsbuch offenbart, dass die Suche nach Schuldigen und das Streben nach Bestrafung vor Gericht nicht etwa eine neuzeitliche Erfindung ist. Im Gegenteil, auch das Bedürfnis nach Vergeltung ist, wie die Rolle des Sündenbocks, ein archaisches Relikt aus vorchristlicher Zeit. Schon damals war die Rache – als Strafe für schuldiges Verhalten – ein nicht nur erlaubtes, sondern sogar gebotenes Mittel, um den Rechtsfrieden in der

Gemeinschaft zu sichern. In der griechisch-römischen Antike war der Verlust der Ehre, die Kränkung des Individuums, das ausschlaggebende Motiv, um durch Vergeltungsmaßnahmen die, wie wir es heute ausdrücken würden, Schuld zu sühnen und damit die Ehre wiederherzustellen.

Der Wunsch nach Rache und Vergeltung war jedoch nicht in jeder Epoche, in jedem Kulturkreis für jedes normabweichende Verhalten maßgeblich. Wie ich im Kapitel über die Schuld im Strafrecht noch ausführe, gab es schon in der vorchristlichen Zeit die in der Gemeinschaft praktizierte Regel eines Wiedergutmachungsverfahrens, jedenfalls für Vermögensdelikte.

Auch das heute geltende Strafrecht berücksichtigt bei der Strafzumessung das Verhalten des Täters nach der Tat. § 46 des Strafgesetzbuches fordert eine »schuldangemessene Bestrafung«, wobei die Motive des Täters, dessen Gesinnung, die Art und Weise der Begehung der Tat, etwaige Bemühungen um Schadenswiedergutmachung (also auch um einen Ausgleich mit dem Opfer) und so weiter berücksichtigt werden sollen.

Unsere Rechtsordnung ist also ziemlich austariert. Das sorgt für relativen Rechtsfrieden in einer durchaus nicht homogenen Gesellschaft. Ob diejenigen, die im Zweifel zu entscheiden haben, alles und immer richtig machen, steht auf einem anderen Blatt …

Aber die Fehlbarkeit der Justiz ist nur ein Spiegelbild der gesellschaftlichen Verhältnisse, insbesondere der Unvollkommenheit des Individuums, soweit es um Schuldzuweisung im zwischenmenschlichen Bereich geht.

Vor Gericht hat die Prüfung der Schuldfrage aber immerhin eine Chance auf Objektivität, denn das Gros der Richter schafft es wohl, eigene Emotionen auszublenden, wenn Recht gesprochen werden soll. Aber die Gerechtigkeit bleibt auf der Strecke, wenn Emotionen mitschwingen und es, anders als bei Gericht, kein Korrektiv gibt (bei Gericht beispielsweise Rechtsmittel), um die »Ankläger« bei einer Schuldzuweisung einzubremsen.

Denn wir glauben zwar, ein einwandfreies, sozialfreundliches Verhalten durch so etwas wie Willenskraft oder Disziplin bewirken zu können. Tatsächlich ist eine solche Überzeugung trügerisch, wie viele Hirnforscher meinen. Spätestens jetzt ist es an der Zeit, deren Meinungen und Forschungsergebnisse zu referieren.

Vieles von dem, was in vorangegangenen Kapiteln an Erkenntnissen oder Thesen beschrieben wurde, stammt aus der Feder von Verhaltensforschern, oft bestätigt durch Experimente der Hirnforschung. Richtungsweisend zu Fragen der Entscheidungsfreiheit, der individuellen (vorwerfbaren) Schuld haben Neurobiologen Forschungsergebnisse präsentiert, die geradezu in revolutionär anmutenden Erkenntnissen und Theorien mündeten. Es handelt sich um keine einfache Kost, wie ich vorwegschicken möchte, eine, die äußerst kontroverse Diskussionen, ja zuweilen Empörung ausgelöst hat.

HIRNFORSCHER HABEN BAHNBRECHENDE FORSCHUNGSERGEBNISSE GELIEFERT, KÖNNEN ABER NICHT ALLES ZWEIFELSFREI DEUTEN

Einige Hirnforscher glauben, alles zu wissen oder mindestens alles deuten zu können. Die Hybris verwundert allein deshalb, weil sie – streng genommen – ihre eigene Fehlbarkeit kennen, auch die Fehlbarkeit, aus Messinstrumenten alles, aber wirklich alles, ablesen und interpretieren zu können. Dennoch, die Verdienste der Neurobiologie sind unbestreitbar und wertvoll. Sie bereichern viele andere Fachdisziplinen wie beispielsweise die Verhaltensforschung. Wir können und dürfen uns nicht genug sattsehen an den bunten Bildern, die ihre Instrumente ermöglichen und die bestätigen, was viele Psychologen bereits ermittelt und so manche Philosophen geahnt haben: Der Homo sapiens ist ein überwiegend vom Unterbewusstsein, von Gefühlen, von Genen und von der Biografie gesteuertes Wesen. Und auch das ist eigentlich nicht neu: Von der Freiheit zu entscheiden und zu handeln, bleibt nicht viel übrig. Das kratzt an der Menschenwürde, stimmt aber trotzdem.

Nicht nur diejenigen, die sich für die Formel 1 interessieren, haben die Berichterstattung über den dramatischen Skiunfall des

Rennfahrers Michael Schumacher im Jahr 2013 verfolgt. Die Welt rätselt und spekuliert nach wie vor über seinen Gesundheitszustand, weil die Familie diskret bleibt. Fotojournalisten der üblen Art lassen sogar Drohnen über dem Anwesen der Familie Schumacher aufsteigen, um zu fotografieren, was privat und verborgen bleiben soll. Welcher Art sind seine Spätfolgen nach dem Skiunfall? Bleiben hirnorganische, dauerhafte Schäden zurück?

Von der Moderatorin Monika Lierhaus ist bekannt, dass trotz langem Koma die kognitiven Funktionen wiederhergestellt werden konnten, motorische Funktionen, also Bewegung und Sprache, ebenfalls, wenngleich mit Einschränkungen. Auch das Schicksal eines amerikanischen Komapatienten nährt die Hoffnung, Schumacher könne eines Tages so weit geheilt sein, um ein menschenwürdiges Leben zu führen. Vielleicht können die Hirnchirurgen helfen.

Der amerikanische Neurochirurg Nicholas Schiff wagte ein heikles Experiment: Durch ein Loch in der Schädeldecke eines 38-jährigen Mannes, der nach schweren Hirnverletzungen sechs Jahre lang im Wachkoma verbracht hatte, schob der Chirurg feine Elektroden in eine tiefer gelegene Region des Gehirns namens Thalamus. Als die Ärzte Strom auf die Elektroden leiteten, erwachte der Patient und war nach sechs Jahren wieder bei Bewusstsein.

DIE VERDIENSTE DER HIRNCHIRURGIE SIND UNUMSTRITTEN

Dieses spektakuläre Experiment von Schiff belegt, welche Möglichkeiten die modernen Neurotechniken eröffnen. Das Ergebnis lässt aber auch erkennen, dass unser Bewusstsein von physikalischen und chemischen Prozessen abhängt. Das ist möglicherweise etwas ernüchternd für jene Zeitgenossen, die so etwas wie Bewusstsein – oder ein vom Bewusstsein gesteuertes Verhalten – eher irgendwelchen transzendenten Mächten oder metaphysischen Phänomenen zuschreiben.

Wie sehr unser kognitiver Apparat, also unser Gehirn, eher »mechanischen« Gesetzmäßigkeiten gehorcht, zeigt auch das Forschungsergebnis des amerikanischen Hirnforschers Michael Gazzaniga. Er beschäftigte sich mit sogenannten Splitt-Brain-Patienten, Epileptikern, bei denen die Verbindung zwischen beiden Hirnhälften (der sogenannte Balken) durchtrennt wurde, um ihre epileptischen Anfälle auf eine Hirnhälfte zu beschränken. Wie seine Ergebnisse zeigten, sitzen in der linken Gehirnhemisphäre (die »überkreuz« mit der rechten Körperseite verbunden ist) beispielsweise die analytischen Fähigkeiten wie das Sprachvermögen und eine Art »Applikation«, deren Aufgabe es ist, unsere Sinneserfahrungen (Fühlen, Riechen, Hören, Sehen, Schmecken) zu interpretieren und einzuordnen. In der rechten Hälfte des Gehirns befinden sich jene neuronalen Systeme, die uns einen Orientierungssinn oder das Erkennen von Gegenständen und Gesichtern ermöglichen (außerdem, so die Wissenschaftler, befindet sich dort der Sinn für Humor oder eine musikalische Fähigkeit). Zeigte man einem Splitt-Brain-Patienten einen Gegenstand, beispielsweise einen Löffel, nur im linken Gesichtsfeld, so konnte er ihn nicht benennen, denn die visuelle Information gelangte nur in die rechte, nicht sprachliche Hemisphäre des Gehirns. Wurde jedoch derselbe Patient aufgefordert, aus einer Reihe von Gegenständen den Löffel auszuwählen, dann griff er zielsicher zu eben jenem Löffel. Daher kam Gazzaniga zu dem Schluss: Wenn die Verbindungen zwischen den Hirnhälften getrennt sind, findet kein Informationsaustausch zwischen den beiden Hirnhälften statt.

Ein weiteres Beispiel:

Wie der Spiegel berichtete, meinen Forscher in den USA und Deutschland, dass es ihnen gelungen ist, anhand der im Kernspin-Gerät gemessenen und mithilfe eines Computers berechneten Signalmusters im Gehirn von Probanden deren Gedanken zu entschlüsseln.

John-Dylan Haynes (Neurowissenschaftler am Bernstein Center for Computational Neurosience in Berlin), erkannte, dass jeder

Gedanke mit einem eigenen Muster von Hirnaktivität einhergeht. Haynes war an der Entwicklung von Computerprogrammen beteiligt, die diese Muster sogar erkennen können (Spiegel Online: 31.03.2008: http://bit.ly/spiegel-Gehirn).

Dem Physiker Tobias Bonhoeffer am Max-Planck-Institut in Martinsried bei München gelang es, die Veränderungen von Verbindungen zwischen den Nervenzellen an den sogenannten Synapsen sichtbar zu machen. »Zum ersten Mal«, so Bonhoeffer, »konnten wir live beobachten, wie das Gehirn beim Lernen seine Verschaltungen ändert« (ebenda). Die Vision dieser und anderer Forscher: Eines Tages wird man auf Neurocomputern Gedächtnisinhalte ganzer Gehirne speichern können. Und man wird vielleicht sogar unliebsame Erinnerungen oder traumatische Erfahrungen aufspüren und löschen können.

Mir geht es bei den Beispielen zunächst ausschließlich darum, auf jene »mechanischen«, physikalischen und chemischen Prozesse aufmerksam zu machen, die für kognitive Leistungen des Gehirns (und für entsprechende Äußerungen und/oder Handlungen) verantwortlich und ursächlich sind. Es waren und sind Neurologen, Neurobiologen, Neurochirurgen, also alle Fachleute im Bereich der Hirnforschung, die solche Erkenntnisse ermöglicht haben. Insofern werden die Leistungen der Hirnforscher von allen Wissenschaftlern anderer (teilweise auch »konkurrierender«) Fachgebiete ausnahmslos anerkannt.

Uneinig sind sich Wissenschaftler jedoch, sobald es um die Deutung bei anderen Phänomenen geht, vor allem bei der Frage, ob unser Verhalten stets, überwiegend, gelegentlich oder gar niemals das Prädikat »freiwillig« verdient. Oder anders gesagt: Ob jeder Mensch so etwas wie Entscheidungsfreiheit hat, wenn er vor die Wahl gestellt wird, das eine oder andere zu tun oder zu unterlassen. In einigen vorausgegangenen Kapiteln wurde bereits darauf eingegangen, wie häufig Ergebnisse der Hirnforschung mit Erkenntnissen beispielsweise in der Psychologie korrespondieren. Die gelegentliche Treffsicherheit der Hirnforscher hat manchen von ihnen aber dazu verleitet, eine Art Absolutheitsanspruch auf die finale Deutung des menschlichen Denkens und Verhaltens zu erheben.

DER STREIT ZWISCHEN DEM HIRNFORSCHER WOLF SINGER UND DEM PHILOSOPHEN JULIAN NIDA-RÜMELIN

Die These des Hirnforschers Wolf Singer: Das Gehirn setzt Handlungen in Gang, aber nicht etwa aufgrund einer Entscheidung, die wir glauben, zu treffen. Das ist eine Illusion. Vielmehr reagiert das Gehirn auf bestimmte Reize (Stimuli) und leitet daraufhin quasi automatisch die Handlung ein. Das Gehirn, so Singer, ist ein komplexes, sich selbst organisierendes System. Und die Art und Weise wie das Gehirn reagiert, also welche Handlung oder Äußerung der Stimulation folgt, ist jeweils abhängig davon, wie die Nervenzellen verschaltet sind. Was wir tun oder unterlassen, hängt also, so die These, letztendlich von der individuellen Gehirnmatrix ab. Die neuralen Prozesse gehorchen physiko-chemischen Gesetzen. Entscheidend dafür, wie diese Prozesse ablaufen, dafür wie das Ergebnis eines solchen Prozesses aussieht, sind beispielsweise Erbinformationen (Gene), die eigene Biografie und so weiter – mit anderen Worten, all jene Determinanten, die ich in diesem Buch beschrieben habe. Sie regeln die Abläufe in der Gehirnmatrix quasi zwangsläufig. Vielleicht lässt sich diese deterministische Theorie am besten mit der Metapher von den umfallenden Dominosteinen beschreiben: Der Stimulus, der den ersten Dominostein bewegt, führt unabwendbar – und vorhersehbar – dazu, dass wenig später auch der letzte Dominostein fällt. Singer bringt es wie folgt auf den Punkt: »Wenn ich alle entscheidungsrelevanten Variablen (alle Determinanten) kenne, kann ich vorhersagen, wie ein Gehirn entscheidet« (Frankfurter Rundschau MAGAZIN, S. 4-5. 03.04.2004: Interview mit Barbara Mauersberg und Christine Pries).

Auf die Frage, wie es denn zu erklären sei, dass der eine Mensch moralisch handelt, der andere nicht, hat Singer eine konsequente Erklärung: »Wenn mein Handeln moralisch ist, dann habe ich ein Gehirn, das so gut programmiert ist, dass es sich moralisch verhält« (ebenda).

Nach dieser Meinung sind wir alle von physiko-chemischen Vorgängen abhängig beziehungsweise gesteuerte Zombies. Und, so die Deterministen unter den Hirnforschern, es ist die größte evolutionäre Errungenschaft, den Homo sapiens mit der Illusion auszustatten, er könne frei von irgendwelchen naturgesetzlichen Bedingungen entscheiden.

Das »ICH«, so diese Wissenschaftler, ist eine Illusion.

In einem Streitgespräch mit dem Philosophen Julian Nida-Rümelin erfuhr Singer massiven Protest.

»Ich warne Sie davor, die großen Töne zu wagen: Wir haben bewiesen, dass es Willensfreiheit nicht gibt. Warum sagen Sie nicht ein bisschen bescheidener, wir haben bewiesen, dass bestimmte überzogene Selbstbilder des Menschen erschüttert sind? Natürlich gibt es einen graduellen Übergang zwischen vorbewusstem und bewusstem, zwischen durch Gründe gesteuerten Tun und arationalem Verhalten. Das würde ich sofort zuerkennen. Aber Ihre harte These geht in die Irre.« Und ferner: »Die Tatsache, dass mentale Prozesse eine neurophysiologische Basis haben, zeigt nicht, dass es sich tatsächlich um eine Illusion handelt« (ebenda).

Bereits im 19. Jahrhundert, also lange vor der technischen Revolution, die Hirnscanning ermöglicht, kam der Naturforscher Carl Vogt mit folgender radikalen Meinung zu Wort: »Der freie Wille existiert nicht, und mit ihm nicht eine Verantwortlichkeit und eine Zurechnungsfähigkeit, wie sie die Moral und die Strafrechtspflege und Gott weiß wer noch uns auferlegen wollen. Wir sind in keinem Augenblick Herren über uns selbst, über unsere Vernunft, über unsere geistigen Kräfte« (Pauen, M.: Was ist der Mensch? München 2007).

DIE KOMPROMISSLOSE ÜBERZEUGUNG DER HIRNFORSCHER WOLFGANG PRINZ, GERHARD ROTH UND HANS J. MARKOWITSCH

Heute zählen zu den naturalistischen Hirnforschern, die eine Singers vergleichbare Auffassung vertreten, Wolfgang Prinz, Gerhard Roth und Hans J. Markowitsch. Letzterer glaubt, aus den neurobiologischen Messergebnissen schlussfolgern zu können: »Gefühlsmäßig leben wir in der ersten Person. Ich bin es, der handelt. Aber das ist nur ein subjektives Gefühl und kein Willensakt. Was wir tun oder lassen, tut oder lässt nicht unser freies Ich, sondern vollbringen Nervenzellen, deren Aktivitätskonstellation durch genetische Anlagen, durch strukturelle vor- und nachgeburtlich gemachte Erfahrungen bedingt, programmiert und verankert ist« (Spiegel Online: 30.07.2007: http://bit.ly/spiegel-Markowitsch).

Für Wolfgang Prinz gilt, dass sich die Menschen zwar als freie autonome Subjekte wahrnehmen, was jedoch ein Trugschluss ist: »Wir tun nicht, was wir wollen (und schon gar nicht, weil wir es wollen), sondern wir wollen, was wir tun. [...] Handlungsentscheidungen ergeben sich als Produkt der Zusammenführung von Präferenzen, Handlungswissen und Situationsbewertungen [...]« (Zeit Online: Tobias Hürter: 11.10.2011: http://bit.ly/zeit-Entscheidungsfreiheit).

Der wohl am meisten zitierte naturalistische Hirnforscher ist Roth. Ihm zufolge ist eine Wirkungskette verantwortlich dafür, »dass beim Entstehen von Wünschen und Absichten das unbewusst arbeitende emotionale Erfahrungsgedächtnis das erste und das letzte Wort hat. Das erste Wort hat es beim Entstehen unserer Wünsche und Absichten, das letzte bei der Entscheidung, ob das, was gewünscht wurde, jetzt und hier und so und nicht anders getan werden soll. Diese letzte Entscheidung fällt ein bis zwei Sekunden, bevor wir diese Entscheidung bewusst wahrnehmen und den Willen haben, die Handlung auszuführen [...]« (Gerhard Roth: Wie das Gehirn die Seele macht. 2014).

Kurz zusammengefasst: Das, was Roth als Ausgang der Wirkungskette beschreibt, ist das sogenannte limbische System. Es erstreckt sich über verschiedene Hirnareale wie den Mandelkern, das ventrale Striatum, den Nucleus Accumbus, das basale Vorderhirn und den Hypothalamus. Roth: »Die bestimmende Macht des limbischen Systems liegt darin, dass es an Absichten und Wünschen, an Entscheidungen und Handlungen nur zulässt, was sich mit dem in ihm abgelegten Erfahrungsgedächtnis verträgt, mit ihm im Einklang steht« (ebenda).

Diese Schlussfolgerung ähnelt, grob betrachtet, dem, was der Psychologe Leon Festinger bei seiner Forschung über die »kognitive Dissonanz« ermittelt hat. Sie erinnern sich? Dieses Phänomen wurde weiter vorn beschrieben. Und auch die folgenden Ausführungen von Roth sind kompatibel mit dem, was Festinger bei seiner Forschungsarbeit festgestellt hat: »Ob und in welchem Maße wir vor einer Entscheidung in ein rationales Abwägen eintreten, welche Argumente uns dabei zur Verfügung stehen und uns in den Sinn kommen, hängt nicht von unserem bewussten Denken ab, sondern wird von unserem unbewusst arbeitenden Erfahrungsgedächtnis bestimmt, über das wir keine willentliche Macht haben.« An anderer Stelle hat Roth es wie folgt ausgedrückt: »Nicht das ›ich‹ entscheidet, sondern das Gehirn« (ebenda).

Allerdings hat er seine radikal anmutenden Thesen im Jahr 2008 deutlich relativiert, als er zur Überraschung einiger Rechtswissenschaftler seine naturalistischen Thesen »weichspülte«: Eine Person könne, dürfe wohl doch strafrechtlich zur Rechenschaft gezogen werden, wenn sie auch anders hätte handeln können, also Recht und Gesetz hätte befolgen können. Von den juristischen Kritikern Roths wurden diese und ähnliche Äußerungen als Relativierung, wenn nicht sogar als Wende qualifiziert.

DIE »GEMÄßIGTE« MEINUNG DES WISSENSCHAFTLERS ERNST PÖPPEL

Gemäßigte, jedoch nicht weniger erfolgreiche und angesehene Hirnforscher distanzieren sich von den Postulaten naturalistischer Hirnforscher. Einer der Protagonisten dieser moderaten Hirnforscher ist Ernst Pöppel, Mitglied der Nationalen Akademie der Wissenschaften Leopoldina und der Europäischen Akademie der Wissenschaften und Künste. Seine Kritik richtet sich insbesondere gegen jene Kollegen der Hirnforschung, die glauben, aus nahezu jeder beobachteten neuronalen Reaktion verbindliche Schlussfolgerungen für deren Ursachen und Folgen ziehen zu können. Für Pöppel lässt sich das Phänomen des menschlichen Bewusstseins, so einfach nicht enttarnen.

Das gilt wohl auch für jene neuronalen »Feuerwerke«, die durch einen Stimulus bewirkt und von Hirnscannern in bildgebenden Verfahren sichtbar gemacht werden. Diese Verfahrenstechniken ermöglichen es zwar, neuronale Reaktionen zu beobachten, beispielsweise wenn der Einzelne Gefühle der Angst, der Freude oder auch der sexuellen Erregung verspürt. Weniger gesichert ist jedoch, ob die beobachteten neuronalen Bewegungen auf ein bewusstes, freiwilliges Verhalten zurückzuführen sind. Eine solche Analyse ist schon allein deshalb fragwürdig, weil ein bestimmter Seelenzustand (oder auch bestimmte Handlungsabläufe) nicht durch erhöhte neuronale Aktivität in lediglich einem Areal des Gehirns ausgelöst werden. Mit anderen Worten: Die neuronale Aktivität ist gleichzeitig an verschiedenen Stellen erhöht. Das gilt für alle psychischen Funktionen. Angesichts der Komplexität neurologischer Aktivitäten leuchtet es wohl ein, dass bildgebende Verfahren allein nicht entschlüsseln können, ob und inwieweit sich menschliche Verhaltensweisen beziehungsweise deren Ursachen zweifelsfrei und vollumfänglich analysieren lassen. Das gilt insbesondere für die heftig umstrittene Frage, ob der Homo sapiens einen freien Willen hat, der ihn zu Entscheidungen befähigt, die ausschließlich von der Vernunft geleitet werden.

Ausgangspunkt aller Experimente und Beiträge in der Hirnforschung sind die berühmten Experimente des Neurobiologen Benjamin Libet. Seine aus ihnen resultierenden Ergebnisse führen unter Psychologen und Juristen immer wieder zu kontroversen Diskussionen mit unterschiedlichen Schlussfolgerungen. Daher möchte ich sie im Folgenden in aller Kürze referieren.

DAS BAHNBRECHENDE EXPERIMENT VON BENJAMIN LIBET

Libet gab neun Versuchspersonen in je 40 Versuchsanordnungen auf, frei und spontan und möglichst ohne jede Vorplanung eine bestimmte Handlung, nämlich eine einfache Schnippbewegung oder eine Beugung des Handgelenks zu einer beliebigen Zeit vorzunehmen, wenn sie den Drang oder den Wunsch verspürten, es zu tun. Die Versuchspersonen wurden dann gebeten, sich bei jeder vollzogenen Bewegung zu jeder frei gewählten Zeit die Stellung des Lichtflecks auf einer eigens eingerichteten und vor ihnen aufgebauten Oszilloskop-Uhr zu merken, zu der sie sich ihres Handlungswunschs oder ihrer Handlungsabsicht bewusst wurden. Die entsprechende Uhrzeit wurde von den Versuchspersonen später, nach Beendigung des Versuchs, genannt. Es zeigte sich, dass sich das Bereitschaftspotenzial im Gehirn bereits 550 Millisekunden vor der Muskelaktivierung aufbaute. Erst 400 Millisekunden danach wurde den Probanden die Handlung bewusst, also 150 Millisekunden vor der eigentlichen Handlung. Nach Libet ergab sich hieraus, dass der Willensprozess unbewusst eingeleitet, also nicht initial von einem Willensakt der Probanden angestoßen wurde. Die gewollte Handlung im Gehirn setzt also bereits deutlich früher ein, noch bevor sich die Personen überhaupt dessen bewusst sind, dass sie handeln werden. Hirnforscher aller Richtungen haben Libets Forschungsergebnisse höchst unterschiedlich interpretiert.

Aber eine ganz wichtige Schlussfolgerung Libets wird von einigen naturalistischen Hirnforschern schlicht ignoriert: Ein Intervall von 150 Millisekunden (der Zeitraum in dem der Proband sich der vorzunehmenden Handlung bewusst wird) würde genügend Zeit zur Verfügung stellen, in der die Bewusstseinsfunktion das Endergebnis des Willensprozesses beeinflussen kann. Aus diesem Grund schloss Libet nicht die grundsätzliche Möglichkeit aus, das Fortschreiten des Willensprozesses zur schließlichen Bewegung aufzuhalten oder zu verhindern, sodass keine wirkliche Muskelbewegung entsteht. Und daraus schlussfolgerte Libet, dass der Mensch in der Lage ist, den Entscheidungs- und Handlungsprozess zu beeinflussen, auch wenn letzterer durch unbewusste Gehirnprozesse eingeleitet wurde. Die bewusste Entscheidung könnte den Prozess blockieren oder verhindern, sodass keine Bewegung auftritt. Die Existenz einer solchen Veto-Möglichkeit steht außer Zweifel. Libets Fazit zum Thema Entscheidungsfreiheit lautet also sinngemäß: Die Existenz eines freien Willens ist eine genauso gute, wenn nicht bessere wissenschaftliche Option als ihre Leugnung durch die deterministische Theorie.

DAS EXPERIMENT DES HIRNFORSCHERS JOHN-DYLAN HAYNES

Im Jahr 2008 verfeinerte der britische Hirnforscher John-Dylan Haynes das Libet-Experiment, worüber die »Frankfurter Rundschau« berichtete, mit folgendem Ergebnis: »Bereits sieben Sekunden, bevor die Probanden ihre Entscheidung trafen, konnten die Forscher anhand der gemessenen Hirnaktivität vorhersagen, was jemand tun würde. Rechnet man noch die drei bis vier Sekunden Verzögerung bei der Darstellung des Kernspintomographen dazu, so vergehen zwischen der unbewussten Entscheidung im Gehirn und dem Augenblick, in dem das Bewusstsein ins Spiel kommt, tatsächlich rund 10 Sekunden« (Frankfurter Rundschau Online: Pamela Dörhöfer 14.10.2015: http://bit.ly/fr-Neurowissenschaft).

Das Experiment lohnt eine nähere Betrachtung, jedenfalls für die Wissbegierigen. Haynes ließ seine Probanden gegen einen Computer antreten. Dieser las ihre Hirnwellen ebenfalls mittels Elektroenzephalografie (EEG) aus und versuchte, sie in einem Spiel zu überlisten. Dabei bekamen die Probanden Punkte, wenn sie mit ihrem Fuß ein Pedal am Boden bedienten, während ein grünes Signal auf einem Bildschirm aufleuchtete. Sobald der Computer allerdings das Bereitschaftspotenzial der Teilnehmer registrierte, ließ er das Signal eine Sekunde lang auf Rot umspringen. Traten die Versuchspersonen nun auf das Pedal, verloren sie Punkte. Würden Sie unter diesen Bedingungen in der Lage sein, ihre Bewegung kurzfristig zu stoppen?

Tatsächlich: In vielen Fällen gelang es den Teilnehmern auch noch, nachdem der Computer bereits das Bereitschaftspotenzial aus ihren Hirnwellen herausgelesen hatte, den Tritt auf das Pedal abzubrechen. Die Probanden sind also den frühen Hirnwellen nicht unkontrollierbar unterworfen. Haynes lässt vermuten, dass die Freiheit menschlicher Entscheidungen wesentlich weniger eingeschränkt ist als bisher gedacht. Die Forscher stießen allerdings auch auf einen »point of no return«: Blendete der Computer das Stoppsignal weniger als 200 Millisekunden vor den ersten Muskelzuckungen der Versuchsteilnehmer ein, waren sie nicht mehr in der Lage, die Bewegung komplett zurückzuhalten.

Haynes tendiert also wie Pöppel und Daniel Kahneman, von dem später noch die Rede sein wird, zu der Annahme, dass wir auch nach dem zunächst unbewusst eingeleiteten (mittels Hirnsignal messbaren) hirnorganischen Vorgang zu einem späteren Zeitpunkt noch in unsere Handlungen eingreifen können. Er spricht von »unbewussten Vorbereitungsprozessen«, die in einem bestimmten Moment in eine bewusste Entscheidung übergehen.

Auch Pöppel ist von einer gänzlichen Autonomie unserer Entscheidungen weit entfernt: Er ist der Ansicht, dass wir die meisten Entscheidungen gar nicht bewusst treffen und jeder von uns einer Reihe unbewusster Entscheidungsprozesse ausgeliefert ist.

Wie also kommt eine Entscheidung zustande, welche Faktoren beeinflussen den Entscheidungsprozess? Laut Pöppel haben wir zwei Bewertungssysteme zur Verfügung, mit denen wir entscheiden können: Den Faktencheck und die Intuition. Was ein Faktencheck ist, weiß jeder: Man erstellt eine Liste mit Pros und Kontras und wägt dann ab. Die Intuition hingegen wird im Allgemeinen als Ahnung, Eingebung oder innere Stimme definiert, also als ein vermeintliches Gegenteil. Bevor ein solches Bauchgefühl zustandekommt, wird im Gehirn allerdings abgewogen. In der Intuition spielen Gefühle, nicht unmittelbar bewusste Sachverhalte und schon einmal erlebte Muster eine Rolle. Sie speist sich aus vielen Eindrücken und Erfahrungen, die wir im Laufe unseres Lebens verinnerlicht haben.

Bei allen Fragen zum »freien Willen« stößt die Neurobiologie an ihre Grenzen. Sie kann uns zwar erklären, in welcher neuronalen Gegend im Gehirn bestimmte Aktivitäten stattfinden, beispielsweise der Verbrauch von Sauerstoff, die Verbrennung von Glukose, die Ausschüttung von Botenstoffen oder die Bildung von Synapsen. Doch Vorsicht ist geboten, wenn einige Neurobiologen angesichts dieser »Bilder« glauben, seelische Zustände und Prozesse präzise erklären zu können. Das »bunte Leuchten« in unseren Gehirnen als Signal für den Verbrauch von Sauerstoff eignet sich kaum als Erklärung dafür, dass oder warum irgendeine Entscheidung (am Ende eines Entscheidungsprozesses) gefällt oder eine Handlung ausgeführt wurde. Zurückhaltung ist wohl auch aus folgendem Grund angebracht: Die Hirnaktivitätsmuster von Probanden, die sich demselben Test unterziehen, unterscheiden sich regelmäßig, wie Studien im sogenannten Human Connectone Projekt (HCP) ergaben. Ein vom National Instiute of Health (Maryland) im Jahr 2009 ins Leben gerufenes Forschungsprojekt belegt, dass es zwar bei den Probanden stets dieselben Regionen im Gehirn sind, die bei einer bestimmten Aufgabe oder bei einem Gefühl »befeuert« werden – allerdings in unterschiedlicher Ausprägung. Es gibt also keinen universellen Schaltplan (Spektrum der Wissenschaft Online: 08.03.2016: http://bit.ly/spektrum-Gehirn).

DIE ÜBERZEUGUNG VON DANIEL KAHNEMAN

Der Psychologe und Nobelpreisträger Daniel Kahneman steht ebenfalls für eine moderate Beurteilung der Hirnforschungsergebnisse und vertritt folgende These: Der Mensch wird von einem intuitiven, schnellen Denken gelenkt. Der Einfluss dieses intuitiven Systems (gespeist von Vorurteilen, Vorlieben, Gefühlen, usw.) auf alle seine Handlungen und Entscheidungen umfasst rund 80 Prozent, schätzt Kahneman. Er nennt es »System 1«. Als »System 2« bezeichnet er die langsamen, überlegten, bewusst abgewogenen Denkprozesse, die nach seiner Einschätzung 20 Prozent aller Entscheidungen ausmachen. Selbst wenn diese prozentuale Aufteilung willkürlich oder spekulativ erscheint, lohnt es sich, Kahnemans Argumente kennenzulernen.

System 1 arbeitet automatisch, schnell, weitgehend mühelos und ohne eine willentliche (bewusste) Steuerung. System 2 lenkt die Aufmerksamkeit auf die anstrengenden, mentalen Aktivitäten, die auf sie angewiesen sind, darunter auch komplexe Berechnungen. System 1 bezieht sich auf spontane Eindrücke und Gefühle, die zugleich die Hauptquellen der expliziten Überzeugungen und bewussten Entscheidungen von System 2 sind. Dieses kann durchaus die Kontrolle übernehmen und ungezügelte Impulse und Assoziationen von System 1 verwerfen. Zu den Funktionen von System 1 gehören angeborene Fähigkeiten, die wir mit anderen Lebewesen aus der Tierwelt gemeinsam haben. Dazu zählt die Fähigkeit, unsere Umwelt wahrzunehmen, Gegenstände zu erkennen oder unsere Aufmerksamkeit zu steuern. Den vielfältigen Aktivitäten von System 2 ist gemeinsam, dass sie diese Aufmerksamkeit erfordern. Sie werden gestört, wenn sich die Aufmerksamkeit zum Beispiel aufgrund einer Ablenkung verringert.

Zur Veranschaulichung beider Systeme sei ein oft diskutiertes Beispiel genannt, bei dem ein »unsichtbarer« Gorilla« eine Rolle spielt: Zuschauer eines Basketballspiels, das diesen als Videoaufnahme gezeigt wurde, sollten die Zahl der Ballwechsel der einen

Mannschaft in weißen Trikots zählen, dabei aber die Spieler in den schwarzen ignorieren. Das ist eine schwierige Aufgabe, die volle Konzentration verlangt. Ungefähr in der Mitte der Spielzeit taucht auf dem Bildschirm eine als Gorilla verkleidete Frau auf, die das Spielfeld überquert und wieder verschwindet. Sie ist neun Sekunden lang zu sehen. Tausende haben dieses Video angeschaut und etwa der Hälfte von ihnen fiel nichts Ungewöhnliches auf. Die Ursache für diese »Blindheit« war nicht nur die Zählaufgabe, sondern insbesondere die Anweisung, eines der Teams zu ignorieren. Niemand, der das Video ohne diese Aufgabe betrachtet, hätte den Gorilla übersehen.

Spannend an diesem Experiment zu System 1 und System 2 ist vor allem die Wechselwirkung: System 1 generiert fortwährend Vorschläge für System 2, nämlich Eindrücke, Intuitionen, Absichten und Gefühle. Unterstützt System 2 diese Eindrücke Intuitionen, Absichten und Gefühle, werden sie zu Überzeugungen und verursachen bewusst gesteuerte Handlungen. Läuft alles glatt, was meistens der Fall ist, macht sich System 2 die Vorschläge von System 1 ohne größere Modifikationen zu eigen. Im Allgemeinen vertraut man seinen Eindrücken (System 1) und gibt seinen Wünschen nach. Aber System 2 wird nachhaltig aktiviert, wenn ein Ereignis registriert wird, das gegen das »Weltmodell« von System 1 verstößt. In dieser Welt von System 1 gibt es beispielsweise keine Gorillas, die über ein Basketballfeld laufen. Der größte Teil dessen, was System 2 denkt und tut, beruht auf System 1, aber System 2 übernimmt »das Ruder«, sobald die Situation schwierig aussieht. Normalerweise dominiert System 2 die Handlungen. Wichtig ist: Eine Schwäche von System 1 besteht darin, dass es nicht abgeschaltet werden kann.

Konflikte zwischen einer automatischen Reaktion (System 1) und dem Willen, die Kontrolle zu behalten, kommen in unserem Leben häufig vor. Eine der Aufgaben von System 2 besteht darin, die Impulse von System 1 zu überwinden. Oder anders ausgedrückt: System 2 ist für die Selbstbeherrschung zuständig. Da

System 1 automatisch operiert und sich nicht bewusst deaktivieren lässt, sind intuitive Denkfehler oftmals nur schwer zu verhindern. Es wäre im Übrigen unerträglich mühsam, ständig sein eigenes Denken zu hinterfragen, und System 2 ist viel zu langsam und ineffizient, um bei Routineentscheidungen als Ersatz für System 1 zu fungieren. Übrigens: System 1 und System 2 sind keine Systeme im üblichen Sinn, keine Gebilde aus Elementen oder Teilen, die in einer Wechselwirkung miteinander verbunden sind. Und es gibt nicht einen bestimmten Teil des Gehirns, in dem eins der beiden Systeme fest ansässig wäre.

Eins haben die Argumente von Kahneman mit den Hypothesen von anderen Hirnforschern, Psychologen und Verhaltensforschern gemeinsam: Wir unterliegen der Regie des Unterbewusstseins bei Weitem mehr, als jeder zugestehen möchte. Das Gros unserer Handlungen, auch und sofern sie vermeintlich bewusst gesteuert werden, wird diktiert von fest installierten Mustern und Emotionen.

MUSS MAN AUCH MANCHEN TIEREN EINE (BEWUSSTE) ENTSCHEIDUNGSFREIHEIT ZUBILLIGEN?

Vollständig überzeugen kann die These von Kahneman jedoch nicht. Denn wenn es tatsächlich der Fall wäre, dass wir die Funktionen von System 1 als angeborene Fähigkeit mit anderen Tieren teilen, die von System 2 (Aufmerksamkeit, Kontrolle usw.) jedoch nicht, dann stellt sich die Frage, wo Kahneman die Intelligenz einiger Tiere einordnen möchte, wenn nicht auch bei System 2, dem überlegten und durchdachten, jedenfalls logischen Verhalten.

In der Fachzeitschrift »Current Biology« veröffentlichten kürzlich Forscher sowohl aus Russland als auch aus den USA verblüffende Testergebnisse. Krähen sollten aus jeweils drei Karten, auf denen diverse Symbole abgebildet waren, die beiden zusammengehörigen auswählen und trafen fast ausnahmslos richtige Entscheidungen. Die Vögel hatten Zusammenhänge erkannt, ohne dass sie hierfür zuvor speziell trainiert wurden. Auch andere Forschungsergebnisse haben bewiesen, dass Raben und Krähen in der Lage sind, komplexe Handlungen im Voraus zu planen. Bekannt ist ferner seit Langem, dass sie Werkzeuge herstellen können, um mit deren Hilfe an Futter zu gelangen. Und noch etwas: Ein an der University of Washington durchgeführtes Experiment zeigte die Fähigkeit von Krähen, sich Angreifer zu merken und dieses Wissen an andere Artgenossen weiterzugeben. Sie gehören neben einigen Primaten zu jenen Tieren, die in der Lage sind, beim Blick in den Spiegel sich selbst zu erkennen. Und nicht zuletzt: Krähen besitzen sogar die Fähigkeit, bei einem beobachteten Phänomen auf eine versteckte Ursache zu schließen: Sie stellten einen Zusammenhang her zwischen einem Stock, der sich scheinbar von selbst bewegte, und einem Menschen, der kurz darauf ein Versteck in der Nähe des Stocks verließ. Bislang wurde vermutet, nur der Mensch sei in der Lage, eine solche Schlussfolgerung zu ziehen.

Aufgrund dieser bemerkenswerten kognitiven Fähigkeiten könnte (oder sollte) man vielleicht auch Raben und Krähen zubilligen, dass sie über System 2 verfügen. Und wer in Anlehnung an Kahnemans Logik weitere Schlussfolgerungen ziehen möchte, kommt nicht umhin, auch Raben und Krähen die Möglichkeit des überlegten (langsamen) Denkens, also der Entscheidungsfreiheit zuzubilligen, also einen »freien Willen«.

Die ausführliche Darstellung der verschiedenen Meinungen in den vorangegangenen Kapiteln sollte deutlich machen, dass eine einzige Fachrichtung wie die der Neurobiologie nicht in der Lage ist, die Frage nach der Entscheidungsfreiheit des Homo sapiens mit naturwissenschaftlicher Zuverlässigkeit und Präzision zu klären. Bislang konnten einige der Thesen von Roth, Prinz, Markowitsch, Singer, Pöppel oder Kahneman nicht belegt, aber wohl auch nicht widerlegt werden. Wem oder was soll man also glauben?

Mit unserem angeborenen und anerzogenen Weltbild verträgt es sich nicht, auch den letzten Rest von Entscheidungsfreiheit (laut Kahneman 20 Prozent) infrage zu stellen. Niemand wäre fähig, die Autonomie, die (selbstbestimmte) Entscheidungsfähigkeit, die bewusst gesteuerte Handlungsmöglichkeit gänzlich zu negieren. Wir, die wir so vieles erforscht haben und erklären können.

Da neigt man unwillkürlich – aber vielleicht auch, weil der Selbsterhaltungstrieb es so verlangt – dazu, den Argumenten von Pöppel und Kahneman zu folgen, die uns einen Rest von Entscheidungsfreiheit, von Autonomie und damit zugleich von Menschenwürde bescheinigen. Ja, wenn wir »langsam denken« (Kahneman) wenn wir »Pro und Contra« abwägen (Pöppel), können wir das Unterbewusstsein überlisten, quasi ausschalten, und losgelöst von allen uns beeinflussenden Determinanten die jeweilige Entscheidung frei treffen. Nur dann, so die Konsequenz, wenn wir uns trotz der ausnahmsweise möglichen Entscheidungsfreiheit falsch (oder rechtswidrig) entscheiden, laden wir Schuld auf uns.

Aber stimmt das wirklich? Tun wir denn wirklich, was wir wollen?

Da gilt es zunächst wohl, den Begriff des »Wollens« zu definieren. Warum? Nun, eine Freiheit des »Wollens« gibt es nicht, denn das, was der Mensch will, wird von Bedürfnissen initiiert, also quasi in Gang gesetzt. Diese Erkenntnis teilen Psychologen wie beispielsweise Maslow mit allen Hirnforschern.

DER EINFLUSS VON GENEN, BEDÜRFNISSEN UND BIOGRAFIE AUF DIE »FREIHEIT« VON ENTSCHEIDUNGEN

Eine völlig andere Frage lautet, ob der Mensch Handlungsfreiheit genießt, ob er bei seiner Entscheidung, sich so oder anders zu verhalten, autonom, unbeeinflusst von äußeren, aber auch von inneren Zwängen agieren kann. Das kommt wohl darauf an, wie stark der Einfluss der Determinanten auf Denk- und Entscheidungsprozesse ist. Mich überzeugt die Meinung, die einen solchen Einfluss grundsätzlich bejaht, und zwar – das ist wichtig – nicht nur bei spontanem, nicht reflektiertem Verhalten. Nein, einiges spricht dafür, dass auch durchdachte, wohl überlegte, abgewogene Entscheidungen von diesen Determinanten beeinflusst werden, vor allen Dingen von Genen und Biografie.

Vergleichen Sie einmal, so ungewöhnlich das erscheinen mag, Ihr Gehirn mit einem Blatt Papier, Größe DIN A 4. Bei Ihrer Geburt ist dieses Blatt nicht vollständig weiß, aber auch nicht vollständig beschriftet oder ausgemalt. Die von den Eltern geerbten Gene, aber auch pränatale Einflüsse, haben bereits einige Spuren hinterlassen. In den anschließenden drei Jahren, also bevor der Mensch sich seines eigenen Ichs bewusst wird, haben schon andere auf diesem Papier herumgekritzelt. Das Blatt ist dann schätzungsweise zu 70 Prozent ausgefüllt. Ein Großteil der Malerei stammt von den Eltern. Das Gemälde enthält jetzt schon bunte Flecken, die Bedürfnisse oder auch persönliche Erfahrungen repräsentieren. Je nach »Talent« der Eltern oder anderer Maler, die sich beteiligt haben, auch dunkle Flecke, die beispielsweise Ängste symbolisieren. Diese »Malerei« von genetischen Programmierungen, Bedürfnissen, Erfahrungen und Ängsten ist mit einer Tinte geschrieben, die nach wenigen Jahren bestenfalls teilweise und nur mit großem Aufwand geändert oder gelöscht werden kann. Das Gemälde wird im Laufe der Jahre vollendet, angereichert mit weiteren Erfahrungen und Erlebnissen. Es zeigt das, was Identität ausmacht: Eigenschaften, Eigenarten, Charakter und so weiter. Und dieses Gemälde, diese Identität, begleitet den Menschen auch dann, wenn er Entscheidungen treffen soll. Es enthält Farbklekse, Determinanten, die sich nicht mehr vollständig entfernen lassen. Und da der Mensch dazu neigt, konsonante Entscheidungen zu treffen, tendiert er dazu, so zu handeln, dass das vorhandene Gemälde nicht verunstaltet wird.

Oder, um es mit den Gedanken von Festinger zu begründen: Der Drang nach Konsonanz bestimmt (unbewusst) die Bewältigungs-, aber auch die Entscheidungsstrategie. Mit dieser Begründung möchte ich auch Kahnemans These kommentieren: Das langsame Denken (System 2) gibt uns – im Gegensatz zur spontanen, intuitiven Reaktion (System 1) – die Chance, das Blatt Papier bewusst weiter auszumalen. Aber auch beim langsamen Denken (System 2) werden wir bemüht sein, das Gemälde auf dem Blatt Papier nach unserem Geschmack, unserer Vorliebe zu ergänzen.

Dass Determinanten auch die Entscheidungen eines jeden Menschen beeinflussen, sie sogar einschränken können, stellen einige Vertreter diverser Fachrichtungen aufgeregt und kategorisch mit dem Argument in Abrede, dass sich die Konsequenzen nicht mit unserem Verständnis von Menschenwürde oder mit geltendem Strafrecht vertragen. Das mag zwar sein, aber kann, ja darf ein solches Argument den Wahrheitswert infrage stellen? Kann es nicht sein, weil es nicht sein darf? Zum besseren Verständnis sei ein einfaches Beispiel genannt: Wenn ich auf der Autofahrt im Radio den Sender »Klassik Radio« einstelle, obwohl meine Tochter lieber Hip-Hop in »Radio Energy« hören möchte, dann ist das meine Entscheidung, die auf dieser Autofahrt den Wunsch der Tochter ignoriert. Wenn ich dann auf der Rückfahrt »Radio Energy« einstelle, ist es ebenfalls meine Entscheidung. Beiden Entscheidungen lag ein Motiv zugrunde. Auf der Hinfahrt war es möglicherweise mein (unbewusster) Wunsch nach Entspannung mit meiner Lieblingsmusik, auf der Rückfahrt war es vielleicht mein Bedürfnis, der Tochter väterliche Zuneigung zu zeigen. Selbst wenn ich eine Münze geworfen hätte – Kopf oder Zahl –, um den Zufall für oder gegen den Wunsch meiner Tochter entscheiden zu lassen, wäre es meine Entscheidung gewesen, ob ich die Münze werfe oder nicht. Es wäre eine Entscheidung gewesen, die ich – vielleicht aus Gründen der Fairness – getroffen hätte. Zu Beginn dieser Autofahrt gab es also zwei Bedürfnisse: das nach Erholung und Entspannung und das, meine väterliche Zuneigung zu dokumentieren. Warum also habe ich mich auf der Hinfahrt für eines dieser beiden Bedürfnisse entschieden und erst auf der Rückfahrt für das andere?

Die »Deterministen« unter den Hirnforschern würden nun behaupten, ich (oder das Gehirn) habe nicht anders gekonnt, weil mein Gehirn, situativ bedingt, dieser Bedürfnisbefriedigung (Entspannung) Vorrang gegeben hat. Diejenigen jedoch, die uns eine Entscheidungsfreiheit zubilligen möchten, räumen zwar durchaus den Einfluss zahlreicher Determinanten auf eine finale Entscheidung ein. Sie finden aber keinen (neurobiologischen) Beleg dafür, dass unser Gehirn uns quasi zwanghaft steuert. Die Replik der Deterministen lautet erwartungsgemäß nämlich: Wenn das Ergebnis meines Entscheidungsprozesses nicht vom vorrangigen Bedürfnis diktiert wurde, also nicht determiniert war, welche Ursache hat dann zum Ergebnis geführt? Der »göttliche Funke«?

Es ist genau dieses Rätsel, das derzeit keine Hirnforschungstechnik naturwissenschaftlich überzeugend lösen kann. Was ist es, was soll es sein, das uns befähigt, entgegen einer scheinbar naturgesetzlichen Regel (Vorrang der situativ bevorzugten Bedürfnisbefriedigung) zu entscheiden? Genügt es, dass wir die Entscheidung als »freie« empfinden? Können wir unsere Entscheidungsfreiheit überhaupt mit unserem subjektiven Gefühl begründen, belegen? Oder ist die Tatsache, dass wir unsere Entscheidung mit Gründen versehen können, mit Argumenten, ein Indiz für die Freiheit der Entscheidung? Wohl nicht. Meine Zwillingsschwester, die sich im Alter von 26 Jahren erhängte, würde – könnte ich sie heute befragen – ihren Freitod sicherlich begründen. Das macht, so meine Überzeugung, ihre Entscheidung, sich das Leben zu nehmen, nicht zu einer »freien« Entscheidung.

DAS WESENTLICHE IM ÜBERBLICK

Wie entstehen eigentlich Handlungen oder Äußerungen? Was geht dem Handlungsablauf oder der Äußerung voraus?

Wir hören das Geräusch eines herannahenden Autos, wir sehen, wie zwei Menschen in einen handgreiflichen Streit geraten, wir fühlen, wie der peitschende Regen unsere Kleidung durchnässt, wir riechen verschmortes Essen auf dem Herd, wir empfinden beim Treppensteigen plötzlich Atemnot oder werden von einem penetranten Gefühl des Hungers gepeinigt. Wir erschrecken, als wir die per Mail zugesandte Kündigung des Arbeitsvertrages lesen. Alles Sinneswahrnehmungen (Stimuli), die zunächst als Impuls eine physiko-chemische Reaktion im Gehirn auslösen. Das höchst persönliche Erfahrungsgedächtnis übernimmt sodann – wie eine fest installierte App – die Regie, nämlich die Einordnung und Bewertung der erlebten Sinneswahrnehmung. Das Bewusstsein ist an diesem Prozess (noch) nicht beteiligt.

Je nach Bedeutung, die unser Unterbewusstsein der erlebten Sinneswahrnehmung beimisst, wird entweder eine spontane Handlung eingeleitet, beispielsweise ein Sprung auf den Bürgersteig, um einen Zusammenprall mit dem herannahenden Auto zu vermeiden, oder es wird die gedankliche Verarbeitung der erlebten Sinneswahrnehmung eingeleitet, beispielsweise, die alternativen Reaktionsmöglichkeiten auf eine soeben erhaltene Kündigung des Arbeitsvertrages.

Beides, sowohl der Sprung auf den Bürgersteig, als auch die gedankliche Verarbeitung einer Kündigung, wird durch unbewusste Hirnsignale in Gang gesetzt. Das Gehirn wird also aktiv, bevor wir uns überhaupt bewusst entscheiden können. So weit, so unbestritten.

Und niemand bestreitet, dass spontane Handlungen, wie beispielsweise der Sprung auf den Bürgersteig, ohne Beteiligung eines Bewusstseins erfolgen.

Es ist jedoch ein Kategorienfehler, wegen einiger Testergebnisse, die bei spontanen Handlungen den Ausschluss einer bewussten Kontrollmöglichkeit nahelegen, generell die Möglichkeit einer bewussten, freien Entscheidung infrage zu stellen. Experimente, die Aufschluss darüber geben, wie freiwillig der Mensch handelt, wenn er nach längerer Überlegung in den (vom Gehirn vorbereiteten) Handlungsablauf eingreift, gibt es nicht und wird es wohl

nicht geben können. Denn, der Prozess einer Entscheidung kann
nicht mittels Hirnscan abgebildet werden. Eine Entscheidung, beispielsweise darüber, wie auf die Kündigung reagiert werden soll,
ist das Resultat einer längeren gedanklichen Auseinandersetzung.
Will man einen solchen Entscheidungsprozess auf eine bewusste Kontrollmöglichkeit hin überprüfen, dann muss der Proband
während eines solchen gedanklichen Prozesses (der Tage oder
Wochen dauern kann) non-stop im Kernspin verbringen ...

Dennoch, es bleibt wohl weiterhin unbestreitbar, dass Determinanten wie Gene und Biografie im Unterbewusstsein vergrabene Stereotype oder ein durch Traumata geprägtes Erfahrungsgedächtnis Einfluss auch auf solche Entscheidungen des Homo
sapiens haben, die nach längerer Überlegung getroffen werden.
Ein solch längerer Entscheidungsprozess wird vor allen Dingen
in Gang gesetzt, wenn Gefühle konfligieren, wenn beispielsweise
das aktuelle Bedürfnis mit einem moralischen Empfinden nicht
deckungsgleich ist.

Wirklich spannend wird dieser Disput, wenn es nicht um die
Wahl von Radiosendern geht, sondern um Entscheidungen mit
moralischen Dimensionen. Dann nämlich, wenn es um Straftaten
geht.

ES GIBT KEINE GERECHTEN STRAFURTEILE

Es kann nicht sein, was nicht sein darf. So oder so ähnlich befeuern einige Juristen die Debatte, wenn man ihnen die Forschungsergebnisse der Hirn- und Verhaltensforscher einschließlich der daraus abgeleiteten Thesen und Meinungen entgegenhält. Aber der Sachverhalt erinnert allzu sehr an Galileo Galilei, der – entgegen amtskirchlichem Dogma – verbreitete, dass sich die Erde um die eigene Sonne drehe, und nicht umgekehrt. Die gute Nachricht ist: Hirnforscher müssen – anders als Galileo Galilei seinerzeit – für ihre Thesen nicht ins Gefängnis.

Den Shitstorm einiger Juristen müssen die Deterministen unter den Hirnforschern dennoch aushalten. Jene, die der Meinung sind, dass es keine (vorwerfbare) Schuld gebe. Die von ihnen geforderte Konsequenz: Unser Strafrecht in der jetzigen Form muss abgeschafft werden. Unfug, sagen viele. Aber wer genau hinschaut, muss sich um Ordnung und Gehorsam in unserer Zivilgesellschaft keine Sorgen machen. Selbst dann nicht, wenn man das neue »Weltbild« der Deterministen als richtig anerkennt. Warum? Weil auch die naturalistischen Hirnforscher für Ordnung und zivilisierten Umgang plädieren. Aber ob und wie sich das erreichen lässt, wenn die Kategorie Schuld in die Mülltonne der strafrechtlichen Dogmatik getreten wird, darüber gehen die Meinungen auseinander.

Im Juli 2015 besuchte US-Präsident Barack Obama das Bundesgefängnis El Reno in Oklahoma. Nach einem Gespräch mit Häftlingen legte er ein bemerkenswertes Geständnis ab. Er stellte fest, dass dies junge Menschen seien, die Fehler gemacht haben, die sich nicht so sehr von Fehlern unterschieden, die er selbst oder andere gemacht haben. Der Unterschied liegt vor allem darin, dass sie nicht die Struktur der Unterstützung, die zweiten Chancen, gehabt haben, die es ihnen ermöglicht hätten, ihr Leben in den Griff zu bekommen. Damit bestätigt Obama, was Kognitionswissenschaftler und Psychologen unisono predigen: Vielen Menschen bleibt eine Haft erspart, weil sie sich in einem intakten Umfeld befinden!

Die Äußerung von Obama enthält allerdings noch eine zweite Botschaft: Wer nach einem Haftaufenthalt in ein verständnisvolles, sorgendes Netz fällt, hat Chancen, nicht rückfällig zu werden.

Obama war an und für sich fest entschlossen, noch vor dem Ende seiner Amtszeit eine große Strafrechtsreform durchzuführen. Aber dieses ambitionierte Ziel kann er bis zum Ende seiner Amtszeit ebenso wenig schaffen wie die 2015 angekündigte Amnestie von 10.000 Häftlingen, überwiegend Kleinkriminelle und Drogensüchtige. Gerade mal 248 wurden bis März 2016 begnadigt. Die Vereinigten Staaten stellen 5 Prozent der Weltbevölkerung, aber 25 Prozent aller Gefangenen weltweit dar. Die Häftlingsrate ist damit viermal höher als die Chinas. Afroamerikaner und sogenannte Latinos machen 30 Prozent der Bevölkerung in den USA aus, stellen aber 60 Prozent der Gefangenen (dpa Meldung siehe: http://bit.ly/dpa-Obama).

Die USA geben jährlich für den Strafvollzug 80 Milliarden Dollar aus. Das war mal weniger – weniger Kosten, weniger Gefangene. Und auch die Rückfallquoten in den USA waren mal geringer. Aber der frühere US-Präsident Ronald Reagan befand es für gut, Budgets für Resozialisierungsprogramme und psychiatrische Anstalten zu streichen. Sein Credo lautete damals: Umerziehung funktioniert nur mithilfe drakonischer Strafen. Wie fragwürdig eine solche Praxis ist, muss hier nicht erörtert werden.

Immerhin, der demokratische Präsidentschaftskandidat Bernie Sanders nannte das Kind beim Namen. Die Strafrechtspraxis ist »das größte Bürgerrechtsthema unserer Zeit«.

Therapeuten und Pädagogen sind sich einig: Belohnungen taugen eher als Bestrafungen dazu, Erziehungsziele zu erreichen. Und was für die Kindererziehung gilt, hat – sinngemäß abgeändert – auch im Strafvollzug seine Berechtigung: Resozialisierungsmaßnahmen wirken eher als drakonische Strafen, jedenfalls wenn es darum geht, unsere Gesellschaft sicherer zu machen.

Wer sich Gedanken darüber machen möchte, ob hierzulande Reformen im Strafrecht sinnvoll sind, muss zuerst danach fragen, welche Ziele mit dem geltenden Strafrecht verfolgt werden.

DER BGH-ANWALT EKKEHART REINELT WEHRT SICH GEGEN DIE FORDERUNGEN DETERMINISTISCHER HIRNFORSCHER

Im Grunde ist es die Aufgabe der Strafjustiz, mit dem ausgeurteilten Strafmaß zwei Prinzipien Rechnung zu tragen: 1. Die Strafe soll abschrecken und damit zur Einhaltung gesetzlich festgeschriebener Spielregeln beitragen. 2. Das zweite Prinzip unterwirft das Strafmaß, also die Höhe der verhängten Strafe, dem Verlangen nach Sühne.

Dem Verlangen nach Sühne, eine »Bedürfnisbefriedigung« mit archaischen Wurzeln, liegt der Wunsch zugrunde, begangenes Unrecht wieder gutzumachen. Es geht um ein Unrecht, das in vorwerfbarer Weise begangen wurde, also durch eine bewusste, autonome Entscheidung des Straftäters. In den vorangegangenen Kapiteln wurde beleuchtet, dass und warum zahlreiche Äußerungen und Handlungen unbewusst erfolgen und somit das Kriterium der freien (vorwerfbaren) Entscheidung nicht erfüllen können. Hinsichtlich der überlegten, abgewogenen Entscheidungen gab und gibt es einen unübersichtlichen Meinungsstreit zwischen Hirnforschern in der Frage, ob auch in solchen Fällen, wie von einigen Hirnforschern vorgeschlagen, ein schuldhaftes Versagen auszuschließen ist.

Thesen und Forderungen der Hirnforscher haben einige Vertreter der Jurisprudenz elektrisiert. Der Rechtsanwalt beim Bundesgerichtshof Ekkehart Reinelt kritisiert solche Forderungen nach einem Paradigmenwechsel: Reinelt bestreitet nicht, dass im Gehirn vorbereitende Aktionen ablaufen, bevor eine Entscheidung getroffen oder deren Bewusstmachung vollzogen wird. Also Prozesse, die durch Veranlagung oder Erfahrung des Gehirns gesteuert werden. Allerdings haben die Hirnforscher seiner Auffassung nach, bis heute nicht bewiesen, dass alle Handlungen ausschließlich auf neuronalen Prozessen beruhen, die determiniert und unausweichlich ablaufen. Es sei nicht bewiesen, dass sich der Mensch nicht auch hätte anders entscheiden können. Aber auch Reinelt räumt ein, dass viele, vielleicht die meisten menschlichen Handlungen instinktiv, gewohnheitsmäßig oder intuitiv bedingt sind, also nicht von einer vorausgehenden bewussten Abwägung gesteuert sind. Aber lässt sich daraus der Schluss ziehen, dass das für alle menschlichen Handlungen gilt? Die Hirnforschung ist der Auffassung, Gehirnaktivitäten und menschliche Gefühle in bestimmten Regionen des Gehirns lokalisieren und mit modernen Tomographen auch visualisieren zu können. Reinelt verweist auf Experimente, die seines Erachtens den Verdacht nahelegen, dass die Thesen der Hirnforscher – also die genaue Lokalisierung von Gefühlen und/oder Entscheidungsprozessen – auf »brüchigem Fundament stehen«.

Reinelt räumt ein, dass es »determinierende neuronale Varianten« gibt – damit meint er beispielsweise Stereotype oder Vorurteile –, die Einfluss auf komplexe Abwägungsvorgänge, also auf Entscheidungen, ausüben können. Aber für ihn bleibt es ungeklärt, ob und inwieweit wir uns gegen eine solche Konditionierung entscheiden können oder nicht.

Das ist der entscheidende Punkt: Auch jene Vertreter der Hirnforschung, die für eine (gelegentliche) Entscheidungsfreiheit des Individuums plädieren, also dafür, dass unser Verstand in der Lage ist, Alternativen nicht nur zu erkennen, sondern sie auch abzuwägen, um anschließend eine Entscheidung zu treffen, haben keine naturwissenschaftlich gesicherten Belege dafür, ob und gegebenenfalls wie ein genetisches Programm, Vorurteile, Stereotype oder traumatisch bedingte und im Unterbewusstsein vergrabene Gefühle letztendlich die vermeintlich freie Entscheidung beeinflussen.

Einige US-amerikanische Anwälte sehen übrigens in der deterministischen Erklärung von Vergehen und Verbrechen eine neue Chance, ihren straffällig gewordenen Mandanten ein größeres Unheil zu ersparen. Die Anwälte verbinden große Hoffnungen mit dem Blick unter die Schädeldecke ihrer Klienten, denen die Todesstrafe droht. Bislang kennen amerikanische Richter und Geschworene nur »ruchlose Mörder«. Mithilfe bildgebender Verfahren und bunter Bilder soll die Jury künftig davon überzeugt werden, dass es sich in Wirklichkeit um eine »bedauernswerte Kreatur« mit einem geschädigten Denkorgan handelt. Allerdings räume ich einer solchen Verteidigungsstrategie in den USA vorerst wenig Erfolgschancen ein, da in Mordprozessen dort nicht ein ausgebildeter Richter entscheidet, sondern eine aus Laien bestehende Jury, für die der Vergeltungsgedanke regelmäßig überzeugender ist als irgendeine neurowissenschaftliche Erkenntnis.

Die Leitlinie in der bundesdeutschen Rechtsprechung wurde vom Bundesgerichtshof im Jahr 1952 wie folgt postuliert und hat bis heute Gültigkeit: »Strafe setzt Schuld voraus. Schuld ist Vorwerfbarkeit. Mit dem Unwerturteil der Schuld wird dem Täter vorgeworfen, dass er sich nicht rechtmäßig verhalten, dass er sich für das Unrecht entschieden hat, obwohl er sich rechtmäßig verhalten, sich für das Recht hätte entscheiden können.«

DIE MEINUNG DEUTSCHER GERICHTE IST UNGEBROCHEN: VERGELTUNG MUSS SEIN

Es liegt ein ganzes Universum zwischen dem Bundesgerichtshof und einigen Hirnforschern. Die Rechtsprechung des BGH gilt bis heute und wurde unlängst beispielsweise von Tonio Walter, Professor für Strafrecht an der Universität Regensburg, mit dem Aufruf zur Rückkehr der Vergeltung in das staatliche Strafrecht verteidigt: »Die Menschen haben den Wunsch nach Vergeltung.« Und: »Ist aber für den Einzelnen die Vergeltung zentral, so gilt dieses auch für die Gesellschaft.« Auf einem solchen gedanklichen Nährboden können differenzierte Ansichten, die angesichts neurobiologischer Erkenntnisse notwendig sind, sicherlich nicht gedeihen. Außerdem: Der Gesetzgeber hat nicht die Aufgabe, den Wunsch der Menschen unreflektiert umzusetzen. Was das Individuum wünscht, ist nicht immer gesellschaftlich richtig oder sinnvoll. Die reaktionäre Forderung von Walter verkennt im Übrigen jenen staatlichen Auftrag – beziehungsweise die entsprechende Verpflichtung –, die im Strafvollzugsgesetz verankert ist: »Der Gefangene soll fähig werden, künftig in sozialer Verantwortung ein Leben ohne Straftaten zu führen. Der Vollzug der Freiheitsstrafe dient auch dem Schutz der Allgemeinheit vor weiteren Straftaten.« Man nennt das Resozialisierung. Das »Foltervokabular« Vergeltung verträgt sich nicht mit diesem so wichtigen Staats- und Strafzweck.

Insofern wäre es gut, zu wissen, wie eine Meinungsumfrage in Deutschland ausfallen würde, wenn die gestellte Frage lautete, was dem Befragten wichtiger sei: ein Strafzweck, der Chancen hat, für mehr Sicherheit und Ordnung in unserer Republik zu sorgen, oder ein Strafzweck, der in erster Line dem Sühnegedanken und dem Wunsch nach Vergeltung Rechnung trägt. Lassen Sie mich darauf später noch einmal zurückkommen.

Zunächst möchte ich erläutern, wie schwierig es für jedes Gericht ist, bei der Frage nach der vorwerfbaren Schuld alle Faktoren zu berücksichtigen, die nach den in diesem Buch vertretenen Meinungen und Forschungsergebnissen relevant und einschlägig sind.

Alle Hirnforscher, Psychologen und Wissenschaftler anderer Fachbereiche zweifeln nicht daran, dass zahlreiche Äußerungen und Verhaltensweisen unbewusst erfolgen, also nicht »frei« entschieden werden. Und sie zweifeln auch nicht daran, dass spontane Handlungen und Äußerungen auf Gefühlen basieren, derer wir uns zum Zeitpunkt der Entscheidung oder des Verhaltens nicht bewusst sind. Einige von ihnen schätzen den Anteil dieser Verhaltensweisen auf 80 Prozent aller von einem Individuum veranlassten Handlungen und Äußerungen ein. Mir erscheint das zwar willkürlich, sofern es die Schätzung des Prozentsatzes betrifft, aber das ist für meine weiteren Überlegungen nicht relevant. Wer die Entscheidungsfreiheit des Individuums bei überlegten, abgewogenen Entscheidungen als eine von eigenen Bedürfnissen und der eigenen Biografie gänzlich abgekoppelten, losgelösten Freiheit definieren möchte, ignoriert alle wissenschaftlich fundierten Erkenntnisse der Kognitionswissenschaft, der Psychologie, der Anthropologie, der Evolutionsbiologie und so weiter. Eine solche (makellose) Freiheit, ich wiederhole es, gibt es nicht. Der Einfluss aller hier genannten Determinanten auch auf sogenannte bewusste, überlegte und abgewogene Entscheidungen ist unbestreitbar. Rätselhaft bleibt allein, wie umfangreich dieser Einfluss ist. Verschweigen möchte ich aber nicht die Meinung eines Außenseiters, der meint, wir könnten uns sozusagen »aus eigener Kraft« verbessern.

Der US-amerikanische Entwicklungsbiologe und Stammzellenforscher Bruce Harold Lipton geht davon aus, dass Gene und die DNA von Gedanken und der Einstellung eines Menschen beeinflusst werden können. Er ist der Ansicht, dass wir unsere eigene Biologie steuern können. Lipton vertritt die These, dass die Menschen die Macht haben, die Daten zu bestimmen, die sie in ihren Biocomputer eingeben, so wie sie es wählen können, welche Worte sie in ihren Computer tippen. Wenn wir das begreifen, dann können wir zu Meistern unseres Schicksals werden. Die Mehrheit der Epigenetiker dürfte diese These ablehnen. Wir wissen zwar, dass Erfahrungen, insbesondere traumatische Erlebnisse, genetische Spuren hinterlassen und Wesens- und Verhaltensänderungen bewirken. Dass so etwas Kraft eigener Gedanken möglich sein soll, ist nicht belegt.

Allerdings gibt es eine ernst zu nehmende, beachtenswerte These, die die Hoffnung nährt, dass Homo sapiens zu einer Art »Selbstoptimierung« durch Meditation fähig ist. Eine meditative Schulung, so diese These, die ich im Schlusskapitel näherbringen möchte, bewirkt zwar eine Veränderung der Gehirnmatrix – sozusagen neue »Verschaltungen«; nicht jedoch, wie Lipton meint, eine Veränderung der DNA.

EIN GERECHTES URTEIL, DAS ALLE DETERMINANTEN BERÜCKSICHTIGT, GIBT ES NICHT

Ich möchte aus pragmatischen Gründen bei der Erörterung der Frage, ob es ein schuldhaftes, vorwerfbares Verhalten gibt, das eine Bestrafung nach dem Sühneprinzip rechtfertigt, die Meinung der moderaten Hirnforschung zugrunde legen, die eine (gelegentliche) Entscheidungsfreiheit, nach »langsamem Denken« (Kahneman), nach Überlegung und Abwägung (Pöppel) bejaht. Aber selbst wenn man dies tut, zeigt sich, dass sich – bei konsequenter Berücksichtigung dieser Meinung – die Angemessenheit einer Strafe beziehungsweise der Grad des vorwerfbaren Verschuldens nicht zuverlässig ermitteln lässt. Mit anderen Worten: Die Gerechtigkeit bei der Strafzumessung bleibt eine Illusion. Aber keine Sorge, ich plädiere nicht für die Außerkraftsetzung des Strafrechts.

Was darf man von einem gerechten Richter, von einem gerechten Strafrecht verlangen? Eine gerechte Strafe, mit der individuell vorwerfbares Verhalten gesühnt werden soll, muss wohl die »Verhältnisse« des Straftäters berücksichtigen:

Haben genetisch bedingte Defizite oder epigenetisch verursachte Spuren das normabweichende Verhalten beeinflusst? Um diese Faktoren beurteilen zu können, ist eine entsprechende Untersuchung des Straftäters notwendig. Mag sein, dass sie in Fällen von Schwerstkriminalität gelegentlich veranlasst wurde oder wird. Aber solche Faktoren können auch dann relevant für das Verhalten sein, wenn es um »Kleinstkriminalität« geht.

Haben frühkindliche, nicht im Bewusstsein abgespeicherte Erfahrungen die kritikwürdige Verhaltensweise beeinflusst? Auch hierfür gilt das vorstehend Gesagte.

War das Verhalten, beispielsweise eine falsche Zeugenaussage, auf eine selektive Erinnerung, eine selektive Wahrnehmung zurückzuführen? Oder war eine (unbewusste) Bewältigungsstrategie bei der Auflösung einer kognitiven Dissonanz dafür verantwortlich? Hier handelt es sich um ein äußerst schwieriges Untersuchungsfeld, das wohl mehrere psychiatrische Sitzungen erfordert. Aber wer gerecht urteilen will, muss auch diese denkbare Fehlerquelle ausschließen.

Und wie steht es mit angeborenen oder anerzogenen Stereotypen und Vorurteilen, die beispielsweise so manchen Fußballfan beseelen? Oder jene Fanatiker, die Asylanten, Ausländer oder farbige Mitbürger traktieren? Ist es möglich – gerecht wäre es sicherlich –, den Einfluss dieser Determinanten, die sich ja keiner vorsätzlich angeeignet hat, zu ermitteln?

Natürlich müssen auch äußerlich nicht erkennbare Krankheiten wie Depression oder Schizophrenie, die möglicherweise das Verhalten des Straftäters beeinflussten, bei der Strafzumessung berücksichtigt werden, nicht nur schwere psychische Störungen.

Das geltende Strafrecht (§§ 20, 21 Strafgesetzbuch) sieht eine solche Berücksichtigung zwar vor (zum Beispiel eine »krankhafte Störung« oder eine »seelische Abartigkeit«). Allerdings verfährt die Rechtsprechung recht sparsam und ungnädig mit diesem Merkmal, wenn es um die Bewertung von Schuld geht. Der BGH – und vor ihm ein Landgericht – attestierten beispielsweise einem Straftäter im Urteil vom 25. Februar 2015 eine »schwere seelische Abartigkeit«, schlossen aber diesen strafmildernden Faktor aus mit der bemerkenswerten Begründung: Wahnhafte Störungen können sich zwar bei akuten psychotischen Phasen erheblich auf die Schuldfähigkeit auswirken, das sei jedoch nach Meinung des Gerichts zur Tatzeit nicht der Fall gewesen. Der Täter, bei dem ein Eifersuchtswahn diagnostiziert worden war, habe unter keinem Realitätsverlust gelitten, als er das Opfer, mit dem er zusammenlebte, vergewaltigte und so weiter. Ausschlaggebend für das Urteil war die Beurteilung eines Sachverständigen gewesen. Nun maße ich mir nicht an, das Urteil zu kritisieren. Die Begründung lässt aber erkennen, dass sich die (überforderten?) Richter bei der Diagnose einer »schweren seelischen Abartigkeit« mit der Bewertung der Schuldfrage schwertaten. Offensichtlich glaubte der Sachverständige, beurteilen zu können, wann diese Abartigkeit Wirkung entfaltet und wann nicht. Etliche Neurologen würden bestätigen, dass ein so disponierter Mensch bis zur Heilung dieser Krankheit von einem solchen Übel nie alleingelassen wird. Ähnlich wie in diesem Fall (seelische Abartigkeit) urteilte der BGH im Fall eines schizophrenen Täters.

Erwarten – oder gar verlangen – darf man von einer »schuldangemessenen« Bestrafung des Täters wohl auch, dass ein Gericht die Qualität von Dopaminrezeptoren berücksichtigt, welche die Art und Weise der »Bedürfnisbefriedigung« beeinflussen. Das gilt insbesondere im Zusammenhang mit Delikten, die auf eine Sucht zurückzuführen sind. Darf man einen Delinquenten, der genetisch mit weniger Rezeptoren ausgestattet wurde oder dessen Rezeptorenqualität aufgrund ständiger wiederholter »Bedienung« verkümmert ist, beispielsweise aufgrund von Alkoholmissbrauch, darf bei ihm die gleiche Messlatte angelegt werden wie bei jenen Zeitgenossen, deren Belohnungssystem von Geburt an intakt ist? Wenn man gerechterweise differenzieren will, muss bei so manchem Täter idealerweise ein Scan seines Gehirns erfolgen.

Wer die (nahezu) makellose Gerechtigkeit im Strafrecht fordert – makellos gemessen an der individuellen Vorwerfbarkeit –, sollte sich damit abfinden, dass so etwas ein theoretisches Modell ist und bleibt, oft vergleichbar mit einem Würfelspiel. Dennoch: Verglichen mit anderen Staaten, Rechtssystemen und Rechtsordnungen befinden wir uns hierzulande auf einer »Insel des Glücks«. Trotzdem sind Verbesserungen diskussionswürdig.

WANN DER RICHTER IM ZWEIFEL FÜR DEN ANGEKLAGTEN ENTSCHEIDEN MUSS

Darf ich meine obigen Gedanken zunächst pointiert auf die Spitze treiben? Wer ehrlich einräumt, dass ein makelloses, alle genannten Faktoren berücksichtigendes Urteil nicht möglich ist, darf nicht ohne Zweifel bleiben. Dabei geht es nicht um Zweifel, ob die Straftat begangen wurde, sondern um solche, die Aufschluss darüber geben, ob – und wenn ja – in welchem Umfang das normabweichende Verhalten beeinflusst wurde. Dann könnte, ja sollte Folgendes bedacht werden: Es gibt in unserem Strafrecht den Grundsatz »in dubio pro reo« (im Zweifel für den Angeklagten). Dieser Grundsatz leitet sich aus dem Grundgesetz und aus der Europäischen Konvention für Menschenrechte (EMRK) ab. Er hat Verfassungsrang. Was bedeutet dieser Grundsatz konkret? Es handelt sich nicht um eine Beweisregel, sondern um eine Entscheidungsregel. Der Zweifelssatz beinhaltet die Verpflichtung des Gerichts, bei mehreren möglichen Schlussfolgerungen (zum Beispiel aufgrund einer Beweisaufnahme) die Entscheidung beziehungsweise das Urteil zu fällen, welches für den Angeklagten günstiger ist. Allerdings gilt diese Grundregel nur dann, wenn das Gericht nach Abwägung aller relevanten Aspekte tatsächlich Zweifel hegt, beispielsweise an der Schuld des Angeklagten. So weit, so bekannt, vermutlich auch jedem nicht juristisch ausgebildeten Leser.

Die für meine Überlegungen maßgebliche Regelung steht in Artikel 6, Absatz 2 der Europäischen Menschenrechtskonvention (EMRK): »Jede Person, die einer Straftat angeklagt ist, gilt bis zum gesetzlichen Beweis ihrer Schuld als unschuldig.« Dieser Grundsatz muss aber auch für die Frage gelten, ob und in welchem Maße das vorwerfbare Verhalten nicht nur gemäß §§ 20/21 Strafgesetzbuch (StGB) zu beurteilen ist, sondern auch danach, in welchem Maße alle erwähnten Determinanten bei »bewussten, abgewogenen« Entscheidungen eine Rolle spielen. Da so etwas unmöglich oder nur bedingt möglich erscheint, müsste der Zweifelssatz (in dubio pro reo) viel häufiger Geltung haben, wenn und falls man weiterhin darauf besteht, dem Sühne- oder (Vergeltungs-)Charakter einer Strafe Rechnung zu tragen.

MEIN VORSCHLAG FÜR EINE NEUE JUSTIERUNG IM STRAFRECHT – RESTORATIVE JUSTICE, WIEDERGUTMACHUNGSVERFAHREN

Was sollte im Sinne eines gesellschaftlichen Friedens im Vordergrund stehen: Sühne oder Ordnung? Vergeltung oder Abschreckung? Vielleicht erleichtern es die vorangegangenen Überlegungen, meinen Vorschlag zu respektieren, der durchaus als Paradigmenwechsel bei der Strafzumessung gelten kann. Der Vorschlag beinhaltet nicht den Verzicht auf die von Juristen, Philosophen und moderaten Hirnforschern vertretene These, nach der jeder Einzelne bei überlegten Entscheidungsprozessen ein gewisses Maß an Freiheit oder Freiwilligkeit genießt. Meine Anregung beinhaltet lediglich den Vorschlag, bei der Strafzumessung der Abschreckung mehr Gewicht zu geben als der Sühne. Obwohl dieser Vorschlag halbherzig wirkt, besitzt er auf jeden Fall die Qualität, Deterministen und Indeterministen unter den Strafrechtlern miteinander zu versöhnen, um eine gemeinsame Plattform für eine partielle Neujustierung des Strafrechts zu liefern. Der Vorschlag trägt auch der mutmaßlichen Volksmeinung Rechnung, die einer sicheren Gesellschaft (Abschreckungsprinzip) mehr Bedeutung zumisst als dem Durst nach Vergeltung (Sühneprinzip). Wer dennoch nicht auf sein Vergeltungsbedürfnis verzichten will, dem sei versichert: Auch Abschreckungsstrafen können das Verlangen nach Sühne befriedigen. Dem Richter bleibt jedoch erspart, die Schädeldecke der Opfer (und alles, was sich darunter befindet) mittels Tomograf zu filetieren.

Mein Vorschlag bietet mehrere Vorteile, denn idealerweise können wir somit – selbst bei Streichung des Sühneprinzips (vorwerfbare Schuld) – allen Bedürfnissen Rechnung tragen: Die Abschreckung hat potenziell eine »erzieherische« Wirkung, und versöhnt zugleich jene, die den Täter leiden sehen möchten. Die abschreckende, erzieherisch wirkende Verhängung von Maßnahmen, Gefängnis- oder Geldstrafe, hat in zahlreichen Fällen Verhaltensänderungen bewirkt, sowohl beim Täter als auch bei jenen, die sich von solchen Maßnahmen bedroht oder betroffen zeigen.

In der Gesellschaft der »weißen Kragen« kann dieses eindrucksvoll an den zahlreichen Selbstanzeigen abgelesen werden, die nach dem Ankauf von Steuer-CDs die Finanzämter überfluteten. Und der im April 2016 aufgedeckte Skandal um die »Panama Papers« hat ganz offensichtlich denselben Effekt.

Deshalb, so argumentieren nicht nur Hirnforscher, muss der Verlust von Ordnung und Gesetzestreue der Bürger nicht befürchtet werden, wenn Begriffe wie Schuld und Sühne aus dem strafrechtlichen Vokabular verschwinden.

Stattdessen seien größere Anstrengungen bei der Therapie von Straftätern sinnvoll. Dazu nachher mehr.

Selbst wenn sich der Gesetzgeber und die Rechtsprechung dafür entscheiden sollten, Strafen zum Zweck der Abschreckung zu verhängen und den Sühnegedanken zu opfern, so gibt es dennoch eine Möglichkeit, den Aspekt der Schuld, der persönlich vorwerfbaren Verantwortung, bei der Strafzumessung zu berücksichtigen. Das derzeit gültige Strafrecht erlaubt es, ein Strafmaß zu erhöhen, wenn das Gericht von der »besonderen Schwere der Schuld« ausgeht. Vor diesem Hintergrund erscheint mir ein weiterer Vorschlag legitim:

Das Gericht verurteilt den Täter zur Abschreckung der Allgemeinheit, wenn es davon überzeugt ist, dass er die Tat begangen hat (Zurechnungsprinzip). Das Strafmaß orientiert sich nach dem, was nach Meinung des Gerichts ausreicht, um sowohl eine Abschreckung zu bewirken als auch eine Resozialisierung des Täters zu ermöglichen (dazu später).

Soweit das Gericht ausnahmsweise und zweifelsfrei klären kann, dass den Täter ein vorwerfbares Verschulden trifft, dass er also weder spontan und unüberlegt gehandelt hat noch dass Determinanten vorliegen, die seine Entscheidungsfreiheit eingeschränkt haben, wird dem Gericht die Möglichkeit eingeräumt, das Strafmaß zu erhöhen.

Das klingt vielleicht nicht neu, ist es aber. Bislang wurde relativ unreflektiert von der Wirkung (Straftat) auf die Ursache (Schuld) geschlossen. Gibt man dem Gericht jedoch auf (ähnlich dem Schuldspruch »besondere Schwere der Schuld«), die Determinanten zu prüfen, um neben der Zurechnung auch noch die Schuld bejahen zu müssen, dann findet so etwas wie die Umkehr der Beweislast statt. Ein Rechtsinstitut, das im Zivilrecht von jeher anerkannt und praktiziert wird.

Wer sich diesen Anregungen und Gedanken weiterhin verschließen und das Vokabular der Vergeltung aus dem Strafrecht nicht streichen möchte, wer also Sühne für einen nicht wirklich messbaren Grad an Schuld verlangt, der sollte zumindest prüfen, wie effektiv es heutzutage ist, den »Schuldigen« einfach einzusperren. Die Sühne vermag es, kurzfristig Befriedigung zu verschaffen. Langfristig ist die Art und Weise, wie Vergeltung – nicht nur hierzulande – praktiziert wird, jedoch kontraproduktiv: für den Täter, aber auch für die Gesellschaft.

Es gibt noch eine andere Überlegung, die den Vorschlag rechtfertigt, den Vergeltungswunsch als Maßstab für die Höhe einer Strafe zu vernachlässigen. Diese Überlegung ist auf eine höchst aktuelle Entwicklung im Strafrecht zurückzuführen, die unter der Bezeichnung »Restorative Justice« zunehmend Beachtung findet. »Restorative Justice« wird mal als »heilende Gerechtigkeit«, mal als »Wiedergutmachungsverfahren« übersetzt. Dahinter verbirgt sich eine ganz andere Art der Handhabung des Strafrechts, mehr noch, eine ganz andere Interpretation dessen, was im Fokus des Strafrechts stehen sollte. Die Forderung nach Einführung des »Wiedergutmachungsverfahrens« beinhaltet den Vorschlag von Kriminologen und Strafrechtlern, die direkt Beteiligten einer Straftat, also Geschädigte und Beschuldigte – manchmal aber auch die Gemeinschaft – zu einer gerechten Konfliktlösung zusammenzubringen. Im Zentrum der Suche nach einer Konfliktlösung, so die Forderung, soll die Wiedergutmachung für die materiellen und immateriellen Schäden des Opfers stehen und die Wiederherstellung von positiven, sozialen Beziehungen.

»Restorative Justice« rückt also das Interesse des Opfers in den Mittelpunkt. Eine sinnvolle Alternative zur derzeit praktizierten, täterorientierten Strafjustiz.

Was zunächst überraschend sein dürfte, ist, dass eine Justiz im Gewand des Wiedergutmachungsverfahrens (Restorative Justice) eine längere Vergangenheit hat als das heute praktizierte (täterorientierte) Rechtssystem.

Zu den Völkern, die eine Wiedergutmachung als das entscheidende Kriterium einer Strafe ansahen, gehörten die Aborigenes in Australien, die Maori in Neuseeland, die Indianer Nordamerikas. Bereits die älteste schriftlich überlieferte Rechtssammlung, der Codex Ur-Nammu (ca. 2100 v. Chr.) enthielt Regelungen zu Schadensersatz und Wiedergutmachung bei verschiedenen Delikten. Das gleiche gilt für den Gesetzescodex des babylonischen Königs Hammurabi (ca. 1750 v. Chr.). Ein Beispiel: »Gesetzt, ein Mann hat bei einer Schlägerei einen anderen geschlagen und ihm eine Verwundung beigebracht, so wird selbiger Mann schwören: Ich habe ihn nicht mit Absicht geschlagen und wird den Arzt bezahlen«.

Auffällig beim babylonischen Gesetzescodex sind die Ähnlichkeiten mit biblischen Postulaten. So heißt es beispielsweise im zweiten Buch Mose 21,18.19: »Wenn Männer miteinander streiten und einer schlägt den anderen mit einem Stein oder mit der Faust, dass er nicht stirbt, sondern zu Bett liegen muss und wieder aufkommt und ausgehen kann an seinem Stock, so soll der, der ihn schlug, nicht bestraft werden; er soll ihm aber bezahlen, was er versäumt hat und das Arztgeld geben.«

Hinsichtlich des Deliktes »Körperverletzung« enthielten auch altirische Gesetzesvorschriften entsprechende Regelungen, mit denen materielle und immaterielle Schäden kompensiert werden sollten.

In Europa gewann das Kriterium »Vergeltung« für ein Strafmaß erst im Laufe des Mittelalters an Bedeutung.

So weit die Geschichte.

Das Prinzip »Restorative Justice«, also Wiedergutmachungsverfahren statt täterorientiertes Strafsystem, hat seit Mitte des 20. Jahrhunderts in Europa und Nordamerika an Bedeutung gewonnen. Das beruht nicht zuletzt auf einer Empfehlung des Europarats aus dem Jahre 1999, in der eine Mediation in Strafsachen als eine lösungsorientierte Ergänzung oder Alternative zum klassischen Strafverfahren empfohlen wird. Damit, so die Empfehlung, können insbesondere folgende Aspekte besonders berücksichtigt werden:

- Die aktive Rolle, die sowohl die Geschädigten als auch die Beschuldigten im Verfahren übernehmen können.
- Die Möglichkeit der Einbeziehung der Gemeinschaft (z. B. Angehörige, betroffene Nachbarn und dergleichen).
- Die Stärkung der Rolle der Geschädigten und ihrer Bedürfnisse, etwa nach Entschuldigung oder materieller Wiedergutmachung.
- Die Förderung der Verantwortungsübernahme durch die Verursacher, in Worten und Taten, was auch die Grundlage für eine spätere Wiedereingliederung in das soziale Gefüge verbessern kann.

Damit, so die Meinung all jener, die dieses Wiedergutmachungsverfahren bereits praktizieren, wird es den Geschädigten ermöglicht, sowohl ihren emotionalen als auch ihren materiellen Bedürfnissen Rechnung zu tragen.

Beim täterorientierten Strafsystem werden regelmäßig die Entscheidungen von Institutionen getroffen (Staatsanwälte, Gerichte), ohne irgendein Mitspracherecht der direkt Betroffenen.

Das Wiedergutmachungsverfahren wird gegenwärtig in einigen Ländern Europas und Nordamerikas nur bei leichteren Straftaten wie beispielsweise Sachbeschädigung oder leichte Körperverletzung praktiziert. Eine Anwendung bei schwereren Straftaten (Mord oder andere Tötungsdelikte) ist eher die Ausnahme, wie in Südafrika, wo ein solches Verfahren durch eine Wahrheits- und Versöhnungskommission gewählt wurde, um die nach dem Ende der Apartheid aufzuarbeitenden schwersten systematischen Menschenrechtsverletzungen einer friedlichen Lösung zuzuführen.

Einen noch bescheidenen Einsatz dieses Verfahrens haben die Österreicher auf den Weg gebracht. Dort gibt es nach Anklageerhebung die Möglichkeit, ein Mediationsverfahren durchzuführen. Ist das Mediationsverfahren erfolgreich, so wird die Strafverfolgung eingestellt, andernfalls läuft das gerichtliche Strafverfahren.

Zugegeben, der Impuls zur Einführung des Systems Restorative Justice, also des Wiedergutmachungsverfahrens anstelle (oder alternativ) des praktizierten täterorientierten Strafverfahrens ist nicht auf die Ergebnisse der Hirnforschung zurückzuführen. Diese Forderung ist ausschließlich mit der Erkenntnis begründet, dass das Prinzip Vergeltung als Kriterium für Strafmaßnahmen wenig effizient ist. Weniger effizient jedenfalls als Wiedergutmachungsverfahren. Zahlreiche Belege für die nationalen und internationalen Ergebnisse schildert der Kriminologe und Theologe Martin Hagenmaier in seinem Buch »Straftäter und ihre Opfer« (TBT Verlag 2016). Die grundsätzlich unterschiedliche Herangehensbeziehungsweise Verfahrensweise dieser beiden Systeme hat Hagenmaier im folgenden Schaubild illustriert.

Criminal Justice	Restorative Justice
Verständnis von Kriminalität und Strafe	
Verbrechen ist Gesetzesverletzung	Verbrechen ist eine Schädigung von Menschen
Verletzungen erzeugen Schuld	Verletzungen erzeugen Verpflichtungen
Gerechtigkeit ist Schuldfeststellung und daraus folgende Strafzumessung	Gerechtigkeit ist eine gemeinsame, allseitige Anstregung zur Wiedergutmachung oder gar Verbesserung der Lebensumstände
Täter bekommen, was sie »verdienen«	Bedürfnisse der Opfer und Verpflichtung der Täter zur Wiedergutmachung
Perspektive der Betrachtung	
Welches Gesetz ist übertreten?	Wer ist geschädigt oder verletzt?
Wer hat es getan?	Was sind die Bedürfnisse der Betroffenen?
Welche Strafe steht auf den Übertritt?	Wer hat die Verpflichtung, das auszugleichen?
Folge der Bearbeitung von Kriminalität	
Stigmatisierung des Verurteilten auf Dauer, Strafe bleibt registriert, dauernde gesellschaftliche Nachteile	Reintegration, Versöhnung für Opfer und Täter
Verurteilter bleibt trotz Resozialisierung eine Gefahr. Opfer bekommt evtl. Schmerzensgeld	Hoffnung auf und Versprechung von Neubeginn für Opfer und Täter

Das Schaubild verdeutlicht, dass im Verfahren Restorative Justice, also im Wiedergutmachungsverfahren der Vergeltungsgedanke als Kriterium für eine Maßnahme der »Bestrafung« des Täters entbehrlich ist.

Fazit: Unabhängig von den Ergebnissen der Hirnforschung, die aus den weiter vorne erörterten Gründen nahelegen, bei der Bestrafung des Täters das Kriterium individuelle Schuld zu Gunsten des Abschreckungs- und Resozialisierungsprinzips zu vernachlässigen, bestätigen auch die Erfahrungen mit dem »Wiedergutmachungsverfahren« dessen Vorzüge, nämlich: Den Betroffenen – Opfern, Tätern und der Gemeinschaft – ist mehr gedient, wenn die Justiz die bisherige Praxis bei der Bestrafung diesen Prinzipien unterordnet.

Das Wiedergutmachungsverfahren, wie es für das Prinzip Restorative Justice kennzeichnend ist, sollte auch Teil des Resozialisierungsprogramms werden, wenn der Täter zur Strafverbüßung hinter Schloss und Riegel weggesperrt wird.

RESOZIALISIERUNG IST EIN GEBOT, WIRD ABER VON POLITIKERN IGNORIERT

Ein Paradigmenwechsel in der Praktizierung des Strafvollzugs, insbesondere, wenn es um die Resozialisierung von Straftätern geht, ist überfällig. Allerdings können die zuständigen Bundesländer mit entsprechend kostspieligen Maßnahmen nicht jene Zeitgenossen erwärmen, die sich auf dem Kopfkissen von Klischees ausruhen, in denen der Begriff Resozialisierung keinen Platz findet. Und von eben diesen Zeitgenossen möchte man ja gelegentlich wiedergewählt werden.

Bevor ich über den Sinn einer Resozialisierung und die Fragwürdigkeit aktueller Haftbedingungen räsoniere, sei in Erinnerung gerufen, was US-Präsident Obama geäußert hat:»Vielen von uns blieben drakonische Strafen wie Gefängnis erspart, weil es unsere

Gene, unsere Biografie gut mit uns gemeint haben.« Dazu noch ein Forschungsergebnis: Britische Psychiater haben mithilfe der Magnetresonanztomografie Hinweise darauf gefunden, dass Jugendliche mit einem gestörten Sozialverhalten über zum Teil veränderte Hirnstrukturen verfügen. Die Forscher berichteten, dass die Gehirne männlicher Teenager mit psychischen Störungen deutliche Volumenabnahmen in der Amygdala und der Insula aufwiesen, wobei Volumen und Schwere der Störung miteinander korrelierten. Diese Regionen des Gehirns sind unter anderem für die Verarbeitung von Emotionen und die Empathie »zuständig«, so die Wissenschaftler. Das erklärte, warum sich diese Jugendlichen aggressiver, aufsässiger und weniger sozial als ihre durchschnittlichen Altersgenossen verhalten.

Markowitsch hat es in einem Streitgespräch mit Jan Philipp Reemtsma, einst Opfer einer Entführung, veröffentlicht im »Spiegel«, so ausgedrückt: »Ich kann nichts dafür, dass ich kein Bankräuber wurde. Ein Zusammenspiel aus Genen, vorgeburtlichen und frühkindlichen Erfahrungen, Erziehung, Freunden, Gesellschaft – allem, was aus der Umwelt auf mich eingestürmt ist, hat mich werden lassen, was ich bin. Ich bin das Produkt meiner Vergangenheit.« Als ein Beispiel von vielen für eine »lädierte« Gehirnmatrix, die zumindest mitverantwortlich für einige Straftaten war, nannte er Ulrike Meinhof, legendäre Anführerin der kriminellen Baader-Meinhof-Gruppe. Bei ihr war im Rahmen einer Obduktion im Gehirn ein Tumor entdeckt worden, der möglicherweise etwas mit ihrer Radikalisierung zu tun hatte. Es soll hier nicht darum gehen, Mitleid für Straftäter zu wecken. Aber man sollte, wenn man sich über Resozialisierungsmaßnahmen und Haftbedingungen unterhält, nicht aus den Augen verlieren, dass zahlreiche Täter aufgrund von Erbanlagen, aufgrund einer schicksalhaften Biografie oder aufgrund diverser äußerer Einflüsse benachteiligt waren.

Die Volksmeinung tut sich schwer mit dem Ziel des Strafvollzugs, das Resozialisierung heißt. Das ist schon deshalb verwunderlich, weil die Zielsetzung auch der Sicherung des Rechtsfriedens, der Wahrung einer Rechtsordnung und der Reduzierung von Straftaten dient. So wie sich Eltern bemühen, »ungehorsame« Kinder wieder auf den Pfad der Tugend zu bringen, versuchen Therapeuten, den Straftätern Gehorsam vor dem Gesetz zu vermitteln. Ein Erfolg dieser Maßnahme liegt auch im Interesse der Allgemeinheit, die vor rückfälligen Tätern geschützt werden muss. Wer dennoch ausschließlich dem Gedanken der Vergeltung nachhängt, dem sei versichert, dass sowohl Resozialisierungsmaßnahmen im offenen Vollzug als auch ein Gefängnisaufenthalt wenig Ähnlichkeit mit einem Streichelzoo haben.

Zur Wirkung von Haftstrafen seien einige Zahlen und Fakten genannt: 96 bis 98 Prozent der Straftäter kehren nach Beendigung ihrer Inhaftierung in die Gesellschaft zurück, das sind laut statistischem Bundesamt jährlich rund 50.000 Menschen. Insgesamt leben derzeit in unserer Nachbarschaft – oder in der von Freunden und Verwandten – bundesweit etwa 800.000 entlassene Straftäter, immerhin ein Prozent der deutschen Bevölkerung. Die Kosten für den Strafvollzug belaufen sich jährlich auf rund 40.000 bis 50.000 Euro pro Häftling.

Ein Resozialisierungsprojekt mit jugendlichen Intensiv- und Wiederholungstätern in Köln ergab eine Rückfallquote von 13 Prozent. Im Vergleich: Bei jugendlichen Häftlingen, die ohne eine Resozialisierung aus dem Gefängnis entlassen wurden, betrug die Rückfallquote rund 50 Prozent. Die Kosten pro Jugendlichem, der am RESI-Projekt teilgenommen hatte, betrug rund 8.500 Euro pro Jahr, im Strafvollzug hätte es dagegen mindestens 40.000 Euro pro Jahr gekostet. Der Sozialwissenschaftler und Jurist Bernd Maelicke, der das RESI-Projekt entwickelt hat, sagte 2015 in einem Interview der »Süddeutschen Zeitung« zum Thema Strafe, Gefängnis und Resozialisierung: »Das Gefängnis ist keine Lösung. Das belegen die seit Jahrzehnten konstant hohen Rückfallquoten. Im Knast wird nicht wirklich resozialisiert, im Gegenteil. Da gibt es Drogen und eine gewalttätige Subkultur, der sich keiner entziehen kann und die Häftlinge noch mehr kriminalisiert« (Süddeutsche Online: 05.06.2015: http://bit.ly/süddeutsche-Resozialisierung). Warum ist das so, warum bewirken Gefängnisaufenthalte eher eine Kriminalisierung als eine Resozialisierung des Häftlings?

Sobald sich die Gefängnistore hinter dem Häftling schließen, tritt er in eine Schattenwelt, in einen nahezu rechtsfreien Raum. Eine Studie des Kriminologischen Forschungsinstituts Niedersachsen aus dem Jahr 2012 kommt zu dem Ergebnis, dass rund 25 Prozent der befragten Häftlinge im Laufe eines Monats Opfer von körperlichen und sexuellen Übergriffen anderer Häftlinge wurden. Und der langjährige Leiter des größten bundesdeutschen Gefängnisses in der JVA Berlin-Tegel gestand in »Die Zeit«: »Eigentlich weiß ich nicht, was in meiner Anstalt passiert.« Das klingt wie ein hilfloser Offenbarungseid.

Als besonders gefährliche Orte in einer Haftanstalt entpuppten sich Gemeinschaftszellen mit teilweise bis zu acht Gefangenen. Die Hälfte der Opfer verzichtet auf eine Anzeige bei der Anstaltsleitung, wenn es zu gewalttätigen Übergriffen gekommen ist. Denn wer dies tut, muss mit schwerwiegenden Schikanen und Erpressung rechnen. In dieser Schattenwelt herrscht das Faustrecht. An und für sich ist es seit einer Reform im Jahr 1977 die vorgeschriebene Aufgabe, die Häftlinge zu resozialisieren, also so zu therapieren, dass sie sich nach ihrer Entlassung in die Gesellschaft »eingliedern« können und nicht rückfällig werden: »Der Vollzug wirkt von Beginn an auf die Eingliederung der Gefangenen in das Leben in Freiheit hin.« Oder: »Schädlichen Folgen des Freiheitsentzugs ist entgegenzuwirken.« Oder: »Die Gefangenen werden in ihren Haftäräumen einzeln untergebracht.« Angesichts der tatsächlichen Situation in deutschen Haftanstalten sind dieses aber Sätze voller Worthülsen.

RESOZIALISIERUNG SORGT FÜR MEHR SICHERHEIT DER BEVÖLKERUNG

Zu den verankerten Zielen einer Haftstrafe gehört auch, dass der offene Vollzug, (tagsüber draußen arbeiten, nachts im Gefängnis schlafen) die Regel sein soll. In der Realität stehen 11.500 Haftplätze im offenen Vollzug bundesweit 67.000 Plätzen im geschlossenen Vollzug gegenüber. Die Therapie eines Straftäters soll nach dem Willen des Gesetzgebers zum gesetzlich festgelegten Standard gehören. Für viele eine Illusion. Viele Häftlinge erhalten nicht einmal einen Therapieplan, sie werden einfach jahrelang unbehandelt »verwahrt«. In Bayern sind nur sieben Prozent der Gefangenen im offenen Vollzug untergebracht, Ausgang zu erhalten, ist hier fast unmöglich: Die Häftlinge müssen Sträflingskleidung tragen, telefonieren dürfen sie nur in besonderen Fällen und unter Aufsicht. Anders in Berlin: Dort stehen die Telefone auf dem Flur. Die Häftlinge erhalten zehnmal mehr Ausgang als in Bayern. In Berlin betreut ein Sozialarbeiter 33 Gefangene, in Bayern 100. Auch Nordrhein-Westfalen setzt verstärkt auf den offenen Vollzug, 28 Prozent der Erwachsenen sind in Gefängnissen ohne Mauern untergebracht, mehr als fast überall sonst.

Die Realität in der JVA Berlin-Tegel sieht allerdings auch so aus: Jeden Tag werden Drogen in die Anstalt geschmuggelt: Sie kommen mit den Versorgungs-Lkws, für die Werkstätten und für die 1200 Häftlinge, aber auch mit der Post in die Haftanstalt, versteckt unter Briefmarken und in Zwischenwänden von Luftpolstertaschen. Oder Besucher verbergen Drogen in den Windeln ihrer Babys oder in Krücken. Auch Freigänger schmuggeln Drogen, indem sie sie schlucken, im After oder im Hodensack verstecken. Da in der JVA Berlin-Tegel vor einigen Jahren die Turmwachen aus Kostengründen abgeschafft wurden, werfen Personen mittlerweile Drogen, Handys und Alkohol auch über die Mauer. Der JVA-Direktor Ralf Adam sagt dazu in einem Interview: »Es ist ein Kampf gegen Windmühlen, den man nur gewinnen kann, wenn man den gesamten Vollzug inhumaner macht. Sprich: 23 Stunden wegsperren, eine Stunde Hofgang, das Minimum an gesetzlich vorgeschriebener Behandlung. Wer aber so Vollzug betreibt, der hat in den 60er Jahren aufgehört zu denken. Und der sorgt erst recht dafür, dass im Knast aus den Gefangenen üblere anstatt bessere Menschen werden« (Süddeutsche Online: 11.5.2010: http://bit.ly/süddeutsche-Tegel).

Welche Maßnahmen sollte man also angesichts dieses Dilemmas ergreifen? Bernd Maelicke erklärt in einem Interview mit der Süddeutschen Zeitung dazu: »Arnold Schwarzenegger hat die Zahl der Häftlinge extrem gesteigert. Aber je mehr Menschen er weggesperrt hat, umso höher wurde die Rückfallquote. Ambulante Maßnahmen wie die Bewährungshilfe und die Straffälligenhilfe freier Träger sind viel erfolgreicher. Sie müssen aber dringend personell und finanziell besser ausgestattet werden. In Deutschland fehlen 1000 Bewährungshelfer […]« Und weiter: »Ich bin nicht so naiv, zu glauben, wir könnten alle resozialisieren. Aber ich bin sicher, wir können die Rückfallquoten massiv senken, indem wir Gefängnisaufenthalte reduzieren und die Bewährungshilfe und die Straffälligenhilfe ausbauen« (Süddeutsche Online: 05.06.2015: http://bit.ly/süddeutsche-Maelicke). Er fordert ferner, den Übergang in die Freiheit professioneller zu gestalten. Markowitsch macht einen anderen Vorschlag: »Wir sollten neu definieren, warum wir jemanden hinter Gitter schicken – zum Beispiel weil wir potentielle Opfer schützen wollen. Geht das effektiver durch Strafen in der Justizvollzugsanstalt oder durch behandeln? Meiner Ansicht nach muss man alle, die strafauffällig sind, zu Erziehungsmaßnahmen führen« (Spiegel Online: 30.07.2007: http://bit.ly/spiegel-Markowitsch).

Für die Abschaffung von Gefängnissen plädierte auch der Gefängnisdirektor Thomas Galli in einem Spiegel-Interview (Der Spiegel. 19.3.2016). Der 42-jährige Jurist, Kriminologe und Psychologe leitet die sächsische Justizvollzugsanstalt Zeithain. Im Interview wurde er deutlich:

»Es gibt effektivere Möglichkeiten, mit Menschen umzugehen, die Normen verletzen. (…) Schaffte man die Gefängnisse ab, würde sich die Gefahr für die Bevölkerung nicht vergrößern. Wahrscheinlich könnte man 90 Prozent aller Inhaftierten auf der Stelle entlassen. (…) Im Sinne der Sicherung halte ich Wegsperren für sinnvoll. Aber nur für wenig, wirklich gefährliche Menschen«.

Und auf die Frage, was er mit den anderen machen würde, den Räubern, Einbrechern, Betrügern usw. antwortete er:

»Für die würde ich elektronisch gesicherten Hausarrest und Geldstrafen verhängen, auch gemeinnützige Arbeit. Die Finnen und die Norweger haben offene Gefängnisse, ohne Zäune und Stacheldraht. Die Rückfallraten in Finnland sind bei diesen Gefangenen um 20 Prozent gesunken (…) Die Dänen verhängen möglichst kurze Strafen, die oft im Hausarrest mit elektronischer Fessel vollzogen werden. Das ist deutlich günstiger als Gefängnis. Gerade bei Leuten, die sozial integriert sind, ist Haft total kontraproduktiv.«

Natürlich tauchte in diesem Interview auch die Frage auf, was bei dieser »Philosophie« mit Uli Hoeneß hätte geschehen sollen. Die Antwort von Galli:

»Wer hat denn etwas davon, dass Uli Hoeneß 21 Monate in Haft war? Da geht es doch nur darum, die Vergeltungswünsche der Allgemeinheit zu befriedigen, indem man sagt: Der muss jetzt ein bisschen leiden (…)«

Es ist schon bemerkenswert, dass ausgerechnet ein Gefängnisdirektor diese Meinung vertritt. Er wird seine Gründe haben, wie übrigens zahlreiche andere Experten.

Die Abschaffung der Gefängnisstrafe im Regelfall bedeutet nicht, dass jedem verurteilten Straftäter das Gefängnis erspart bleibt. Aber der Gefängnisaufenthalt sollte die Ausnahme werden. Sollte sich die Justiz eines Tages in diese Richtung bewegen, besteht Hoffnung, dass man bei der Justiz auch mit der Verhängung der Untersuchungshaft zurückhaltender umgeht. Die gegenwärtige Praxis ignoriert oftmals die bis zur Rechtskraft eines Urteils geltende Unschuldsvermutung. Der Untersuchungsgefangene wird dennoch wie ein Stück Möbel weggesperrt und ist über Nacht einer dunklen, unberechenbaren Welt ausgesetzt, was bei zahlreichen Untersuchungshäftlingen zu posttraumatischen Belastungsstörungen geführt hat, auch bei jenen, die zu Unrecht dem Vorwurf einer Straftat ausgesetzt waren. In puncto Sicherheit ergiebiger wäre es möglicherweise, die sozialschädlichen, kriminellen Neigungen eines Täters rechtzeitig, also vor Verübung einer Straftat, zu erkennen.

Diskutiert wird schon seit Langem, ob neurobiologische Techniken dabei helfen können, potentielle Täter zu »erkennen«, bevor sie straffällig werden. Einen solchen Plan verfolgte Tony Blair, ehemals Premierminister in Großbritannien. Der Plan sah Tests für alle Schulkinder vor, um diejenigen mit besonders vielen Risikofaktoren für ein späteres kriminelles Verhalten zu erkennen. Mit diesen Kindern sollte dann ein gezieltes Präventionsprogramm durchgeführt werden. Markowitsch berichtet über eine Studie in den USA mit demselben Ziel: Kriminelles Verhalten lässt sich tatsächlich ziemlich gut voraussagen. In der Studie wurden 15-jährige Schüler auf Variablen untersucht, die prädiktiv für die spätere Straffälligkeit sein könnten. Man zeigte ihnen viele normale, harmlose Bilder, und dazwischen ab und zu ein nacktes Mordopfer, Unfallopfer oder alle möglichen Gewaltszenen. Bei einigen dieser jungen Menschen maß man kaum psychophysische Reaktionen auf diese Reize: Die Pulsrate blieb niedrig, die Muskelaktivität auch, die Leitfähigkeit der Haut veränderte sich nicht. Und tatsächlich wurde die überwiegende Mehrzahl dieser Jugendlichen später straffällig. Gerade der Typus des Soziopathen ist sehr gut identifizierbar. Wenn wir ihn im frühen Stadium erkennen könnten wie eine somatische Krankheit – müssen wir nicht sogar versuchen, auf ihn einzuwirken? Sein abschließendes Plädoyer für die Hirnforschung bei der Bewältigung von Kriminalität lautet: »Gefährlichkeitsprognosen aus dem Kernspin könnten ein Weg sein, um die Frage von Sicherungsverwahrung, Lockerungen oder Entlassungen besser zu beantworten. Sie könnten angepasst wirkende Psychopathen enttarnen, die in der Regel sofort rückfällig werden. Sie könnten aber auch verhindern, dass man Leute wegsperrt, die gar keine Gefahr mehr darstellen. Die Hirnforschung könnte das Rechtssystem insgesamt auf ein objektiveres Fundament stellen. Ein wissenschaftlich fundiertes Maßnahmerecht wäre das Ziel.« Jedes Gehirn, so meint Markowitsch, sei plastisch, also veränderbar, zum Beispiel mithilfe einer Therapie. »Und wir können im Kernspin überprüfen, ob die Therapie erfolgreich war« (Der Spiegel. Ausgabe 31/2007).

Mein persönliches Fazit lautet: Wissenschaftler machen sich Gedanken und experimentieren, um das Ziel einer wirksamen Resozialisierung von Straftätern erreichen zu können. Die Politik jedoch, die eine solche Forschung finanziell unterstützen müsste, tut dies nicht, offensichtlich weil der Nutzen – bezogen auf ein Wahlverhalten – eher gering erscheint. Bei aller Berechtigung, über den »freien Willen«, über »Schuld« oder über Paradigmenwechsel und so weiter nachzudenken, um das Strafrecht gerechter zu machen, ist es offensichtlich so, dass naheliegende Möglichkeiten, für mehr Rechtsfrieden und für Beachtung der Rechtsordnung zu sorgen, schlicht ignoriert werden. Die Resozialisierung von Straftätern darf kein Fremdwort bleiben in des Wortes eigentlicher Bedeutung.

EPILOG – QUO VADIS, WOHIN GEHT DER HOMO SAPIENS?

Schuld oder Schicksal?

Sind freie, eigenverantwortliche Entscheidungen richtungs-weisend oder gar maßgebend für unsere Zukunft? Oder ist die Menschheit Determinanten wie Genen und Biografie schicksal-haft ausgeliefert? Und welche Rolle spielen scheinbar gesetzmäßig agierende evolutionäre Kräfte?

EGOISMUS UND RÜCKSICHTSLOSIGKEIT – EIN EVOLUTIONÄRES ERBE

Das Ergebnis aller Recherchen in diesem Buch ist zunächst relativ ernüchternd. Addiert man jene wissenschaftlichen Forschungs-ergebnisse über die begrenzte kognitive Leistungsfähigkeit des Homo sapiens mit der dominierenden Rolle des von vielen Fak-toren programmierten Unterbewusstseins, dann machen sich eigentlich Resignation und Zweifel breit. Zweifel daran, dass ein »gesunder Menschenverstand«, also so etwas wie Vernunft, uns, die vermeintliche Krone der Schöpfung, befähigen könnte, stets moralisch normgerecht, jedenfalls sozialverträglich zu handeln.

Skepsis drängt sich auch auf, weil die evolutionäre Kraft der Se-lektion scheinbar all jene in einer Ellenbogengesellschaft begünstigt, die eigene Interessen besonders rücksichtslos verfolgen. Eine Ellenbogengesellschaft die, wie der Skandal um »Panama Papers« dokumentiert, im doppelten Wortsinn keine Grenzen kennt.

Wie ich in dem Kapitel über Hirnforschung erläutert habe, wird uns zwar von einer Mehrheit der Wissenschaftler bescheinigt, zwischen mehreren Handlungsalternativen frei entscheiden zu können, wenn wir Zeit haben, das Für und Wider abzuwägen. Aber ein Blick auf die Lebenswirklichkeit zeigt, dass diese Entscheidungsfreiheit nicht immer und überall sozialverträglich genutzt wurde. Eine Momentaufnahme, die das belegen soll:

Mutmaßlich 50 Prozent der Weltmeere werden bis zum Jahr 2050 mit Plastikmüll verseucht sein, religiöse Glaubensüberzeugungen, die Gier nach fossilen Energiequellen, vermutlich demnächst auch die Jagd nach sauberem Wasser, reichen als Rechtfertigung für Kriege und diverse Gräueltaten. Und die Angst vor Fremden soll Brandstiftungen legitimieren. Dass 1 Prozent der Weltbevölkerung über so viel Vermögen verfügt, wie die übrige Menschheit ist im doppelten Wortsinn ein weiteres Armutszeugnis. Ein Vermögen, das von jenen, die besonders begütert sind, oft auch aus steuerlichen Gründen in Paradiesen wie Panama, British Virgin Islands, versteckt wird.

Dieser Trend hält an. Investoren aus den USA, den Arabischen Emiraten, Saudi Arabien und China, aber auch deutsche Konzerne, sind die Hauptakteure im internationalen Monopoly-Geschäft, das unter der Bezeichnung »Landgrabbing« in die Schlagzeilen geraten ist. Sie kaufen im großen Stil Ackerflächen in Entwicklungsländern, in den vergangenen 15 Jahre Ländereien von insgesamt der Größe Westeuropas, vornehmlich in Afrika. Dazu die Ernährungs- und Landwirtschaftsexpertin Marita Wiggerthale aus Berlin: »Landrechte sind nicht nur ein Menschenrecht, sondern auch eine wichtige Voraussetzung für die Armuts- und Hungerbekämpfung« (Süddeutsche Online: Markus Balser (02.03.2016): http://bit.ly/süddeutsche-Landgrabbing). »Landgrabbing« ist ein weiterer Grund für gegenwärtige und künftige Völkerwanderungen (nach Schätzungen sind gegenwärtig 60 Millionen Menschen dabei, von einem Staat in einen anderen zu migrieren).

Grund genug also, an einem rücksichtsvollen, altruistischen und sozialverträglichen Gebrauch der Entscheidungsfreiheit zu zweifeln.

Zweifel sind aber auch deshalb angebracht, weil die Vorstellungen von dem, was gerecht, moralisch, oder sozialverträglich ist, je nach Glaubensrichtung und Kulturkreis teilweise erheblich auseinanderdriften. Das wird sich wohl so schnell auch nicht ändern, denn eine global akzeptierte Moral lässt sich nicht aufoktroyieren, auch nicht mit Waffengewalt. Die Konflikte im Nahen Osten liefern beredtes Zeugnis für diese Wahrheit.

In seinem 1992 veröffentlichten Buch »Wege zum Gleichgewicht« vertrat der ehemalige US-Vizepräsident Al Gore, der 2007 mit dem Friedensnobelpreis geehrt wurde, die Meinung, dass man eine Art Weltpolizei legitimieren solle, global für Recht und Ordnung zu sorgen, mindestens in Angelegenheiten des Umwelt- und Klimaschutzes. Aber abgesehen davon, dass die Weltorganisation UNO noch kein überzeugendes Beispiel für Effizienz bei der Bewältigung von zwischenstaatlichen oder globalen Krisen liefert, führen Bevormundungen und Sanktionen regelmäßig nicht zu einer besseren Einsicht oder gar zu einer nachhaltigen Verhaltensänderung.

Angesichts tagesaktueller Kriegs- und Krisenschauplätze, angesichts menschlicher Unzulänglichkeiten und Egoismen liegt die Vermutung nahe, dass eine gnadenlose Selektion im Verdrängungswettbewerb den weiteren Verlauf der Geschichte dominieren wird. Eine wenig humane Perspektive.

DER DRANG ZUR KOOPERATION – EIN PRODUKT DER EVOLUTION

Da ist es tröstlich zu wissen, dass es noch eine andere evolutionäre Kraft gibt. Eine Kraft, die nach Meinung zahlreicher Wissenschaftler für die Erfolgsgeschichte des Homo sapiens eine mindestens so große Bedeutung gehabt hat und weiterhin hat, wie jene biologische Macht, die für Mutation und Selektion verantwortlich ist. Nicht ein von Egoismus geprägter Überlebenskampf war (allein) ausschlaggebend für die Optimierung der menschlichen Primaten. Genauso wichtig, so diese Wissenschaftler, war und ist das menschliche Bestreben nach Kooperation, sind prosoziale Fähigkeiten wie Empathie, Altruismus und Hilfsbereitschaft. Bedeutung gewonnen haben diese Fähigkeiten, weil sie Überlebensvorteile brachten. Um effizienter mit anderen jagen zu können, bildete der menschliche Primat, eine, wie es die Forscher nennen, »geteilte Intentionalität«. Der erste Schub erfolgte vermutlich vor 400.000 Jahren, als die afrikanischen Frühmenschen in der neu entstandenen Savanne, einer offenen Landschaft, Wild jagten. Anstatt allein, zu zweit oder zu dritt loszurennen, um eine Antilope zu erlegen, begannen die Jäger, ihre Handlungen aufeinander abzustimmen. Diese Kooperation war umso erfolgversprechender, als es gelang, die Absicht, die Intention der jeweils anderen zu verstehen, wenn einer voraus lief, beispielsweise um dem Tier den Fluchtweg zu versperren. Vor 200.000 Jahren, so diese Forscher, gab es einen zweiten Schub, bei dem diese »geteilte Intentionalität« auf größere Gruppen ausgeweitet wurde. Mit erheblichen Auswirkungen:

Während sich die menschlichen Primaten bis dahin mithilfe von Gesten verständigten, entwickelten sie nun eine Sprache, so die Mutmaßung des international renommierten Anthropologen Michael Tomasello, Co-Direktor am Max-Planck-Institut für Evolutionäre Anthropologie in Leipzig. Der Mensch wurde ein »Gruppentier«. Allein wäre er nicht überlebensfähig gewesen.

Er braucht die Gesellschaft anderer, er ist auf Kooperation angewiesen und, wie gesagt, auf Empathie, auf Mitgefühl, darauf, dass er die Gefühle und Intentionen anderer Gruppenmitglieder versteht.

Wie vorteilhaft sich die evolutionäre Kraft von Kooperation und Empathie auf die Optimierung von Primaten ausgewirkt hat, konnten übrigens auch Anthropologen belegen. Am Beispiel unserer nahen Verwandten, den Bonobos. Das vergleichsweise friedliche und kooperative Verhalten der Männchen ist nach Meinung der Forscher des Leipziger Max-Planck-Instituts für evolutionäre Anthropologie verantwortlich dafür, dass sie von den Weibchen bei der Paarung bevorzugt werden. Ein Mitglied der Forschergruppe, Brian Hare, hat schon den vorläufigen Arbeitstitel für ein neues Buch über die Wirkmacht der Kooperation unter Primaten »The survival of the friendliest« in Anspielung natürlich auf Darwins tautologische Weltanschauung »The survival of the fittest« (Zeit Online: Max Rauner 15.04.2016: http://bit.ly/zeit-Schimpansen).

Unter jenen Wissenschaftlern, die der lenkenden Kraft der Kooperation evolutionäre Qualität beimessen, befindet sich auch der Evolutionstheoretiker Martin Nowak (»Kooperative Intelligenz – das Erfolgsgeheimnis der Evolution«). Im Verlauf seiner Forschung hat er mehrere Mechanismen definiert, die für die Vorzüge der Kooperation kennzeichnend sind, beispielsweise das Prinzip »eine Hand wäscht die andere«. Das, so Nowak, funktioniert, solange sich alle Beteiligten persönlich kennen. Hinsichtlich des zweiten Prinzips, das die Kooperation beflügelt, zitiert Nowak die Bibel »gebt, so wird Euch gegeben«. oder, mit anderen Worten: Wenn ich weiß, dass der andere großzügig handelt, gehe ich kein Risiko ein, leer auszugehen, wenn ich jemandem helfe. Schließlich von Bedeutung ist das Prinzip, der eigenen Gruppe zu helfen, damit diese in der Lage ist, die konkurrierende Gruppe zu besiegen.

Es sind diese und andere Mechanismen, die die evolutionäre Kraft der Kooperationsbereitschaft für die Entwicklung der Menschheit bedeutungsvoll machen.

Wer Beispiele für diese evolutionäre Kraft der Kooperationsbereitschaft sucht, wird auch fündig.

Unter dem Eindruck eines nicht mehr zu leugnenden Klimawandels hat die Weltgemeinschaft auf der Weltklimakonferenz 2015 in Paris beschlossen, die erforderlichen Maßnahmen zu forcieren, die geeignet sind, die Treibhausgasemissionen weltweit zwischen 2045 und 2060 bis auf null zu reduzieren. Für viele unzureichend, aber dennoch ein großer Schritt in die richtige Richtung und ein Beleg dafür, dass unter dem Druck von Realitäten eine weltweite Einsicht, eine von Vernunft regierte Handlung, grundsätzlich möglich ist. Vielleicht ein Beispiel für jene evolutionäre Kraft, die Kooperationsfähigkeit ermöglicht (freilich fehlt es im Jahr 2016 noch an Taten, die den Worten folgen).

Und vielleicht ist die Einsicht in das Unvermeidbare eine evolutionäre Kraft, die der Staatsrechtler Georg Jellinek (1851–1911) mit der ursprünglich von Immanuel Kant stammenden Sentenz kennzeichnete: »Normative Kraft des Faktischen.«

Der Klimakompromiss ist beileibe nicht das einzige Beispiel für menschliche Einsicht dank zwingender Umstände. So fällt wohl die Entscheidung deutscher Politiker nach dem Desaster im Atomkraftwerk Fukushima (2011), auf die Kernenergie zur Stromerzeugung zu verzichten, ebenfalls in diese Kategorie

Für eine global zunehmende Kooperationsfähigkeit und Kooperationsbereitschaft spricht schließlich das wachsende Interesse an interkulturellen Dialogen und Veranstaltungen.

AUCH EMPATHIE IST EVOLUTIONÄRES ERBE

Auch für die These, dass eine im Verlauf der Evolution gewachsene Empathie überlebenswichtige Bedeutung für eine fortschrittliche Entwicklung des Homo sapiens hatte und weiterhin hat, gibt es überzeugende Beispiele. Zu nennen ist die weltweite Hilfsbereitschaft nach dem Tsunami im Indischen Ozean 2004, nach dem Erdbeben 2010 in Haiti. Ja, selbst die deutsche Willkommenskultur gegenüber Flüchtlingen aus Syrien im Jahr 2015 steht für reflexartige, angeborene Empathie.

In Erinnerung geblieben ist beispielsweise auch die weltweite Anteilnahme nach dem Attentat auf die französische Satire-Zeitschrift »Charlie Hebdo«, nach dem Terrorüberfall in Paris am 13.

November 2015 mit 130 Toten und den Attentaten in Brüssel am 22. März 2016. Oder die weltweite Trauer nach den Anschlägen in den USA am 11. September 2001.

Ein ernsthaftes Thema in der Wissenschaft wurde das Phänomen Empathie, als die Hirnforscher die mutmaßliche biologische beziehungsweise hirnorganische. Erklärung für diese Fähigkeit ausfindig machten. Mithilfe eines bildgebenden Verfahrens entdeckten die Hirnforscher im Jahr 1993 etwas, was fortan unter der Bezeichnung »Spiegelneuronen« sowohl die Verhaltensforscher als auch die Psychologen faszinierte. Was also sind beziehungsweise bewirken diese Spiegelneuronen?

Die Erklärung, kurz gefasst: Eine bestimmte Hirnregion, die aktiv wird, wenn wir eine Bewegung ausführen, zeigt dasselbe Aktivitätsmuster, wenn wir andere bei solchen Bewegungen lediglich beobachten.

Noch aber fehlt der letzte Beweis dafür, dass dieses Neuronensystem auch dann »spiegelt«, wenn es nicht etwa um Bewegungen, sondern um Gefühle des anderen geht. Fest steht jedoch, dass Empathie eine angeborene Fähigkeit ist, Gedanken und Emotionen der Mitmenschen zu erkennen, zu deuten und – darauf kommt es an – ihre Gefühle, wie Trauer oder Schmerz mitempfinden zu können.

Eine Fähigkeit oder Eigenschaft, über die bereits Babys in den ersten Lebensmonaten verfügen. Das belegen, wie die Wissenschaftler einmütig meinen, die impulsiven Reaktionen der Babys auf Gefühlsregungen der Mutter.

VON DER EMPATHIE PROFITIEREN NUR MITGLIEDER DER EIGENEN »GRUPPE«

Die Wirkmacht der Empathie hat allerdings Grenzen. Auch darin sind sich Verhaltensforscher und Psychologen einig. Empathie wurde stets innerhalb der Gruppe empfunden, der man sich zugehörig fühlte. Sie war der Kitt, der die jeweils in Gruppen zusammenlebenden Menschen zusammengehalten hat, denn es war in grauer Vorzeit überlebenswichtig, einander zu verstehen, um Territorien und die dort befindlichen Ressourcen zum Wohl der eigenen Gruppe zu schützen und zu verteidigen. Empathie war also ursprünglich nur für die eigene Gruppe nützlich. Andere Gruppen wurden ausgegrenzt.

Die gute Nachricht ist aber, dass nicht zuletzt die digitale Revolution Antrieb für eine Ausweitung des Zusammengehörigkeitsgefühls beziehungsweise der Gruppenzugehörigkeit ist. Stellvertretend für einige Wissenschaftler, die diese These vertreten, äußert der US-Soziologe Jeremy Rifkin, die Überzeugung, dass die empathische Eigenschaft des Menschen der Schlüssel für eine weltweit erträgliche Zukunft ist:

Sein Argument: Weil wir dank digitaler Kommunikationsmöglichkeiten weltweit am Schicksal anderer Menschen teilnehmen können, weil dadurch ein Gefühl der Zusammengehörigkeit entwickelt wurde, erleben wir so etwas wie eine globale Empathie.

Der ehemalige US-Präsident Ronald Reagan glaubte zu wissen, unter welchen Umständen die Weltbevölkerung ein solches globales Gefühl der Zusammengehörigkeit, wenn man so will, ein »Gruppengefühl«, entwickeln könnte. In seiner Rede vor der 42. Vollversammlung der UNO im Jahr 1987 formulierte er es so:

»Vielleicht brauchen wir erst eine universelle Bedrohung
von außen, damit wir uns unserer Gemeinsamkeiten
bewusst werden. Ich denke gelegentlich daran, wie
schnell die Unterschiede auf unserer Welt verschwinden
würden, wenn wir es mit einer fremden Bedrohung zu
tun hätten, die nicht von dieser Welt stammt.«

Es sind zahlreiche andere Faktoren, die zu einem globalen Gefühl der Zusammengehörigkeit beitragen. Dazu zählen nicht nur Jugendaustauschprogramme oder internationale kulturelle Veranstaltungen. Selbst die insoweit scheinbar banale Tatsache, dass Fußballer aus aller Herren Länder die deutsche Bundesliga bereichern, trägt zur Ausweitung eines Zusammengehörigkeitsgefühls bei, zu einem Gefühl der Gruppenzugehörigkeit.

Allerdings, und da sind sich die Wissenschaftler ebenso einig, bedarf die angeborene Ur–Anteilnahme weiterer Voraussetzungen, um den Menschen zu befähigen, nicht nur Mitgefühl zu empfinden, sondern mitmenschlich konstruktiv zu reagieren, zu trösten und zu helfen.

Das wiederum, so die Wissenschaftler, ist eine Frage der Biografie, der Erziehung, der Umwelteinflüsse. Wer in der Kindheit und in der Jugend zu sozialem Verhalten angeleitet wurde und soziale Bindung erfahren hat, erwirbt einen Empathie–Kompass, der ihn befähigt, hilfsbereit, uneigennützig zu interagieren.

Das kann man trainieren:

Einige Pädagogen haben die Bedeutung der Empathie für das Sozialverhalten erkannt. Zu ihnen gehört Thomas Bendlin, Schulleiter einer Oberschule in Bremen. Gefördert von der API Kinder- und Jugendstiftung in Hamburg rief Bendlin 2012 ein einzigartiges Pilotprogramm ins Leben, das zuvor schon in einigen anderen Ländern erfolgreich praktiziert wurde. Mit dem »Roots of Empathy«-Projekt wird Schülern ein empathisches Bewusstsein vermittelt beziehungsweise ein solches Bewusstsein verstärkt.

Kern des Programms sind ein Baby und seine Eltern, die eine Schulklasse pro Schuljahr insgesamt 27 Mal besuchen. Die Schüler lernen anhand von Mimik und Bewegungen des Babys zu erkennen, wie sich der Säugling fühlt. In diesem erfahrungsgeleiteten Lernprozess fungiert das Baby als »Lehrer«, mit dessen Hilfe die Kinder ihre eigenen Gefühle sowie die anderer Mitmenschen erkennen und darüber nachdenken.

Das Projekt in Bremen war von Anfang an erfolgreich. Die Kinder zeigten sich nach den Kursen weniger aggressiv und rücksichtsvoller im Verhalten gegenüber Mitschülern, berichten die Lehrer unisono. Angesichts der – jedenfalls für mich – überzeugenden Bedeutung dieses Projektes möchte ich hiermit gerne den Besuch der Homepage dieser Organisation empfehlen, nämlich: www.rootsofempathy.org. Das »Roots of Empathy«-Programm ist in Bremen an mittlerweile 9 Oberschulen Teil des Unterrichts.

Die dortigen Erfahrungen legen es nahe, ein solches »Empathie-Projekt« bundesweit, vor allen Dingen bei Resozialisierungsmaßnahmen in Gefängnissen, einzuführen. In der Justizvollzugsanstalt Kiel hat man vor wenigen Jahren ein ähnliches Projekt bereits erfolgreich begonnen.

Über ein weiteres Beispiel berichtete »Der Spiegel« am 15.07.2013. Die Hirnforscherin Tania Singer am Leipziger Max-Planck Institut für Kognitions- und Neurowissenschaften absolvierte ein Meditationstraining mit mehreren Probanden. Der Schnellkurs an nur einem einzigen Tag genügte, um die Moral der Teilnehmer zu heben. Die Probanden zeigten deutlich mehr Hilfsbereitschaft. Das Training stärkte auch die Resilienz, also die psychische Widerstandskraft. Solche Menschen, so befanden die Wissenschaftler in der Forschungsgruppe von Singer, seien eher bereit zu helfen.

Nur drei Beispiele von vielen, die belegen, dass die Stärkung von Empathie der Schlüssel für eine erfolgreiche Zukunft sein könnte, wie das der US-Soziologe Jeremy Rifkin vermutet. Dazu ein anderer Protagonist dieser These, der Verhaltensforscher Frans de Waal in einem Interview mit der Frankfurter Allgemeinen Sonntagszeitung (FAZ Online: 07.08.2011: http://bit.ly/faz-Empathie): »Empathie bleibt. Eine biologische Eigenschaft können Sie ausbauen oder schwächen. Aber Sie werden sie nicht los.«

Insbesondere in Deutschland geht es bei der Frage nach Kooperationsbereitschaft und Empathie darum, wie wir mit flüchtenden und einwandernden Menschen umgehen, jetzt und in Zukunft. Aufschlussreich ist da die Shell-Jugendstudie 2015. Das überraschende Ergebnis: Noch nie waren die 15–24-Jährigen so aufgeschlossen und offen wie heute. Nur noch ein Drittel wünscht sich eine Verringerung der Zuwanderung. Vor zehn Jahren waren es noch 58 Prozent. Und auch die älteren Generationen empfanden im Spätsommer

2015 Mitgefühl für die traumatisierten Flüchtlinge und lieferten eindrucksvolle Belege für eine Kooperations- und Hilfsbereitschaft. Fürwahr eine Sternstunde der offenen Gesellschaft. Dann aber wurde die »German Angst« reanimiert, zuerst von Pegida, dann von der AfD. Und plötzlich ging es nicht mehr darum, wie das mit den Flüchtlingen zu schaffen war, sondern darum, welche Partei von der »German Angst« profitieren, welche notleiden würde. Gedanken und Gefühle über Ursachen der Flüchtlingspolitik rückten zunehmend in den Hintergrund. Während jene bewundernswerten Krisenhelfer standhaft blieben, die aus eigener Erfahrung positiv über die von ihnen betreuten Menschen berichten konnten, entfernte sich das politische Führungspersonal mehr und mehr von ebenso pragmatischen wie menschenwürdigen Lösungsvorschlägen. In ganz Europa ging es nicht mehr um die Verteidigung von Werten, sondern um die Verteidigung von Prozenten an den Wahlurnen. Statt Kooperationsbereitschaft und Empathie mit benachteiligten Mitmenschen zu fördern, ging es nur noch um die Förderung eigener Pfründe. Richtig ist, dass sowohl die Politik als auch die von ihr dirigierte Verwaltung Fehler gemacht haben. Man war schlicht unzureichend vorbereitet, obwohl das Problem vorhersehbar war. Und diese Unzulänglichkeit wurde in Debatten kaschiert, in denen es überwiegend darum ging, wogegen man zu sein hat. Das »Wofür« geriet in Vergessenheit. So schafft man es im Zweifel, Kooperationsfähigkeit in Form von Hilfsbereitschaft und Empathie zu ersticken.

Die Politik ist aber aus noch einem anderen Grund gefordert, etwas für eine global empfundene Kooperationsbereitschaft zu leisten. Sie muss die Ellenbogengesellschaft domestizieren.

Nichts reduziert das Bereitschaftspotenzial zahlreicher Menschen mehr als ein eklatantes wirtschaftliches Ungleichgewicht, sowohl im bundesdeutschen Mikrokosmos als auch im Verhältnis zwischen den Industrieländern und jenen Ländern, die abschätzig als »Entwicklungsländer« apostrophiert werden. Eine – nicht die einzige – der Kardinalursachen ist eine außer Rand und Band geratene Finanzwirtschaft, die die einst verheißungsvolle Bezeichnung »freie Marktwirtschaft« längst nicht mehr verdient. Verglichen mit den exponentiellen volkswirtschaftlichen Schäden, die das egoistische Jonglieren mit Finanzderivaten anrichtet, nehmen sich aber die millionenfachen Betrügereien in diversen Steuerparadiesen wie unschuldige Spielereien im Streichelzoo aus.

KOOPERATION, EMPATHIE BRAUCHT TOLERANZ

Die Bereitschaft zur Kooperation und die Fähigkeit, Hilfsbereitschaft nicht nur zu fühlen, sondern auch zu praktizieren, sich also sozialverträglich und human zu verhalten, kennt eine unverzichtbare Grundbedingung: Toleranz.

Knapp aber ebenso präzise formulierte es das geistige und politische Oberhaupt der Tibeter, Dalai Lama, der 1989 mit dem Friedensnobelpreis ausgezeichnet wurde:

»Ohne Toleranz können wir kein Mitgefühl entwickeln.« Der französische Philosoph der Aufklärung, Voltaire, postulierte es ein wenig euphorischer: »Toleranz ist die schönste Gabe der Menschheit. Wir sind alle voller Schwächen und Irrtümer; vergeben wir uns also gegenseitig unsere Torheiten. Das ist das erste Gebot der Natur« (Voltaire: Dictionnaire philosophique portatif (Philosophisches Wörterbuch). Genf u. London 1764, übers. von A. Ellissen 1844). Johann Wolfgang von Goethe war jedoch skeptisch: »Im Praktischen ist doch kein Mensch tolerant! Denn wer auch versichert, dass er jedem seine Art und sein Wesen gerne lassen wolle, sucht doch immer diejenigen von der Tätigkeit auszuschließen, die nicht so denken wie er« (Johann Wolfgang von Goethe, Wilhelm Meisters Lehrjahre. 1795/6. Sechstes Buch. Bekenntnisse einer schönen Seele).

Toleranz, wie ich sie im Zusammenhang mit der Forderung verstehe, Kooperation und Hilfsbereitschaft zu stärken, bedeutet die weltweite Achtung der Menschenwürde, nirgendwo treffender formuliert, als in der am 16. November 1995 von den Mitgliedstaaten der UNESCO verabschiedeten »Erklärung von Prinzipien der Toleranz«.

Angesichts der aktuellen Relevanz, die sich jedem erschließt, der diese Erklärung liest, möchte ich nicht darauf verzichten, diese Erklärung im Anhang vollständig zu zitieren.

Last but not least: In meinem 2006 veröffentlichten Buch »Das jüngste Gerücht« habe ich einige Medien wegen zügelloser »namentlicher Verdachtsberichterstattung« gescholten. Ein Phänomen, das weiterhin kritikwürdig bleibt. Heute liegt mir daran, für die von Pegida und AfD als »Lügenpresse« bezeichneten Medien eine Lanze zu brechen. Sowohl in der Berichterstattung über Asylsuchende als auch mit der Aufdeckung des Skandals »Panama Papers« haben Verlage, Redaktionen und Journalisten Augenmaß und Mut gezeigt, überwiegend. Die Veröffentlichungen in meinungsbildenden Medien in unserer offenen Gesellschaft tragen maßgeblich dazu bei, dass jene Kräfte eingebremst werden, die Kooperationsbereitschaft, Empathie und Toleranz destabilisieren. Das gilt für alle Fundamentalisten, sowohl für jene, die sich an Finanzmärkten oder in Steuerparadiesen austoben, als auch für Blogger, die Hirnlosigkeiten über Flüchtlinge verbreiten.

Im Interesse des Planeten und seiner Bewohner möchte man die Zuversicht haben, dass es Homo sapiens mit dem bescheidenen Rest an Entscheidungsfreiheit, der ihm gegenwärtig von der Mehrheit der Hirnforscher attestiert wird, gelingt, die Meinungsfreiheit zu schützen. Dann, so vermute ich, könnten die evolutionären Kräfte der Kooperation und Empathie die Auswüchse der Ellenbogengesellschaft in einem erträglichen Maß in Zaum halten. Eine angemessene Meinungs- und Äußerungsfreiheit ist letztendlich unverzichtbare Voraussetzung für ein sozialverträgliches Miteinander, gleich in welcher Staatsform diese Freiheit verwirklicht beziehungsweise gelebt wird.

»ERKLÄRUNG VON PRINZIPIEN DER TOLERANZ«

der Organisation der Vereinten Nationen für Bildung, Wissenschaft und Kultur, Deutsche UNESCO-Kommission e. V.

Die Erklärung von Prinzipien der Toleranz wurde auf der 28. Generalkonferenz (Paris, 25. Oktober bis 16. November 1995) von den Mitgliedstaaten der UNESCO verabschiedet.

Entschlossen, alle positiven Schritte zu unternehmen, die notwendig sind, um den Gedanken der Toleranz in unseren Gesellschaften zu verbreiten – denn Toleranz ist nicht nur ein hochgeschätztes Prinzip, sondern eine notwendige Voraussetzung für den Frieden und für die wirtschaftliche und soziale Entwicklung aller Völker, erklären wir:

Artikel 1: Bedeutung von ›Toleranz‹

1.1 Toleranz bedeutet Respekt, Akzeptanz und Anerkennung der Kulturen unserer Welt, unserer Ausdrucksformen und Gestaltungsweisen unseres Menschseins in all ihrem Reichtum und ihrer Vielfalt. Gefördert wird sie durch Wissen, Offenheit, Kommunikation und durch Freiheit des Denkens, der Gewissensentscheidung und des Glaubens. Toleranz ist Harmonie über Unterschiede hinweg. Sie ist nicht nur moralische Verpflichtung, sondern auch eine politische und rechtliche Notwendigkeit. Toleranz ist eine Tugend, die den Frieden ermöglicht, und trägt dazu bei, den Kult des Krieges durch eine Kultur des Friedens zu überwinden.

1.2 Toleranz ist nicht gleichbedeutend mit Nachgeben, Herablassung oder Nachsicht. Toleranz ist vor allem eine aktive Einstellung, die sich stützt auf die Anerkennung der allgemeingültigen Menschenrechte und Grundfreiheiten anderer. Keinesfalls darf sie dazu mißbraucht werden, irgendwelche Einschränkungen dieser Grundwerte zu rechtfertigen. Toleranz muß geübt werden von einzelnen, von Gruppen und von Staaten.

1.3 *Toleranz ist der Schlußstein, der die Menschenrechte, den Pluralismus (auch den kulturellen Pluralismus), die Demokratie und den Rechtsstaat zusammenhält. Sie schließt die Zurückweisung jeglichen Dogmatismus und Absolutismus ein und bekräftigt die in den internationalen Menschenrechtsdokumenten formulierten Normen.*

1.4 *In Übereinstimmung mit der Achtung der Menschenrechte bedeutet praktizierte Toleranz weder das Tolerieren sozialen Unrechts noch die Aufgabe der Schwächung der eigenen Überzeugungen, aber gleichzeitig auch Anerkennung der gleichen Wahlfreiheit für die anderen. Toleranz bedeutet die Anerkennung der Tatsache, daß alle Menschen, natürlich mit allen Unterschieden ihrer Erscheinungsform, Situation, Sprache, Verhaltensweisen und Werte, das Recht haben, in Frieden zu leben und so zu bleiben, wie sie sind. Dazu gehört auch, daß die eigenen Ansichten anderen nicht aufgezwungen werden dürfen.*

Artikel 2: Toleranz und der Staat

2.1 *Toleranz auf der Ebene staatlichen Handelns erfordert Gerechtigkeit und Unparteilichkeit in der Gesetzgebung, bei der Anwendung der Gesetze sowie in Justiz und Verwaltung. Sie erfordert auch, daß wirtschaftliche und soziale Chancen jeder einzelnen Person ohne Unterschiede zuteil werden. Ausgrenzung und Randständigkeit können Frustration, Feindseligkeit und Fanatismus zur Folge haben.*

2.2 *Auf dem Weg zu einer toleranten Gesellschaft sollten Staaten die vorhandenen internationalen Menschenrechtskonventionen ra-*

tifizieren und neue Gesetze erlassen, soweit dies erforderlich ist zur Sicherstellung von Gleichbehandlung und Chancengleichheit für alle Gruppen und Individuen in der Gesellschaft.

2.3 *Für ein harmonisches internationales Zusammenleben ist es wesentlich, daß einzelne, Gemeinschaften und Nationen den multikulturellen Charakter der Menschheit anerkennen und respektieren. Ohne Toleranz gibt es keinen Frieden, und ohne Frieden kann es weder Demokratie noch Entwicklung geben.*

2.4 *Intoleranz zeigt sich oft in Form von Marginalisierung schutzloser Gruppen und ihrer Ausgrenzung von sozialer und politischer Partizipation, verbunden mit Gewalt und Diskriminierung. Nach den Bestimmungen der Erklärung über »Rasse*« und rassistische Vorurteile »haben alle Personen und Gruppen das Recht, verschieden zu sein« (UNESCO-Erklärung vom 27.11.1978, Artikel 1.2).*

Artikel 3: Soziale Dimensionen

3.1 *In der heutigen Welt ist Toleranz wichtiger als jemals zuvor. Diese Epoche ist gekennzeichnet durch Globalisierung und Wirtschaft und durch schnell zunehmende Mobilität, Kommunikation, Integration und Interdependenz, gewaltige Wanderungsbewegungen und Vertreibung ganzer Bevölkerungen, Verstädterung und Wandel sozialer Muster. Da jeder Teil der Welt das Merkmal der Vielfalt trägt, bedrohen zunehmende Intoleranz und Zwietracht potentiell jede Region. Sie sind nicht begrenzt auf einzelne Länder, sondern eine globale Gefahr.*

---

*   Hinweis dazu auf S. 237

3.2. *Toleranz ist notwendig zwischen einzelnen wie in Familie und Gemeinschaft. Toleranz und Offenheit, die Fähigkeit zum Zuhören und Solidarität sollten vermittelt werden in Schulen und Universitäten wie in außerschulischer Bildung, zu Hause und am Arbeitsplatz. Die Massenmedien können eine konstruktive Rolle spielen, indem sie Räume schaffen für freien und offenen Dialog und Diskussion, die Werte der Toleranz verbreiten und hinweisen auf die Gefahren der Indifferenz gegenüber der Ausbreitung intoleranter Gruppen und Ideologien.*

3.3 *Wie schon die UNESCO-Rassendeklaration bekräftigt, müssen, wo immer nötig, Maßnahmen Sicherung von Gleichheit in Würde und der Rechte einzelner oder ganzer Gruppen ergriffen werden. Dabei sollten sozial oder wirtschaftlich benachteiligte und deshalb besonders gefährdete Gruppen besondere Beachtung finden durch Schutzgarantien der geltenden Gesetze und Sozialhilfemaßnahmen, insbesondere in den Bereichen Wohnung, Arbeit und Gesundheit, durch Achtung der Authentizität ihrer Kultur und ihrer Werte und – insbesondere über Bildungsmaßnahmen – durch Förderung ihrer sozialen und beruflichen Entwicklung der Integration.*

3.4 *Zur Koordination der Antwort der internationalen Gemeinschaft auf diese globale Herausforderung sollten die erforderlichen wissenschaftlichen Studien betrieben und Netzwerke aufgebaut werden, einschließlich sozialwissenschaftlicher Erkundung der tieferen Ursachen und wirksamer Gegenmaßnahmen sowie Begleitforschung zur Politik und Gesetzgebung der Mitgliedstaaten.*

Artikel 4: Bildung und Erziehung

4.1   *Bildung ist das wirksamste Mittel gegen Intoleranz. Der erste Schritt bei der Vermittlung von Toleranz ist die Unterrichtung des einzelnen Menschen über seine Rechte und Freiheiten und die damit verbundenen Ansprüche sowie der Herausbildung des Willens zum Schutz der Rechte und Freiheiten anderer Menschen.*

4.2   *Erziehung zur Toleranz gehört zu den vordringlichsten Bildungszielen. Deshalb ist es notwendig, für den Unterricht zum Thema Toleranz systematische und rationale Lehrmethoden zu verbreiten, die aufklären über die kulturellen, sozialen, wirtschaftlichen, politischen und religiösen Wurzeln von Intoleranz – und damit über die tieferen Ursachen von Gewalt und Ausgrenzung. Bildungspolitik und Lehrpläne sollen ihren Beitrag leisten zur Verständigung, Solidarität und Toleranz zwischen Individuen ebenso wie zwischen ethnischen, sozialen, kulturellen, religiösen oder Sprachgruppen und zwischen den Nationen.*

4.3   *Erziehung und Toleranz soll sich bemühen, das Entstehen von Angst vor anderen und der damit verbundenen Ausgrenzungstendenz zu verhindern. Sie soll jungen Menschen bei der Ausbildung ihrer Fähigkeit zur unabhängigen Wertung, zum kritischen Denken und zur moralischen Urteilskraft helfen.*

4.4   *Wir verpflichten uns zur Unterstützung und zur Umsetzung von sozialwissenschaftlichen Forschungsprogrammen und von Lehrplänen zu den Themen Toleranz, Menschenrechte und Gewaltlosigkeit. Besondere Aufmerksamkeit verdienen deshalb die Verbesserung der Lehrerausbildung, der Lehrpläne, der Unterrichtsinhalte und Lehrbücher sowie anderer Lehrmaterialien einschließlich der neuen Unterrichtstechnologien. Ziel ist die*

Ausbildung solidarisch und verantwortlich denkender Bürger, die offen sind für andere Kulturen, die den Wert der Freiheit schätzen, die die Menschenwürde ebenso wie zwischenmenschliche Unterschiede achten und die in der Lage sind, Konflikte zu vermeiden oder sie gewaltfrei zu lösen.

Artikel 5: Verpflichtung zum Handeln

Wir verpflichten uns zur Förderung von Toleranz und Gewaltlosigkeit durch Programme und Institutionen in den Bereichen Bildung, Wissenschaft, Kultur und Kommunikation.

Artikel 6: Internationaler Tag für Toleranz

Mit dem Ziel, Problembewußtsein in der Öffentlichkeit zu wecken, die Gefahren der Intoleranz deutlich zu machen und unser tätiges Engagement zu bekräftigen, proklamieren wir feierlich den 16. November zum Internationalen Tag für Toleranz.

---

*Der Begriff »Rasse« wird hier in Anführungszeichen verwendet, da es sich um ein historisches Dokument handelt. Dieser veraltete Sprachgebrauch suggeriert fälschlich die tatsächliche Existenz verschiedener menschlicher Rassen, was nach einhelliger wissenschaftlicher Überzeugung und gemäß vieler Veröffentlichungen der UNESCO nicht zutrifft.

GEDÄCHTNISTEST

Zugegeben, die folgende Kurzgeschichte ist recht banal. Aber die Banalität ist bewusst gewählt, um Emotionen und Stereotype, die Einfluss auf Ihre Testantworten nehmen könnten, so weit wie möglich auszuschließen. Es geht deshalb um einen beinah alltäglichen Fall, der Ihre ganz persönliche Fähigkeit ausloten soll, sich zuverlässig erinnern zu können. Sie werden sehen, dass Sie bei dem uns angeborenen Drang zur Verkürzung, Vereinfachung oder Interpretation eines erzählten Sachverhalts nicht der (unbewussten) Versuchung widerstehen können, die Mitteilung geringfügig modifiziert weiterzuverarbeiten. Das gilt erst recht für all diejenigen, die eine Erzählung gerne mit eigenen Worten oder gar mit eigenen Gefühlen, Meinungen und Stellungnahmen ausschmücken.

DIE AUFGABE

Lesen Sie die nachfolgende Kurzgeschichte einmal, wirklich nur ein einziges Mal. Besser noch, Sie lassen sich die fünf Sätze von einem anderen vorlesen

Beurteilen Sie anschließend auf der folgenden Seite, ob die Feststellungen zur Kurzgeschichte entweder R (richtig) oder F (falsch) oder fraglich, ungewiss (?) sind.

Danach können Sie erneut umblättern und das Ergebnis des Tests lesen.

DER TEST

Der Nachbar beschwert sich über die Rauchentwicklung auf dem gegenüberliegenden Grundstück der Familie Müller. Als irgendwann die Polizei eintrifft, wird die Tür der Familie Müller trotz heftigen Klingelns nicht geöffnet. Die Familie Müller war nach dem Essen zu Freunden gegangen. Sie hatte ein paar Grillwürstchen und ein paar Flaschen Bier mitgenommen. Die Polizeibeamten ließen die Sache auf sich beruhen aber schafften es immerhin, auch den Nachbarn zu beruhigen.

DIE FRAGEN

Antworten Sie auf die folgenden Behauptungen, die die erzählte Geschichte betreffen, mit R (richtig) oder F (falsch) oder? (fraglich, nicht bekannt, nicht gewiss).

- Bei der Familie Müller wurde gegrillt. Das führte zu einer Rauchbelästigung bei den Nachbarn.
  R ☐ F ☐ ? ☐

- Daraufhin beschwerte sich der Nachbar bei der Polizei.
  R ☐ F ☐ ? ☐

- Die Polizei traf die Familie Müller aber nicht an.
  R ☐ F ☐ ? ☐

- Familie Müller hatte das Haus fluchtartig verlassen, um die Grillparty bei Freunden fortzusetzen.
  R ☐ F ☐ ? ☐

- Die Polizei kehrte unverrichteter Dinge ins Revier zurück.
  R ☐ F ☐ ? ☐

LÖSUNG DES TESTS

Antwort 1
Woher die Rauchentwicklung stammte, ob vom verbrannten Gartenlaub oder vom Grillen steht aufgrund der Erzählung nicht fest.

Also? Antwort 2
Wo sich der Nachbar beschwerte, wird in der Geschichte ebenso wenig mitgeteilt, wie der Grund des Erscheinens der Polizei. Vielleicht hatte sich ein vorbeifahrender Autofahrer beschwert.

Also? Antwort 3
Das stimmt, die Familie war nicht mehr da.
Also richtig R

Antwort 4
Davon, dass die Familie das Haus fluchtartig verlassen hatte, stand nichts in dem Bericht, auch nichts davon, dass eine Grillparty fortgesetzt werden sollte. Die Art und Weise, wie sie das Haus verlassen hat, ist gar nicht bekannt. Vielleicht sind sie guten Gewissens, gemütlichen Schrittes aus dem Haus gegangen.
Also?

Antwort 5
Das ist falsch. Die Polizei konnte die Nachbarn beruhigen. Übrigens eine seltene, außergewöhnliche Leistung. Außerdem ist nicht bekannt, ob die Polizeibeamten zurück zum Revier fuhren.
Also falsch F

Nun, wenn Sie ausnahmsweise von sich sagen können, dass Sie alles richtig beantwortet haben, dann halte ich Ihnen entgegen, dass bei einem Test mit 100 Personen im Alter zwischen 15 und 65 Jahren nur 2 Personen alle Antworten zutreffend angekreuzt hatten. Das allein bestätigt wohl die These, dass jeder bei noch so großer Gewissenhaftigkeit zum Täter werden kann. Zum Täter einer verfälschten Weitergabe von Informationen, die bei der x-ten Vervielfältigung mit der Ausgangsnachricht nichts mehr oder nur noch wenig zu tun hat.

WELCHE AUSWIRKUNGEN DAS HABEN KANN, QUANTITATIV?

Ein renommierter Kommunikationswissenschaftler, T. Hofstetter, kommt zu folgendem Ergebnis. Wenn jeder eine Nachricht nur an drei Leute weitergibt, bildet sich eine geometrische Reihe, deren Summe sich nach 10 Übertragungsschritten auf etwa 60.000 Personen beläuft. Soviel zur Quantität und zur Geschwindigkeit einer Information, die oft genug fehlerhaft im Gedächtnis abgespeichert wurde.

Aber selbst wenn Sie immer noch meinen, bei solch einer Kurzgeschichte, (5 Sätze) könne einem gewissenhaften Verbreiter kein Fehler unterlaufen, dann gebe ich Folgendes zu bedenken:
Informationen werden nicht wie in unserem Test sozusagen unmittelbar nach »Empfang« in frischer Erinnerung weitergeleitet. Der »Empfänger« steht gewöhnlich auch nicht – wie in unserem Test – vor der Herausforderung, unverzüglich nach bestem Wissen und Gewissen die Frage nach der richtigen Antwort (R), (F), (?) zu beantworten. Nein, bei einer eher relativ banalen Information befindet sich der »Empfänger« regelmäßig in einer entspannten Situation, ohne jeden Druck, ohne das Bedürfnis, sich auf die Buchstabentreue der gehörten oder gelesenen Mitteilung konzentrieren zu müssen, ohne sich für eine geringfügige »Veränderung« der Information erklären oder entschuldigen zu müssen. Die Verbreitung durch ihn erfolgt oft Stunden, manchmal Tage danach, wenn die Erinnerung weniger frisch ist. Also ein beachtliches Fehlerpotenzial im Vergleich zu der Testaufgabe, die Sie gerade bewältigt haben.

Verbürgt ist beispielsweise folgende Episode: Vor 5 Jahren hörte Max Mustermann, dass einem entfernten Bekannten eine teure Uhr gestohlen wurde. Der Vorfall kam zur Weihnachtszeit 2005 im Kreis von Mustermanns Kollegen zur Sprache, als der Verdacht die Runde machte, der entfernte Bekannte habe »Probleme mit der Steuer« ... »Der hat doch vor 5 Jahren schon eine teure Uhr geklaut«, entfuhr es einem Teilnehmer in der Diskussionsrunde. Aus dem Diebstahlsopfer wurde in der Erinnerung, im Kontext mit dem »Steuer-Verdacht« 5 Jahre später ein Täter ...

Leider darf ich die Belegtatsachen für diese wirklich wahre Geschichte nicht bekannt geben. Es handelte sich um einen Fall aus meiner Praxis.

GLOSSAR

Adrenalin
Hormon aus dem Nebennierenmark, steigert Puls und Blutdruck, erweitert die Luftwege, mobilisiert Energiereserven besonders durch Fettabbau, reguliert die Organdurchblutung (zum Beispiel Minderung der Darmtätigkeit). Im Gehirn wirkt es als Neurotransmitter zwischen adrenergen Neuronen und Adrenorezeptoren. Hebt unter anderem die Stimmung, macht »kampfbereit«.

affektiv
Von Emotionen, besonders von Stimmungen bestimmt. Als Affekt bezeichnet man einen Zustand emotionaler Erregung, in dem verstandesmäßiges Handeln beeinträchtigt werden kann.

Agnostiker
Weltanschauung, nach der die Möglichkeit einer Existenz Gottes nicht zu klären ist, also weder bejaht noch verneint wird.

Altruismus
Bewusste Verfolgung der Vorteile eines anderen oder des Gemeinwohls, also selbstloses, uneigennütziges Handeln. Wichtiges ethisches beziehungsweise moralisches Postulat, geht über soziale Rechte und Pflichten hinaus. Verinnerlichter Altruismus wird zur Stimme des Gewissens.

Amygdala
Lat. »die Mandel«, Kurzform für *Corpus amygdaloideum*. Siehe
Mandelkern.

Anatomie
Darstellung von Größe und Lage der Organe von Lebewesen, Beschreibung von Struktur der Gewebe und ihrer Zellen. Gegensatz ist
die Physiologie, die die Funktionsweise der Körperteile untersucht.

Anthropologie
Wissenschaft vom Menschen und seiner Entwicklung.

Apathie
Teilnahmslosigkeit, Leidenschaftslosigkeit, Niedergeschlagenheit,
häufig bei psychischen Erkrankungen, besonders bei Depression.

Apokalypse
Untergang, Unheil

Assoziation
Verknüpfung von ursprünglich isolierten Gedanken, zum Beispiel
Ideen, Eindrücken, Erinnerungen. Diese Kombinationen werden
im Gedächtnis abgelegt. Lernen funktioniert in weiten Teilen
durch Assoziieren.

autonom
Eigengesetzlich, selbstbestimmt, unabhängig; hier im Text mit der
Bedeutung frei von Ursachen, und zwar äußeren und inneren.

Basales Vorderhirn
Basales Telencephalon, an der Basis des Gehirns am Übergang
zum Hypothalamus gelegener Teil des Telencephalons, der lange
in Beschreibungen des Gehirns fehlte und daher als Substantia in-
nominata (unbenannte Substanz) bezeichnet wurde.

Chromosom

In jedem Zellkern in artverschiedener Anzahl und Gestalt vorhandenes, das Erbgut eines Lebewesens tragendes, fadenförmiges Gebilde.

Cortisol, (Gluko-)Kortikoid

Hormon der Nebennierenrinde, »Stresshormon«. Fördert die Bereitstellung von Glukose(-energie) im Blut, hemmt Entzündungen in den Geweben und allergische (Abwehr-)Reaktionen. Cortisol wird ins Blut gegeben, wenn aus der Hypophyse ACTH (adrenokortikotropes Hormon) ausgeschüttet wird.

Determinismus

Die Auffassung beziehungsweise Hypothese, dass alle, insbesondere auch zukünftige Ereignisse, durch Vorbedingungen unabänderbar festgelegt sind.

Dopamin

Durch Biosynthese entstehendes Amin, das bei der Synthese von Noradrenalin und Adrenalin sowie als Neurotransmitter eine Rolle spielt.

Empathie

Mitfühlen (wörtlich Mitleiden), die Gefühle eines anderen Menschen verstehen. Die Mimik beziehungsweise Körpersprache des anderen wird nachgeahmt. Hierbei helfen sogenannte Spiegelzellen. Beim Nachahmen entstehen im eigenen Körper die Gefühle, die der andere offenbar ausdrückt.

empirisch

Aufgrund von Erfahrung gewonnene Erkenntnis. In der Psychologie werden Menschen befragt oder beobachtet, wobei darauf geachtet wird, dass die Umgebungsbedingungen und die Untersuchungsmethoden (zum Beispiel die Fragen) definiert, also (möglichst vorher) festgelegt sind. Häufig statistische Auswertung.

endogen

Im Inneren des Körpers entstanden, in den Neurowissenschaften speziell vom Gehirn ausgehend. Gegensatz ist exogen.

Epigenetik

(altgr. ἐπί epi ›dazu‹, ›außerdem‹ und Genetik) ist das Fachgebiet der Biologie, welches sich mit der Frage befasst, welche Faktoren die Aktivität eines Gens und damit die Entwicklung der Zelle zeitweilig festlegen. Sie untersucht die Änderungen der Genfunktion, die nicht auf Mutation beruhen und dennoch an Tochterzellen weitergegeben werden.

Euphorie

Vom Gr. für Wohlbefinden, Begeisterung, Freude, Glückszustand.

Evolution

(Biologie) stammesgeschichtliche Entwicklung von niederen zu höheren Formen des Lebendigen.

exogen

Außerhalb des Körpers entstanden und auf diesen einwirkend.

explizit

Ursprünglich ausdrücklich, ausführlich. In der Psychologie werden speziell Gedächtnisvorgänge, die bewusst abgelegt werden und/oder auf verstandesmäßigen Prozessen beruhen, als explizit bezeichnet. Siehe auch implizit.

Feedback

Rückmeldung über Fortschritte in einem Prozess. In der Psychologie ist die Betreuung durch einen Coach gemeint, der immer wieder aufkommende Probleme bespricht und aus dem Weg zu räumen hilft.

fMRT

Funktionelle Magnetresonanztomografie (siehe auch MRT). Gegenüber der klassischen, hochauflösenden Darstellung von Strukturen, zum Beispiel des Gehirns, können bei der schnellen funktionellen Darstellung Stoffwechselreaktionen des Gehirns sichtbar gemacht werden, die anzeigen, welche Bereiche gerade aktiv sind.

Frontalhirn

Frontalhirn (Präfrontaler Kortex): Ist der Teil des menschlichen Gehirnes, der sämtliche Überwachungs- und Analysefunktionen, insbesondere bezüglich des Verhaltens, übernimmt. Aus diesem Grund ist das Frontalhirn mit sämtlichen anderen Teilen des Gehirns eng vernetzt, sodass ein sehr schneller und effektiver Informationsaustausch gewährleistet ist. Die enge Vernetzung mit anderen Hirnteilen ist der Grund dafür, warum auch Läsionen in anderen Regionen des Gehirns (Thalamus, Limbisches System, Basalganglien, Kleinhirn) zu dem Frontalhirnsyndrom ähnlichen Symptomen führen können. Die zweckmäßige Anpassung des Verhaltens an die gerade herrschenden Umweltbedingungen ist zentrale Aufgabe der frontalen Hirnstrukturen.

Gehirnscan

Schnittbilduntersuchung des Gehirns. Bei Verwendung der Magnetresonanztomografie (MRT) besteht keine Gefährdung durch ionisierende (Röntgen-)Strahlung, siehe auch MR.

Gehirnscreening

Durchsuchen, Durchleuchten, Rastern des Gehirns in Schichten und meist in mehreren Ebenen mit Computertomografie oder Magnetresonanztomografie, zum Teil unter Einsatz von Kontrastmitteln.

Genom

Einfacher Chromosomensatz einer Zelle, der deren Erbmasse darstellt.

Gliazelle

Ein Sammelbegriff für strukturell und funktionell von den Nervenzellen (Neuronen) abgrenzbare Zellen im Nervengewebe.

Hippocampus

Zentral im Gehirn gelegener Kern, besonders wichtige Schaltstation für das Gedächtnis (Konvergenzzentrum).

Humangenetik

Teilgebiet der Genetik, das sich besonders mit der Erblichkeit der körperlichen Merkmale und der geistig-psychischen Eigenschaften des Menschen befasst.

implizit

(Gedanken-)Inhalte, die nicht direkt ausgesprochen werden, sondern in der Grundaussage gewissermaßen »im Hinterkopf« mit enthalten sind, also unausgesprochen dazugehören. In der Gedächtnisforschung werden mit »implizit« Inhalte bezeichnet, die nicht bewusst gelernt werden, zum Beispiel Gefühle.

intrinsisch

Von innen kommend, also im Körper entstanden, wird zum Beispiel im Zusammenhang mit den Motivationen gebraucht. Eigenbestimmt. Siehe auch extrinsisch.

Kausalität

Vom lateinischen *causa* für »Ursache«. Bezeichnet die Beziehung zwischen Ursache und Wirkung. Letztere, beispielsweise eine Krankheit, kann mehrere Ursachen haben (multikausal). Da im Bereich der Naturwissenschaften alles Geschehene wenigstens eine Ursache hat, ist andererseits auch alles weitere Geschehen irgendwie festgelegt (determiniert).

Kognitionswissenschaft

Wissenschaftszweig der Forscher verschiedener Neurowissenschaften, die sich mit dem Wahrnehmen, Denken, Lernen, Sprache und Handeln beschäftigen, um neue Zugänge zu den gedanklichen Fähigkeiten des Menschen zu finden.

Konditionierung

Begriff aus der Lernpsychologie, der die Verknüpfung von Reaktionsmustern mit Reizen betrifft. Von klassischer Konditionierung wird gesprochen, wenn eine vorhandene (unbedingte) Reaktion durch Lernen mit einem zunächst neutralen Reiz im Gehirn verknüpft und dadurch zu einem bedingten Reiz wird: Normalerweise sondert der Hund Speichel ab, wenn er Futter bekommt (unbedingter Reiz). Wenn immer eine Glocke gleichzeitig ertönt, lernt er, dass er Fressen zusammen mit dem Glockenton bekommt, verknüpft also den neuen neutralen Reiz mit dem natürlichen. Folglich sondert er schließlich auch bei dem neutralen Glockenton Speichel ab. Der Glockenton ist damit ein konditionierter, bedingter Reiz. Wichtiger ist im Alltag die instrumentelle oder operante Konditionierung. Hier wird durch Belohnung oder Bestrafung ein Verhalten verstärkt. Seine Auftretenswahrscheinlichkeit wird verstärkend (positiv) oder abschwächend (negativ) beeinflusst. Mehrere Unterformen.

Magnetresonanztomografie

Siehe MRT.

Mandelkern (die (!) Amygdala)

Corpus amygdaloideum. Der Mandelkern ist das wichtigste emotionale Zentrum des Gehirns: In etwa zwölf Unterkernen werden die primären Emotionen, besonders die Angst, geschaltet. Hier werden auch die emotionalen Marker generiert. Er ist phylogenetisch sehr alt und liegt deshalb auch sehr zentral im Gehirn.

Makrophysik

Klassische Physik der uns umgebenden Welt, die man gegenüber der Quantenphysik, in der andere Gesetze gelten und die man analog als Mikrophysik bezeichnet, abgrenzen kann.

Mediation

1. (bildungssprachlich) aussöhnende Vermittlung.
2. (Fachsprache) Technik zur Bewältigung von Konflikten durch unparteiische Beratung, Vermittlung zwischen den Interessen verschiedener Personen.

Metaphysik

Philosophische Disziplin oder Lehre, die das hinter der sinnlich erfahrbaren, natürlichen Welt Liegende, die letzten Gründe und Zusammenhänge des Seins behandelt.

Meteorit

In die Erdatmosphäre eindringender kosmischer Körper, der unter vollständiger oder teilweiser Verdampfung die Leuchterscheinung eines Meteors hervorruft.

Monogamie

Zusammenleben mit nur einem Partner, einer Partnerin.

MRT

Magnetresonanztomografie (Tomografie = Schnittbilduntersuchung) erlaubt die schrittweise Untersuchung des Organinneren mithilfe von Magnetfeldern, ist also nicht schädigend. Synonym: Kernspintomografie. Bei gleichzeitiger Gabe gewisser Kontrastmittel kann man Funktionen des Gewebes, zum Beispiel seinen Sauerstoffverbrauch, und damit seine aktuelle Aktivität darstellen.

Neurogenese
Als Neurogenese wird die Bildung von Nervenzellen aus bestimmten Stamm- oder Vorläuferzellen bezeichnet.

Neuron
Nervenzelle mit ihren zuführenden (Dendriten) und dem (meist einzigen) abgehenden (Axon) Ausläufern. Die Neuronen sind über Synapsen miteinander verbunden (bis zu 10.000 pro Nervenzelle).

Neurose
Hauptsächlich durch unverarbeitete Erlebnisse entstandene psychische Störung, die sich auch in körperlichen Funktionsstörungen äußern kann.

Neurotransmitter
Chemische Substanz, die eine Erregung im Nervensystem weiterleitet.

Transmitter
1. (Messtechnik) Transformator zur Umwandlung einer zu messenden elektrischen Größe.
2. (Medizin, Physiologie) Stoff, Substanz zur Weitergabe, Übertragung von Erregungen im Nervensystem.

Nucleus accumbens
Der Nucleus accumbens ist ein Kern in den Basalganglien, der dopaminerge (auf Dopamin reagierende) Eingänge vom ventralen Tegmentum bekommt. Er wird mit Belohnung und Aufmerksamkeit, aber auch mit Sucht assoziiert.

Oxytocin
Ein Hormon, das im Gehirn gebildet wird, genauer gesagt vom Hypothalamus. Es kommt natürlich im Körper von Säugetieren vor und spielt unter anderem bei der Paarbindung, Orgasmen, mütterlicher Bindung, Gruppen- und Angstverhalten eine Rolle.

Paläoanthropologie
Auf fossile Funde gegründete Wissenschaft vom vorgeschichtlichen Menschen und seinen Vorgängern.

Paradigma
(bildungssprachlich) Beispiel, Muster; Erzählung mit beispielhaftem Charakter.

Photon
Quant einer elektromagnetischen Strahlung, eines elektromagnetischen Feldes.

Physiologie
Wissenschaft von den Funktionen des (menschlichen) Organismus.

Placebo
Bedeutet im Lateinischen wörtlich »Ich werde (dir) gefallen«. Tablette oder anderes medizinisches Präparat, das keinen Wirkstoff enthält und folglich nicht pharmakologisch, sondern nur als Symbol, also psychologisch wirkt. Es wird am häufigsten als Vergleichspräparat zu neuen Medikamenten verwendet. Die Wirksamkeit des Placebos beweist das Vorhandensein von psychischen Anteilen an gewissen Symptomen, auch an Therapieerfolgen.

Posttraumatische Belastungsstörung
Posttraumatische Belastungsstörung (Abkürzung PTBS; Eine psychische Erkrankung (ICD-10: F43.1). Einer PTBS gehen definitionsgemäß ein belastendes Ereignis (oder mehrere) von außergewöhnlichem Umfang oder katastrophalem Ausmaß (psychisches Trauma) voran.

Präfrontalhirn
Die (sehr alte) Bezeichnung Frontalhirn betrifft fast die ganze vordere Hälfte des Gehirns und ist damit sehr ungenau, umfasst auch

viele verschiedene Hirnfunktionen. Mit Präfrontalhirn sind nur die direkt hinter der Stirn und über den Augen gelegenen Bereiche gemeint, in denen insbesondere die Denk- und Entscheidungsprozesse ablaufen, wo in Konvergenzzonen auch die Verbindung mit emotionalen Funktionen stattfindet. Die beiden Hälften des Präfrontalhirns haben beim Menschen verschiedene Schwerpunkte. Sprachlich-begriffliche Vorgänge laufen bevorzugt links, räumliche Verarbeitungen eher rechts ab.

pränatal
der Geburt vorausgehend, Beispiel: pränatale Medizin, Diagnostik.

Primaten
Die Primaten (Primates) oder Herrentiere sind eine zu der Überordnung der Euarchontoglires gehörige Ordnung innerhalb der Unterklasse der Höheren Säugetiere. Ihre Erforschung ist Gegenstand der Primatologie. Der Ausdruck »Affen« wird bisweilen für diese Ordnung verwendet, ist aber missverständlich, da Affen nur eine Untergruppe darstellen. Primaten werden in die beiden Unterordnungen der Feuchtnasenprimaten (Strepsirrhini) und Trockennasenprimaten (Haplorrhini) eingeteilt, wobei letztere auch die Menschenaffen (Hominidae) inklusive des Menschen (Homo sapiens) mit einschließen. Der Begriff stammt vom lateinischen primus (der erste) und bezieht sich auf den Menschen als »Krone der Schöpfung«.

Proband
(Fachsprache) Versuchs-, Testperson

Psychopath
jemand, der an Psychopathie leidet.

Psychopathie
besonders schwere Form einer antisozialen Persönlichkeitsstörung.

Psychotherapie

Gesamtheit der psychologischen Verfahren zur Heilung oder Linderung von Störungen im psychischen Bereich, in den sozialen Beziehungen, im Verhalten oder auch in bestimmten Körperfunktionen.

Rational

Vom lateinischen *ratio* für »Verstand«. Der Vernunft oder Logik entsprechend, im Gegensatz zu emotional (gefühlsmäßig).

Semantisch

Bezieht sich auf die möglichst exakte Bedeutung von Wörtern oder auch Sätzen und Texten.

Sensorisch

Betrifft die Wahrnehmung über die Sinnesorgane.

Stereotyp

(Sozialpsychologie, Psychologie) vereinfachendes, verallgemeinerndes, stereotypes Urteil, (ungerechtfertigtes) Vorurteil über sich oder andere oder eine Sache; festes, klischeehaftes Bild.

Subliminal

Unterschwellig

suggerieren

jemandem etwas (ohne dass ihm dies bewusst wird) einreden oder auf andere Weise eingeben (um dadurch seine Meinung, sein Verhalten o. Ä. zu beeinflussen); einflüstern; darauf abzielen, einen bestimmten (den Tatsachen nicht entsprechenden) Eindruck entstehen zu lassen.

Synapse
der Übertragung von Reizen dienende Verbindung zwischen einer
Nerven- oder Sinneszelle und einer anderen Nervenzelle oder einem Muskel.

Testosteron
männliches Keimdrüsenhormon

Transzendenz, transzendental
Jenseitig, ein Überschreiten des Lebens oder Bewusstseins. Mehrere Definitionen möglich, hier im Text als Bezeichnung für den
göttlichen Bereich.

Trauma
(Medizin, Psychologie) starke psychische Erschütterung, die (im
Unterbewusstsein) noch lange wirksam ist.

LITERATURVERZEICHNIS

BÜCHER

Allport, G. W./Postman, L.: The psychology of rumor. New York 1947. *(zitiert auf S. 41f.)*

Barber, J./Cartwright, D./Festinger, L./Fleischl, K./Gottsdanker, J./Keysen, A./Leavitt, G.: Human Relations I. Stanford University Press 1957.

Bauer; J.: Selbststeuerung. Die Wiederentdeckung des freien Willens. München 2015.

Bruhn, M./Wunderlich, W. (Hrsg.): Medium Gerücht – Studien zur Theorie und Praxis einer kollektiven Kommunikationsform. Bern. Stuttgart, Wien 2004.

Cru, J.N.: Wo ist die Wahrheit über den Krieg? Eine kritische Studie mit Berichten von Augenzeugen. Potsdam 1932. *(zitiert auf S. 41)*

Dawkins, R.: Geschichten vom Ursprung des Lebens. Berlin 2008.

Dethlefsen, T.: Das Leben nach dem Leben. Gespräche mit Wiedergeborenen. München 1984.

Dutton, K.: Psychopathen. *Was man von Heiligen, Anwälten und Serienmördern lernen kann.* München 2013.

Festinger, L.: A theory of cognitive dissonance. Stanford University Press 1957.

Fine, G.A./Rosnow, R.L.: Gossip, gossipers, gossiping. Personality and Social Psychology Bulletin 4. 1978.

Frey, D./Haisch, J.: Theorien der Sozialpsychologie. Kognitive Theorien. Bern 1984.

Gazzaniga, M.: Die Ich-Illusion. Wie Bewusstsein und freier Wille entstehen. München 2012.

Goleman, D.: EQ. Emotionale Intelligenz. München 1997.

Hagenmaier, M.: Straftäter und ihre Opfer. *Restorative Justice im Gefängnis.* Sierksdorf 2016.*(zitiert auf S. 138 f.)*

Hesse, A. M.: Schatten auf der Seele. Wege aus Depression und Angst. Freiburg im Breisgau 1997.

Huemer, W.: Unsterblich?! Gute Gründe für ein Leben nach dem Tod. Grünwald 2015.

Hüther, G.: Bedienungsanleitung für ein menschliches Gehirn – Die Macht der inneren Bilder – Biologie der Angst. Göttingen 2013.

Jäncke, L.: Ist das Hirn vernünftig? Bern 2016.

Kahnemann, D.: Schnelles Denken, langsames Denken, München 2012.

Keil, L.-B./Kellerhoff, S. F.: Gerüchte machen Geschichte. Folgenreiche Falschmeldungen im 20. Jahrhundert. Berlin 2006.

Linden, D.J.: High. Woher die guten Gefühle kommen. München 2012.

Loftus, E.: Eyewitness Testimony. Cambridge 1996. *(zitiert auf S. 41)*

Müller, R.: Das Lächeln des Sisyphos. Vom Wissen zur Weisheit. Grünwald 2016.

Nader, K./Schafe, G. E./Le Doux, J. E.: *Fear memories require protein synthesis in the amygdala for reconsolidation after retrieval.* Nature 406. 2000. *(zitiert auf S. 43)*

Nida-Rümelin, J.: Über menschliche Freiheit. Leipzig 2005.

Oehler, R./Tillmanns J. (Hrsg.): Philosophie. Was geht mich das an. Grünwald 2015.

Pauen, M.: Was ist der Mensch? Die Entdeckung der Natur des Geistes. München 2007. *(zitiert auf S. 172)*

Plomin, R./De Fries, J. C./Knopik V. S./Neiderhiser, J. M.: Behavioral Genetics. New York 2013. *(zitiert S. 57 f.)*

Pöppel, E./Wagner, B.: Dummheit. Warum wir heute die einfachsten Dinge nicht mehr wissen. München 2013.

Planck, M.: Wissenschaftliche Selbstbiographie. Leipzig 1948. *(zitiert auf S. 10)*

Precht, R.D.: Warum gibt es alles und nicht nichts? Ein Ausfug in die Philosophie. München 2011.

Precht, R.D.: Liebe. Ein unordentliches Gefühl. München 2010.

Precht, R.D.: Wer bin ich und wenn ja, wie viele? Eine philosophische Reise. München 2007.

Precht, R.D.: Die Kunst, kein Egoist zu sein, Wilhelm Goldmann Verlag, München, in der Verlagsgruppe Random House GmbH, 1. Auflage, 2010.

Revenstorf, D.: Liebe und Sex in Zeiten der Untreue. München 2015. *(zitiert auf S. 75)*

Roth, G.: Wie das Gehirn die Seele macht. Stuttgart 2014. *(zitiert auf S. 115 f.)*

Sageman, M.: Understanding Terror Networks. Pennsyvania 2004. *(zitiert auf S. 68)*

Schirrmacher, F.: EGO. Das Spiel des Lebens. München 2013.

Seidel, W.: Das ethische Gehirn. Der determinierte Wille und die eigene Verantwortung. Heidelberg 2009.

Siefer, W./Weber, C.: Ich. Wie wir uns selbst erfinden. Frankfurt am Main 2006. *(zitiert auf S. 98)*

Spitzer, M./Bertram W.: Hirnforschung für Neu(ro)gierige, Stuttgart 2010.

Sûqerman, H. (Hrsg.): Antisemitismus, Antizionismus, Israelkritik. Wallstein 2005.

Van Avermaet, E.: Sozialpsychologie: Eine Einführung, Springer, 2. Auflage 1992.

Voland, E.: Die Natur des Menschen. Grundkurz Soziobiologie. München 2007. *(zitiert auf S. 69)*

ZEITUNGEN/MAGAZINE

2004

Entscheidungsfreiheit und Recht – Determinismus contra Indeterminismus: NJW 2004.

Interview mit B. Mauersberg und C. Pries. Frankfurter Rundschau Magazin. 03.04.2004. *(zitiert auf S. 171)*

2005

Das Böse: SZ Wissen. Ausgabe 6/2005.

Spurenlesen im Kopf: SZ Wissen. Ausgabe 1/2005.

Über menschliche Freiheit. Kritische Bemerkungen zu Julian Nida-Rümelins Essaysammlung: Steffen Huber. Diametros Nr. 5, 2005.

2006

Fall Stephanie. Spielen, quälen, verletzen, herrschen: Focus. Ausgabe 47/2006.

2007

Das kluge Gefühl: SZ Wissen. Ausgabe 15/2007.

Der Müll in uns: SZ Wissen. Ausgabe 19/2007.

Die Spuren des Erfolgs: Süddeutsche Zeitung. 12.07.2007.

Neuronen sind nicht böse: Der Spiegel. Ausgabe 31/2007. *(zitiert auf S. 217)*

Zufall Mensch: SZ Wissen. Ausgabe 13/2007.

2008

Armut schadet dem Hirn: Süddeutsche Zeitung. 26.02.2008.

Die Last der frühen Jahre: Süddeutsche Zeitung, 19.03.2008.

Positive Rückmeldungen sind für Lehrer wichtig: Frankfurter Allgemeine Zeitung. 07.08.2008.*(zitiert auf S. 82)*

Schläge auf die Gene: Frankfurter Allgemeine Sonntagszeitung. 11.05.2008.

Schwerer Weg nach oben: Die Zeit. 03.01.2008.

Wie das Böse entsteht: Süddeutsche Zeitung. 18.03.2008.

2009

Hirnforschung und Rechtswissenschaft: Prof. Dr. Ekkehart Reinelt. ZAP Kolumne. Sonderausgabe 2009.

Richterliche Selbst-Präjudikation: Prof. Dr. Ekkehart Reinelt. ZAP Kolumne. 2009.

2010

Die Triebkräfte des Lebens: Süddeutsche Zeitung. 26./27. 6. 2010.

Ein Gefühl für die Spötter: Süddeutsche Zeitung. 30.07.2010.

2012

Rice, William (University of California in Santa Barbara): The Quarterly Review of Biology. December 2012. *(zitiert auf S. 64)*

Synthetische Biologie: Zeit Wissen. 09.10.2012.

Was wir von der Religion lernen können: Zeit Wissen. 04.12.2012.

2013

Die Macht des Mitgefühls: Der Spiegel. 15.07.2013 *(zitiert auf S. 176)*

Ich bin zwei: Die Zeit. 13.06.2013.

Schaltplan des Gehirns: Die Zeit. 01.08.2013.

2014

Mord als Gottesdienst: Frankfurter Allgemeine Zeitung. 07.08.2014.

Russland will Yukos-Entscheid anfechten: Frankfurter Allgemeine Zeitung. 29.07.2014.

Verhaltensökonomie im Gerichtssaal: Dr. Anja Steinbeck. NJW29/2014.

2015

Absolute Forderung: Die Zeit. 13.05.2015.

Bin ich so, wie die sagen?: Welt am Sonntag. 08.11.2015.

Das Einzeltätervolk und seine Taten: Frankfurter Allgemeine Zeitung. 20.06.2015.

Das Fremde und das Vertraute: Frankfurter Allgemeine Sonntagszeitung. 08.11.2015.

Das Geheimnis des Awash: Welt am Sonntag. 20.09.2015.

Das soll Recht sein?: Die Zeit. 19.11.2015.

Das Todesurteil: Welt am Sonntag. 04.10.2015.

Das verbotene Experiment: Süddeutsche Zeitung. 05.06.2015.

Das Zerrbild der Pädophilie: Frankfurter Allgemeine Sonntagszeitung. 23.08.2015.

Der klügste Affe: Der Spiegel. 12.09.2015.

Die innige Liebe zu jedem einzelnen Wort: Frankfurter Allgemeine Sonntagszeitung. 30.08.2015.*(zitiert auf S. 81)*

Die Gene sagen alles: SZ Wissen. Heft 44/2015.

Die Kraft aus der Krise: Die Zeit. 05.11.2015.

Die weiteren Aussichten: Süddeutsche Zeitung. 31.12.2015/01.01.2016.

Ein Kind, drei Sprachen: Die Zeit. 19.11.2015.

Glauben & Zweifeln: Die Zeit. 13.05.2015.

Grazil mit kleinem Hirn: Süddeutsche Zeitung. 11.09.2015.

Knast im Kopf: Süddeutsche Zeitung. 01./02.08.2015.

Letzte Station: Europa: Frankfurter Allgemeine Sonntagszeitung. 06.09.2015.

Man soll uns nicht mit Wühlmäusen vergleichen: Frankfurter Allgemeine Zeitung. 07.11.2015.

Mörder, nicht Terrorist: Welt am Sonntag. 21.06.2015.

Neue Verwandtschaft: Frankfurter Allgemeine Zeitung. 11.09.2015.

Nicht nur du: Süddeutsche Zeitung. 09.05.2015. *(zitiert auf S. 87)*

Raucher in Gangsterlimousinen: Frankfurter Allgemeine Zeitung. 20.05.2015.

Schuld sind nur die anderen: Frankfurter Allgemeine Zeitung. 10.12.2015.

Schwärmt ihr noch, oder denkt ihr schon?: Frankfurter Allgemeine Zeitung. 22.10.2015.

Sprache der Seele: Süddeutsche Zeitung. 27.07.2015.

Strom im Kopf: Welt am Sonntag. 21.06.2015.

Sündenfälle: Süddeutsche Zeitung. 01./02.08.2015.

Terrorismus, selbst hergestellt: Süddeutsche Zeitung. 21.06.2015.

Tierversuch = Menschenschutz: Die Zeit. 13.05.2015.

Totalitäre Terrorabwehr: Frankfurter Allgemeine Zeitung. 23.06.2015.

Unser Ruinen: Frankfurter Allgemeine Sonntagszeitung. 24.05.2015.

Unter tausend fremden Sonnen: Frankfurter Allgemeine Sonntagszeitung. 04.10.2015.

Uralte, topaktuelle Fragen: Abendzeitung München. 19.12.2015.

Warum der Mensch zur Schadenfreude neigt: Die Welt. 28.05.2015.

Was uns schlau macht: Die Zeit. 28.05.2015.

Wenn alles weh tut: Frankfurter Allgemeine Sonntagszeitung. 06.09.2015.

Werde ich einmal erlöst?: Der Spiegel. 01.08.2015. *(zitiert auf S. 82)*

Wie das Gehirn die Seele formt: Frankfurter Allgemeine Zeitung. 05.08.2015.

2016

Bevölkerungsfalle: Welt am Sonntag. 07.02.2016.

Das Phantasma des Bürgerkriegs: Frankfurter Allgemeine Sonntagszeitung. 17.01.2016.

Der Mensch wird seine Evolution selbst in die Hand nehmen: Welt am Sonntag. 07.02.2016.

Der Neandertaler in uns: Süddeutsche Zeitung. 13./14.02.2016.

Der Ziegenmord von Lostau: Der Spiegel. 02.01.2016. *(zitiert auf S. 54)*

Die Jagd nach Unsterblichkeit: Welt am Sonntag. 17.01.2016.

Die Macht der Vorurteile, Meinung mit beschränkter Haftung: Die Zeit. 11.02.2016.

Die Vermessung der Parallel-Welt: Welt am Sonntag. 07.02.2016.

Dieser Computer malt fast so schön wie ein Mensch: Süddeutsche Zeitung. 10.02.2016.

Ein neuer Planet: Welt am Sonntag. 17.01.2016.

Genmanipulation: »Hier wird Grenze überschritten«: Süddeutsche Zeitung. 02.02.2016.

Großbritannien erlaubt Genmanipulation an Embryos: Süddeutsche Zeitung. 01.02.2016.

Menschen, Mäuse und Moral: Frankfurter Allgemeine Sonntagszeitung. 03.01.2016.

Sind sie denn nicht wie wir?: Frankfurter Allgemeine Sonntagszeitung. 03.01.2016.

Total durchschaut: Welt am Sonntag. 06.03.2016

Wie Google User für sich arbeiten lässt – unbewusst und unbezahlt: Süddeutsche Zeitung. 03.02.2016.

Wie sich Alphabet anschickt, die Welt zu verändern: Süddeutsche Zeitung. 06.02.2016.

Wir sind fixiert aufs Strafen. Der Spiegel. 19.03.2016. *(zitiert auf S. 166)*

ONLINE ARTIKEL

03.07.2015: www.welt.de/kultur/literarischewelt/article143438923/Warum-ihm-Ethik-lieber-ist-als-Religion.html, zuletzt geprüft am 20.04.2016. *(zitiert auf S. 89)*

07.08.2011: www.faz.net/aktuell/gesellschaft/verhaltensforscher-frans-de-waal-wir-sind-sehr-soziale-tiere-11107054.html), zuletzt geprüft am 25.04.2016. *(zitiert auf S. 176)*

Balser, M. (02.03.2016): www.sueddeutsche.de/wirtschaft/entwicklungslaender-gier-nach-land-1.2886878, zuletzt geprüft am 19.04.2016. *(zitiert auf S. 170)*

Berbner, B. (07.04.2016): www.zeit.de/2016/14/kryonik-einfrieren-tod-definition-medizin-krankheiten-konservieren/seite-2, zuletzt geprüft am 19.04.2016. *(zitiert auf S. 23)*

Biazza, J. (17.11.2015): http://www.jetzt.de/terrorismus/interview-mit-ahmad-mansour-wie-werden-menschen-zu-attentaetern, zuletzt geprüft am 25.04.2016. *(zitiert auf S. 80)*

Biermann, K. (15.04.2015): www.zeit.de/digital/datenschutz/2015-04/
vorratsdatenspeicherung-vds-heiko-maas, zuletzt geprüft am 19.04.2016. *(zitiert
auf S. 121)*

Blech, J. (31.03.2008): www.spiegel.de/spiegel/print/d-56388123.html, zuletzt geprüft
am 19.04.2016. *(zitiert auf S. 130)*

Borcholte, A. (23.11.2015): www.spiegel.de/kultur/gesellschaft/radikalisierung-keine-
angst-vor-der-grossen-freiheit-a-1063892.html, zuletzt geprüft am 19.04.2016.
(zitiert auf S. 81)

Born, J. (Vortrag vom 30.03.2015): www.dasgehirn.info/entdecken/grosse-fragen-1/
jan-born-schlaf-und-gedaechtnis-5119, zuletzt geprüft am 19.04.2016. *(zitiert auf
S. 53)*

Dörhöfer, P. (14.10.2015): www.fr-online.de/freiheit/neurowissenschaft-die-
vorbereitete-entscheidung,31839204,32113136.html, zuletzt geprüft am
19.04.2016. *(zitiert auf S. 136)*

Fischhaber, A. (05.06.2015): www.sueddeutsche.de/leben/resozialisierung-
gefaengnis-ist-keine-loesung-1.2505479, zuletzt geprüft am 19.04.2016. *(zitiert auf
S. 166 und auf S. 212)*

Gielas, A. (06.12.2011): www.zeit.de/zeit-wissen/2012/01/Eagleman-Interview,
zuletzt geprüft am 19.04.2016. *(zitiert auf S. 105)*

Hamann, G. (10.08.2015): www.dw.com/de/aus-versehen-terrorist-is-
r%C3%BCckkehrer-sagen-in-celle-aus/a-18639656, zuletzt geprüft am 19.04.2016.
(zitiert auf S. 80)

Hauschild, J. (28.10.2015): www.spiegel.de/gesundheit/diagnose/germanwings-
absturz-verstaerkt-vorurteile-gegen-psychisch-kranke-a-1056434.html, zuletzt
geprüft am 19.4.2016. *(zitiert auf S. 16)*

Hürter, T. (11.10.2011): www.zeit.de/zeit-wissen/2011/06/Entscheidungsfreiheit,
zuletzt geprüft am 19.4.2016. *(zitiert auf S. 133)*

Isfort, V. (28.12.2015): www.abendzeitung-muenchen.de/inhalt.eine-geschichte-der-
philosophie-richard-david-precht-luther-war-ein-widerlicher-geselle.22ea6d51-
3298-4339-8918-ca3e25b322fc.html, zuletzt geprüft am 19.04.2016. *(zitiert auf
S. 98)*

Kastner, B. (31.03.2016): www.sueddeutsche.de/muenchen/klinikum-fuer-kinder-
und-jugendpsychiatrie-wie-aerzte-traumatisierten-jungen-fluechtlingen-
helfen-1.2928249, zuletzt geprüft am 19.04.2016. *(zitiert auf S. 72)*

Küchemann, F. (23.06.2016): www.faz.net/aktuell/feuilleton/debatten/ueberwachung/
gesichtserkennung-aufruestung-der-ueberwachung-13662435.html, zuletzt
geprüft am 10.05.2016. *(zitiert auf S. 156)*

Lakotta, B. (30.07.2007): www.spiegel.de/spiegel/print/d-52417857.html, zuletzt
geprüft am 19.04.2016. *(zitiert auf S. 132 f. S. 166)*

Lebert, A./ Schwägerl, C. (08.12.2015): www.zeit.de/zeit-wissen/2016/01/glauben-religion-physik-widerspruch-katholizismus-martin-nowak, zuletzt geprüft am 19.04.2016. *(zitiert auf S. 90)*

Linnartz, M. (07.11.2015): www.sueddeutsche.de/leben/erziehung-wie-man-kindern-moral-beibringt-1.2721416, zuletzt geprüft am 25.04.2016 *(zitiert auf S. 112)*

Lobo, S. (30.03.2016): www.spiegel.de/netzwelt/netzpolitik/sascha-lobo-ueber-is-terror-ueberwachung-ist-die-falsche-antwort-a-1084629.html, zuletzt geprüft am 19.04.2016. *(zitiert auf S. 59 f.)*

Lossau, N. (08.02.2016): www.welt.de/gesundheit/article151973307/Der-Mensch-koennte-seine-eigene-Evolution-steuern.html, zuletzt geprüft am 19.04.2016. *(zitiert auf S. 67)*

Mayntz, G. (19.09.2014): www.rp-online.de/politik/schon-jugendliche-ziehen-aus-deutschland-in-den-dschihad-aid-1.4540922, zuletzt geprüft am 19.04.2016. *(zitiert auf S. 79)*

Meier, C./Wilton, J. (14.06.2015): www.welt.de/wirtschaft/webwelt/article154223388/Maschinen-uebernehmen-die-Macht-im-Internet.html, zuletzt geprüft am 19.04.2016. *(zitiert auf S. 56)*

Rauner, M. (15.04.2016): www.zeit.de/zeit-wissen/2016/03/bonobos-schimpansen-stammbaum-verwandtschaft-sex-gewalt, zuletzt geprüft am 19.04.2016. *(zitiert auf S. 172)*

Reinelt, E. (ZAP Sonderausgabe 2009 zum 20-jährigen Jubiläum der ZAP): www.reinelt-bghanwalt.de/veroeffentlichungen/vo_r72_c.htm, zuletzt geprüft am 09.05.2016.

Ders. (NJW 2004): www.reinelt-bghanwalt.de/veroeffentlichungen/vo_r47_c.htm, zuletzt geprüft am 09.05.2016.

Ders. (ZAP Kolumne 2016, Heft Nr. 8): www.reinelt-bghanwalt.de/veroeffentlichungen/vo_r136_c.htm, zuletzt geprüft am 09.05.2016.

Roloff, H. (18.03.2015): www.bild.de/news/ausland/todesstrafe/mann-mit-halben-gehirn-hingerichtet-40202822.bild.html, zuletzt geprüft am 19.04.2016. *(zitiert auf S. 17)*

Roth, G. (11.08.2015): http://www.faz.net/aktuell/feuilleton/dritte-kultur/bindungsforschung-wie-das-gehirn-die-seele-formt-13733288.html, zuletzt geprüft am 25.04.2016. *(zitiert auf S. 112 f.)*

Schnabel, U. (23.12.2008): www.zeit.de/2009/01/CH-Oxytocin, zuletzt geprüft am 19.04.2016.*(zitiert auf S. 88)*

Stein, A. (20.07.2014): www.welt.de/gesundheit/psychologie/article130360396/Die-dunklen-Seiten-des-Kuschelhormons-Oxytocin.html, zuletzt geprüft am 19.04.2016. *(zitiert auf S. 64)*

Steinberger, K. (19.05.2010): www.sueddeutsche.de/wissen/das-boese-eine-reise-in-die-abgruende-der-seele-1.910370, zuletzt geprüft am 19.04.2016. *(zitiert auf S. 107)*

Timm, K. (04.04.2015): www.spiegel.de/spiegel/print/d-133262087.html, zuletzt geprüft am 19.04.2016. *(zitiert auf S. 16)*

Weber, C. (25.09.2013): www.sueddeutsche.de/wissen/bewusstseinsforschung-im-spiegelkabinett-1.1780253-2, zuletzt geprüft am 19.04.2016. *(zitiert auf S. 71)*

Wolf, C. (08.03.2016): www.spektrum.de/magazin/konnektom-fingerabdruck-des-gehirns/1400759, zuletzt geprüft am 19.04.2016. *(zitiert auf S. 138)*

Zastrow, V. (29.03.2016): www.faz.net/aktuell/gesellschaft/absturz-in-den-alpen/germanwings-katastrophe-das-wort-selbstmord-ist-zu-schwach-13511557-p2.html, zuletzt geprüft am 19.04.2016. *(zitiert auf S. 14)*

Zeug, K. (11.06.2013): www.zeit.de/zeit-wissen/2013/04/psychologie-soziale-anerkennung, zuletzt geprüft am 19.04.21016. *(zitiert aus S. 79)*

Die Geheimnisse des Großen und des Kleinen,
des Makro- und des Mikrokosmos finden sich
in über 1.500 Büchern, Hörbüchern und
DVD-Film-Dokumentationen des Münchner
Verlags Komplett-Media.

Kostenlose Kataloge liegen bereit.
Tel. 089/69989435-0
E-Mail: info@komplett-media.com

Einen schnellen Überblick gibt auch das Internet:
www.komplett-media.com

KOMPLETTMEDIA